진화심리학을 통해 본
5년 후 대한민국

진화심리학을 통해 본

5년후 대한민국

· 공병호 지음 ·

21세기북스

앞으로 5년, 한국의 미래

　우리는 어떤 길을 걸어가고 어떤 결과를 얻게 될까? 우리의 근본 문제는 무엇이며 더 나은 결과를 얻기 위해 어떻게 해야 할까? 이런 질문들에 대해 나름의 답을 정리해 보고 싶은 생각에서 책을 쓰게 되었다.

　그동안 정부가 나서서 다양한 방법을 사용했음에도 낮은 경제 성장과 깊은 불황의 터널을 좀처럼 벗어날 기미가 보이지 않는다. 그 사실에 낙담하는 사람들이 늘어나고 있으며 어려워지는 경제 상황 탓에 여기저기서 터져 나오는 불만과 분노의 목소리에 주목하지 않을 수 없다. 분노에 동조하는 단체들의 목소리가 더욱더 힘을 얻어가고 있다. 과연 무엇이 근본적인 문제인지, 앞으로 어떤 결과를 낳게 될지를 정리해 보아야겠다는 결심을 하게 되었다.

　내가 책의 주제를 선택할 때는 독자들이 알고 싶어 하거나, 쓸 만한 능력이 있거나, 더 자세히 알고 싶은 호기심이 강할 때이다. 이 책은 세 경우 모두에 해당한다. 나는 이미 2004년에 『10년 후, 한

국』, 2005년에『한국, 번영의 길』이란 책을 펴낸 바가 있고 2010년
에는『대한민국 성장통』이란 책을 낸 바가 있다.

인간 탐구를 통해 한국의 미래를 내다본다

선견력과 통찰력은 매우 중요하다. 그동안 나는 꾸준히 관련 서적
들을 집필해 왔다. 이즈음에서 선견력과 통찰력이란 주제로 다시 한
권의 책을 펴내는 것은 글 쓰는 사람의 의무이자 한 시민의 의무이
기도 하다. 요즘처럼 혼란스럽기 짝이 없는 상황에서는 무엇보다도
한국이란 공동체에 어떤 일들이 일어나고 있으며 앞으로 어떤 방향
이 펼쳐지게 될 것인지에 대해 누군가 전체를 아우르는 전망을 제시
해야 한다고 생각했기 때문이다.

그러나 이 책처럼 단기 전망이 아니라 최소 5년에서부터 10년을
넘어서는 장기 전망은 오류가 발생할 가능성에 문을 열어두어야 한
다. 앞을 내다보기 위해서 흔히 방대한 통계 자료와 예측 모델을 사
용한다. 하지만 장기 전망을 할 때 이런 방법은 실용성을 잃어버린
지 오래되었다. 복잡한 세상 때문이다.

내가 오랫동안 관심을 둬왔던 것은 우리 사회를 둘러싼 미래 환경
이 어떤 모습으로 펼쳐지든지 간에 이 땅에 사는 사람들은 건재할
것이라는 점이다. 따라서 사람을 중심으로 앞을 내다보는 일이 통계
자료에 의존하는 것보다 더 큰 의미가 있다고 생각한다. 이 책은 한
국인을 포함해서 인간이란 종種의 본능(본성), 감정, 생각, 판단, 행동

을 점검해 봄으로써 공동체의 미래를 내다보는 방법을 사용한다. 특히 개인 차원에서뿐만 아니라 집단 차원에서의 의사결정과 행동을 함께 고려하면 한국이란 공동체의 앞날을 더 정확하게 내다볼 수 있다고 믿는다.

이 땅에 사는 개개인들의 생각과 행동은 지금까지와 크게 변함없이 계속될 것이다. 마치 관성에 따라 어떤 일들이 반복되듯이 말이다. 그래서 이 책은 반복적으로 이뤄지는 사람의 생각과 행동을 기본으로 한다는 점에서 기존의 경제경영 전망서들과 차이가 있다. 한마디로 '인간의 구조적인 본성 이해에 기반을 둔 한국의 미래 읽기'인 셈이다. 참고로 인간 본성에 관심을 가졌던 초기 연구는 1996년에 발간된 김정호 · 공병호의 『갈등하는 본능』이다.

우선은 개개인이 가진 생각의 틀에 기초해서 개인의 행동 전망을 할 것이다. 다음에는 특정 목표 달성을 위해 결성된 단체의 행동 전망을 시도한다. 계속해서 개인과 단체에 영향을 미치는 지식인들과 유명인들의 행동에 대한 전망을 더할 것이다. 이런 논의를 기초로 한 사회의 구성원들로 이루어진 집단의 행동에 대해 전망을 할 것이다. 끝으로 문제 해결에 필요한 해법을 제시할 것이다.

미래를 위해 어떤 준비를 할 것인가?

이 책이 가진 유용성이 있다면 여러분이 이미 갖고 있을 직관에 미래 전망을 더함으로써 '나는 혹은 우리는 어떤 준비를 해야 할 것인가?'에 대한 답을 찾는 일에 도움을 주는 것이다. 이 책은 개인으로서 혹은 집단의 일원으로서 우리 자신에 대해 더 깊은 이해를 할 수 있도록 돕고자 한다. 개인 차원에서뿐만 아니라 집단 차원에서 우리 자신을 정확하게 이해하면 할수록 현명하게 생각하고 판단할 가능성은 한층 높아지게 된다.

미래에 대한 큰 그림을 그려보는 것을 넘어서 어떻게 해야 하는지 해결책을 제시하고자 한다. 이 책은 앞을 내다보는 일에서부터 시작되었다. 그러나 가장 중요한 목적은 우리가 무엇을 해야 할 것인지 대안을 찾는 것이다.

착실히 미래를 준비하는 개인, 조직, 국가만이 계속 승자의 자리에 있을 자격이 있다. 그것이 나의 믿음이다. 막연하게 꿈꾸는 미래의 모습에 정체되어 있지만 말고 당장은 불편하더라도 미래를 직시할 수 있어야 한다. 이 책이 변화무쌍한 세상살이에서 미래 전망과 준비에 관심을 둔 분들에게 도움이 될 수 있기를 기대한다.

2013년 1월 10일 공병호

Contents

복면을 쓰고 찾아온 위기

1장

"한국인들은 참으로 장하다."

최근 우리는 한국인들의 눈부신 성과를 보면서 자부심을 느낀다. 문화, 예술, 체육, 그리고 기업 부문에서 한국인들의 성취는 역사상 그 어느 시점보다도 눈부시다. 하지만 평균적인 한국인의 성적표는 기대에 미치지 못하고 있다. 그래서 '더 잘할 수도 있을 텐데'라는 아쉬움을 갖는 사람이 나뿐만은 아닐 것이다.

일자리 창출과 직결되는 성장률 저하는 '차차 나아질 것이다'는 낙관론과 점점 거리감이 생기고 있다. 노태우 정부(평균 경제성장률 8.7퍼센트), 김영삼 정부(7.4퍼센트), 김대중 정부(5.0퍼센트), 노무현 정부(4.3퍼센트)에 이어 이명박 정부에 들어서는 3퍼센트대로 간신히 턱걸이할 수 있을 정도다.

새로운 정권이 등장할 때마다 기대감이 한껏 고조되지만 얼마 가지 못해서 실망감으로 바뀌고 만다. 그렇다고 해서 새롭게 권력을 잡은 사람들이 노력하지 않았던 것은 아니다. 이제까지 등장했던 정권마다 성장률을 끌어올리기 위해 여러 조처를 하였음에도 성장률이 둔화하는 현상에 제동을 걸 수 없었다. 노력하였음에도 결과가 시원치 않기 때문에 더더욱 실망감이 크다. 정권이 등장할 때마다 단기 성과를 거두기 위해 반복적인 경기 부양 정책을 사용함에도 자꾸만 성장률은 떨어지고 아우성은 커져만 간다. 왜 그럴까?

낮은 성장률 문제의 근본원인에 대한 진지한 고민과 성찰보다는 당장 구체적인 성과를 올리는 조치를 무리하게 동원하는 일이 새 정권마다 반복되고 있다. 앞으로도 미봉책이 아니라 근본적인 수술을 단행하지 않으면 성장률을 다시 역전시키는 일은 쉽지 않을 것 같다. 그러나 그럴 가능성은 커 보이지 않는다.

더욱이 우리는 사회와 경제에 지각 변동을 가져올 수 있는 엄청난 변화를 앞두고 있다. 그것은 일찍이 겪어보지 못한 저출산과 고령화의 파고이다. 대부분 한국인은 단순히 머리로만 '저출산 고령화'라는 현상을 받아들인다. 고령화 현상을 관심 있게 들여다보는 사람이라면, 이 현상이 이미 바로 곁에 성큼 다가와 있음을 안다. 노령 인구의 증가와 건강보험료 증가, 노령 인구 1인당 의료비 증가, 건강보험료 누적 적자 확대 문제, 고령인구의 빈곤 문제, 경직성 예산 지출 증가로 지방자치단체의 가용자원 부족 문제, 1인 가구의 증가, 부동산 시장의 침체 등 다양한 모습으로 우리 사회에 문제가 닥치고 있음을 알 수 있다. 오늘날 일본이 겪는 것과 거의 엇비슷한 경로를 걸어갈 것으로 보인다. 한 가지 뚜렷한 차이가 있다면 일본 사회는 막대한 경상수지 흑자를 거두었고 기술력을 축적할 만큼 충분한 시간이 있었다는 사실이다. 또한 저성장 때문인 소득 증가율의 정체에도 다음과 같은 목소리가 광범위한 지지를 받고 있다.

"이제는 나라가 우리를 위해 무엇인가를 해주어야 할 시점이 되지 않았는가."

이를 정책에 반영하려는 정치인들의 움직임은 하루가 다를 정도로 분주하다. 결국 이 모든 상황은 앞으로도 수입을 웃도는 지출 증가가 계속될 수밖에 없을 것임을 말해주고 있다.

≈ 빚에 대한 근거 없는 낙관론

민간이든 공공이든 빚의 규모나 증가 속도가 걱정해야 할 수준에 다가서고 있다. 하지만 심각하게 받아들이는 사람들은 많지 않다. 수입은 정체되고 이미 가지고 있는 빚에다 앞으로 빚의 증가 규모나 속도가 날개를 단다면 어떤 상황이 전개될까?

우리 옛말에 '빚진 죄인'이라는 말이 있다. 그만큼 빚을 늘리는 일은 신중해야 한다. 자칫 잘못하면 죄인이 되기 쉽기 때문이다. 규모가 어떠하든지 간에 빚을 갚아 나가는 일은 정말 힘든 일이다. 낭패를 당하지 않고 무사히 빚을 갚는 데 성공하면 다행스럽지만 많은 경우 빚을 갚아나가는 과정에서 부도라는 쓰라린 경험을 하게 된다.

한 번이라도 직간접으로 빚과 관련된 어려움을 겪었던 사람은 그 기억이 평생을 간다.

빚을 갚는 방법은 단순하게 세 가지이다. 하나는 벌어서 착실하게 갚아나가는 방법이 있다. 다른 하나는 탕감을 받는 방법이 있다. 마지막 방법은 민형사상 책임을 지더라도 '배를 째라'는 식으로 두 손을 들어버리는 방법이다.

도덕적인 판단을 제쳐놓고 세 가지 방법의 공통점은 오랜 시간의 고통을 요구한다는 사실이다. 이때 즐거움을 제공하는 정책을 내놓기는 쉽다. 하지만 고통을 기꺼이 받아들이는 정책을 실천하기는 쉽지 않다. 더욱이 고통을 감내해야 할 시간이 길다면 고통 극복을 위한 대책을 마련하는 일은 더욱더 어렵다.

걱정스러운 점은 우리가 빚(채무)을 늘려가는 데 너무나 안일하게 대처한다는 점이다. 빚은 국가채무는 물론이고 민간 채무도 포함한다. 언제부터인가 우리 사회는 빚 권하는 사회, 지출 권하는 사회, 빌려서라도 쓰는 사회로 탈바꿈해 버렸다는 생각이다. IMF를 겪었음에도 부채문제 때문에 위기를 경험할 수 있다는 가능성을 우려하는 사람들은 아직도 소수에 불과하다. 다수는 우리가 갖춘 실력 즉, 경제적인 능력을 너무 과대평가하여 '별문제는 없을 거야'라고 막연한 낙관론을 갖고 살아간다.

세상을 지나치게 겁먹은 자세로 살아갈 필요는 없다. 하지만 발생 가능한 문제가 무엇인지를 진단하고 필요한 것보다 다소 심하다는 이야기를 들을 정도로 자신에게 닥칠 위험의 소지를 줄이기 위해 대책을 마련하는 것은 꼭 필요하다.

언젠가 대통령의 독도 방문과 일왕에 대한 발언 이후 일본이 보복 조치의 일환으로 들고 나온 것이 빚과 관련된 조치들이다. 하나는 한일 양국의 통화스와프 규모 축소이고 다른 하나는 한국 국채 매입 계획을 유보하겠다는 것이다. 일본 재무상은 다음과 같이 발언한 적이 있다.

"10월 만기인 570억 달러 규모의 한일 통화스와프 협정을 연장할 것인지는 한국의 사죄 여부를 보고 결정하겠다."

두 가지 모두 국가 차원의 빚을 지는 일과 빚과 관련된 위기 상황이 발생하였을 때의 안전 조치에 속하는 일이다. 일본 고위관계자들이 민감한 문제들을 보복 조치로 사용할 수 있다고 엄포를 놓았다. 한국인이라면 일본 당국자를 두고 치사한 사람들이라고 나무라기 이전에 빚 문제를 한 번 더 들여다봐야 한다.

나는 빚 관련 문제에 대한 낙관론에 반대한다. 우리 앞길에도 얼마든지 문제가 터질 가능성이 있다는 점을 염두에 두고 이 책을 준비하게 되었다. 물론 국가 신용도가 상승하고 상대적으로 다른 나라에 비해 선전하는 한국 기업들이 있어서 위기 가능성을 이해시키기가 쉽지는 않다. 하지만 그래도 누군가는 이 문제에 대해 주의를 환기해야 한다고 본다.

⬿ 결국은 수입과 지출의 문제

모든 문제는 경제 문제로 귀결된다. 이런 주장에 대해 이런저런 의견을 가질 수 있지만, 현실적으로 무엇을 하든지 간에 경제 문제로부터 자유롭기 어렵다. 물건을 사든, 도로를 만들든, 가난한 사람을 돕든, 출산 프로그램을 마련하든 모든 문제는 경제 문제이다. 한 국가의 현재와 미래를 생각하면서 다양한 관점으로 접근할 수 있다. 하지만 가장 단순명료하게 문제의 핵심을 파악하는 방법은 수입과 지출이라는 두 개의 개념을 중심으로 국가의 현주소와 미래를 살펴보는 것이다.

가정 살림살이와 마찬가지로 나라의 살림살이도 건강함을 유지하려면 수입이 지출보다 계속해서 많으면 된다. 수입은 생산과 분배라는 두 가지 과정으로 나누어진다. 후자는 이 책에서 논의의 대상이 아니므로 수입은 곧바로 생산으로 받아들이면 된다. 그러니까 한 국가의 구성원들이 계속 늘어나는 지출을 충분히 감당할 수 있을 정도로 수입을 만들어내는 생산력을 유지할 수 있다면 별문제가 없을 것이다. 그러나 내가 우려하는 것은 지출 증가율은 가파르게 상승하는데 비해서 수입 창출 능력은 점점 떨어지고 있다는 사실이다. 특히 한국의 수입 창출 능력은 세계 시장에서 선전하는 몇몇 대기업들의 뛰어난 성과 때문에 실상보다 과대평가되는 왜곡 현상이 발생하고 있다는 점이다.

그리스처럼 어려움을 겪는 대부분 국가는 만성적으로 수입을 능가하는 지출 때문에 문제가 발생한다. 지난날 한국의 외환위기도 따지고 보면 몇 년간의 지속적인 경상수지 적자가 기폭제가 되었다. 수입을 능가하는 지출이 몇 년간 계속되면서 돈을 꾸어주는 사람들의 신뢰를 잃어버렸던 점이 주요한 요인으로 꼽힌다.

한국은 소득 창출 능력과 관련해서 유리한 입장에 서 있다. 한국을 대표하는 기업들 중에서 상당수가 경영, 인력, 자금동원, 생산 및 마케팅, 혁신 능력 등의 면에서 성장의 임계점critical mass을 넘어섰다. 게다가 그들 기업은 생산 거점이나 고객층이 글로벌화되어 있기 때문에 아주 불리한 환경만 전개되지 않는다면 스스로 이익을 창출할 수 있는 역량을 갖추는 데 성공하였다. 물론 그들의 성장이 국내의 일자리 및 소득 창출과 연계 고리를 탄탄하게 하는 면에서는 개선해야 할 점이 여전히 많긴 하지만 말이다.

그뿐만 아니라 그들 기업은 경영의 모든 면에서 개선, 혁신, 창조라는 면에서 주도적인 역할을 담당함으로써 알게 모르게 기업 분야뿐만 아니라 여타 분야에까지 혁신 파급효과를 가져오고 있다. 그러니까 일부 기업에서 만들어진 혁신은 다양한 경로로 빠르게 주변 분야로 퍼지고 있으며 이런 움직임이 사회 전체의 생산성을 끌어올리는 역할을 하고 있다.

그러나 구조적인 약점이 없는 것은 아니다. 한국 경제 전체의 대외 의존도가 지나치게 높고 내수 산업 가운데서 만성적인 저생산성을 벗어나지 못하는 분야들의 비중이 크지만 이를 높이는 방법이 여의치 않다는 점에서 고민이 있다. 하나는 한국 사회의 고유한 특성을 거론하지 않을 수 없다. 좁은 국토에다 도시를 중심으로 밀집된 지역에서 생활하는 한국인들은 사회 문제를 두고 심한 갈등을 빚기는 하지만 삶에 대한 기대수준이 높고 욕심이 많다. 이 또한 부작용보다는 장점이 큰 부분이다. 그러나 이런 장점도 어느 순간부터 단점으로 바뀌어 부정적인 영향을 끼칠 수 있다. 기대만큼 생활 수준이 향상되지 않은 다수가 하향 평준화를 가져올 각종 입법에 손을 들어줄 수 있기 때문이다.

〜 주의해야 할 국가채무 문제

한편 수입보다 지출은 우려스러운 점이 많다. 한국은 기존 지출 구조에다 계속해서 새로운 지출 프로그램을 더해가고 있다. 그런데 기존 지출 구조에 대한 다이어트나 구조조정이 이루어질 전망이 별로 보이지 않는다는 점도 고민이지만 새로운 지출 프로그램을 더하는 점에서 이미 정도를 벗어나기 시작했다는 사실을 들지 않을 수 없다.

미래를 바라보는 시각에 따라서 평가가 다르지만 한국 사회는 무상급식 논쟁을 기점으로 무상 시리즈에 날개를 달았다고 생각한다. 어느 나라의 역사를 보더라도 동시대 사람들은 별것 아닌 것처럼 여기는 사건이나 계기가 있다. 그러나 세월이 흐르고 나면 사람들은 '그 사건이 정말 중요한 사건이었다'는 평가를 할 때가 있다. 나의 판단으로는 서울시의 무상급식 결정이 그런 사건이다.

물론 이 사건이 어느 순간에 인위적으로 누군가에 의해서 촉발된 것은 아니다. 정부가 더 많은 것을 주어야 한다는 시각을 가진 일군의 시민이 늘어나고 이런 분위기에 기름을 붓는 역할을 정치인이나 정당이 담당하게 된다. 이 사건을 계기로 해서 더 많은 혜택을 주는 정책들이 소리 소문 없이 착착 지출 프로그램으로 자리를 잡아가고 있다.

이런 상황에서 우리는 부채가 늘어나는 문제를 더 정직하게 들여다볼 필요가 있다. 참고로 한국은 가장 보수적인 기준으로 하더라도 GDP에서 국가부채가 차지하는 비중은 34퍼센트(2011년 말 기준)이다. 보수적인 기준을 사용하더라도 국가부채의 증가 추이는 놀라울 정도이다. 글로벌 금융위기가 발생한 2008년 직후 지난 3년간 무려 111조 7,000억 원 정도의 국가채무가 급증하였다. 공기업 부채를 포함하면 한국의 국가부채는 75퍼센트에 육박할 정도이다. 여기에다 연기금 등에 대해 정부가 약속한 잠재부채까지 포함하면 국가부채는 위험 수준을 향해 가고 있다. 앞으로 파격적인 조치가 취해지지 않는 한 이런 증가세는 더욱더 날개를 달 전망이다.

앞으로 소득 증가가 순조롭게 이루어질 수 있다면 문제를 어느 정도 덜어 줄 수 있을 수도 있다. 하지만 낮은 성장률이 계속되고 잠재 성장률까지 낮아지는 추세를 고려한다면 부채 문제를 가볍게 여길 수는 없다.

지출이 수입을 만성적으로 넘어서게 되면 신용도가 낮아지고 국가 부도의 위험에 빠질 수 있다. 원리금 상환은 고사하고 이자를 갚기 위해 다시 빚을 지는 악순환에 빠져들 수 있다. 이런 지경에 처하게 되면 국제 금융시장에서 신인도는 바닥으로 떨어지게 되고 마침내 신규 채무는 물론이고 기존 채무에 대한 만기연장조차 불가능한 상황에 놓이게 된다.

국가의 부채 위기에 대해서는 하버드대학의 케네스 로고프Kenneth S. Rogoff와 메릴랜드대학의 카르멘 라인하트Carmen M. Reinhart의 연구 보고서인 『이번엔 다르다This time is different』는 정독할 만한 서적이다. 이 책은 과거는 물론이고 미래에 대해 깊은 고민을 하게 하는 책이다. 왜냐하면 단순한 주장이나 믿음이 아니라 과학적 통계와 이론을 근거로 국가의 만성적인 초과 지출이 어떤 결과를 낳는지 그리고 어떤 결과를 낳게 될지를 다루고 있다. 800년이란 긴 기간에 걸쳐 66개국의 채무 위기를 분석하였기 때문에 신뢰할 수 있는 연구결과이다. 우리가 경청해야 할 중요 주장들을 다섯 가지로 정리한 다음에 나의 의견을 더하는 형식으로 로고프와 라인하트 교수의 조언을 정리한다.

≈ 위기는 반복된다

"신흥시장 국가들에게는 반복적인 국가채무 부도 사태가 여전히 만성적이고 심각한 질병으로 남아 있으며 그 위기는 반복적으로 일어난다."[1]

역사적으로 중요한 사실은 국가의 채무위기를 한 번 겪고 난 다음 다시는 채무위기를 겪지 않은 나라가 손에 꼽을 정도로 드물다는 점이다. 다시 말하면 한 번이라도 국가채무 부도를 선언한 나라들은 대부분 반복해서 채무 부도를 선언하는 연쇄 국가채무 부도 상태에 빠지게 된다. 케네스 로고프 등의 연구에 의하면 1300~1799년까지는 연쇄 국가채무 부도는 프랑스(8회), 스페인(6회) 등과 같이 일부 유럽국가에 국한되었다.

그러나 19세기부터 국제자본시장이 발전하고 새로운 국가들이 등장하면서 국가채무 부도는 폭발적으로 증가하였을 뿐만 아니라 전 세계적인 현상으로 자리 잡게 된다. 식민지로부터 독립 국가가 되거나 혹은 1800년 이후 세계 각국의 국가채무 부도를 분석한 자료에 의하면 부도를 경험한 31개국 가운데서 단 한 번으로 끝난 나라는 이탈리아(3.4년), 네덜란드(6.3년)뿐이다.[2] 나머지 유럽 국가들 가운데는 독일(13년, 8회), 스페인(23.7년, 13회), 러시아(39.1년, 5회), 헝가리(37.1년, 7회) 등이고 라틴 아메리카 국가들 가운데는 아르헨티나(32.5년 7회), 브라질(25.4년, 9회), 멕시코(44.6년, 8회), 칠레(27.5년, 9회) 등이다.

요컨대 채무 위기를 딱 한 번으로 끝내는 경우는 아주 예외적인 사례임을 잊지 말아야 한다. 참고로 케네스 로고프 등의 연구에서는 1997년 IMF 외환위기를 경험하였던 한국과 태국 등은 국가채무 부도와 채무 재조정을 겪은 나라로 분류되지 않는다. 임박한 상황에 도달했지만 국가채무 부도를 선언하지 않았기 때문이다. 따라서 국

가채무 부도가 임박한 나라까지 포함하면 33개국에서 훨씬 그 숫자
가 늘어난다.

〰 부도 발생 위험에서 과연 안전한가?

"국가채무 부도는 글로벌 자금 흐름의 주기에 상당히 민감하다.
자금 흐름이 급격하게 하락할 경우, 더욱 여러 나라가 채무부도에
빠지게 된다. (……) 글로벌 금융위기는 국가채무 부도의 급증을 일
으키는 핵심 요인이 될 수 있다. (……) 현대 금융위기에서 발견되는
규칙적인 패턴 가운데 하나는 갑작스러운 자본 유입을 경험하는 국
가들이 부채위기를 겪을 가능성이 더 높다는 것이다. 1800년 이래
자본유입이 급증한 후에는 지역, 국가 등을 막론하고 부채위기가 빈
번하게 발생했다는 것을 역사가 말해준다."[3]

놀라운 사실 가운데 하나는 우리가 흔히 말하는 국민총생산에서
외채가 차지하는 비중이 절대적으로 신뢰할 만한 지표는 아니라는
사실이다. 물론 이 비중이 낮으면 낮을수록 바람직하기는 하지만 안
심할 수는 없다. 케네스 로고프 등의 연구는 중진국에서 발생한 국
가채무 부도의 절반 이상이 국내총생산의 60퍼센트 미만 외채 수준
에서 발생하였을 뿐만 아니라 국가채무의 비중이 40퍼센트 이하로
국가채무 비중이 낮은 국가조차도 부도에 이르고 말았다는 사실을
보여주고 있다.

더 구체적으로 설명하면 외채가 국민총생산의 100퍼센트를 웃돈 나라에서 부도가 발생한 경우는 전체 부도(1970~2008년)의 16.1퍼센트 수준이다. 절반 이상(51.7퍼센트)의 국가 부도가 국민총생산 대비 60퍼센트 이하의 국가채무 비율을 가졌던 국가에서 발생하였다. 놀라운 사실은 국가부채 비율이 40퍼센트 미만인 국가가 부도에 이른 비율이 19.4퍼센트를 차지한다는 것이다. 우리나라에서도 정책 당국자들이 흔히 국민을 안심시키기 위해 자주 사용하는 말이 있다.

"선진국보다 우리는 여전히 국가채무 비중(보수적인 기준으로 40퍼센트 미만)이 낮아서 문제가 발생할 가능성이 없다."

그 말은 단지 소망일 뿐이다. GNP에서 국가채무가 차지하는 비중이 낮더라도 채무 부도로부터 안심할 수는 없다.

이런 연구 결과를 두고 케네스 로고프 등은 "신흥시장 국가들의 국민총생산 대비 외채 상환의 한도가 존재하는지 의문을 갖게 되었다."고 말한다.[4] 연구자들은 여기서 두 가지의 구체적인 충고를 제시하는데 하나는 건전한 금융의 역사를 가진 나라들을 관찰한 결과 절반 이상의 국가들이 국민총생산 대비 외채 비율이 35퍼센트 이하를 유지하였다는 사실이다. 반대로 불안전한 부도의 역사를 가진 국가들의 평균 수준은 40퍼센트를 넘어섰다는 사실이다. 개별 국가의 특수 사정을 고려하지 않더라도 케네스 로고프 등은 "신흥시장 국가들의 외채 비율이 국민총생산의 30~35퍼센트 수준을 넘어서면 부도 발생 위험은 급격히 커진다."고 강조한다.

∼ 국가 신인도는 추락할 수 있다

"특정 국가의 차입금이 상당 수준에 달하고 운영조차 잘되지 않아 국가채무 부도로 갈 수밖에 없는 상황과 국가가 근본적으로 건전하나 쉽게 해결할 수 있는 일시적 유동성 문제로 신뢰 수준을 유지하기가 어려운 상황을 구별하기란 쉽지 않다. 바로 여기에 위험이 존재한다."[5]

케네스 로고프 등은 채권자들이 특정 국가를 국가채무 부도 여부를 결정할 때 두 가지 점을 고려한다는 사실을 강조한다. 하나는 상환능력보다는 상환의지를 갖추고 있는가 하는 점이고 다른 하나는 비유동성(단순히 유동성 문제를 겪고 있는 국가)과 지불불능(채무이자를 무기한으로 지급할 수 없는 혹은 지급할 의사가 없는 국가)을 구분하는 기준이다.

그런데 이런 기준들은 주관적이기 때문에 채권자들이 어떤 국가를 '정상' 상태에서 '부도' 상태로 판단하는 일은 어렵지 않다. 그러니까 특정 국가에 대한 믿음이 어떤 이유에서 사라져버릴 수 있다. 이 점에 대해 채권의 만기 연장과 관련해서 채권자와 채무국 사이에 어떤 일들이 일어날 수 있는지에 대해 케네스 로고프 등은 "채권자가 확신하는 한 채무국은 대출 만기를 연장할 수 있지만, 무슨 연유이든 이러한 신뢰가 사라지면 만기연장은 실패하고 말 것이며, 개별 채권자는 이것을 변경하거나 취소할 힘이 없다."고 지적한다.

1997년 외환위기를 경험할 당시 우리가 맞았던 상황과 비슷하다. 신뢰가 사라지는 이유는 복지비용이나 경기 부양을 위한 채무 총액의 증가, 외채 이자 부담금의 증가, 높아진 리스크 프리미엄과 신용 등급 하락, 빈약한 외화보유고, 잘못된 외환정책, 시장원리를 무시한 각종 정책 등 여러 가지가 있지만 이 가운데서도 빼놓을 수 없는 것이 정치적 분열 혹은 반시장적인 정책으로 인한 신인도 하락을 들 수 있다. 정치적 리스크와 관련해서 케네스 로고프 등은 "선거 전과 선거 후 불확실성 때문에 일관성 있고 신뢰할 만한 정책이 만들어질 가능성이 점점 낮아진다."는 점이 채권자의 불안감을 가중시키고 마침내 대출 만기 연장 거부를 낳게 된다.

사실 어떤 나라에 대한 평판이나 믿음이라는 것은 만질 수도 볼 수도 없어서 언제든지 '나는 당신을 믿는다'에서 '나는 당신을 믿을 수 없다'로 바뀔 수 있다는 점을 유념해야 한다. 대외 개방도가 높은 나라는 필요 이상이라는 비난을 받을 정도로 신인도를 높이기 위한 정책을 꾸준히 실시하는 것이 중요한 이유이기도 하다. 신뢰나 평판이라는 것은 마치 자산과 같아서 은행에 잔액을 쌓아가는 것에 비유할 수 있다. 인간에 대한 믿음과 국가에 대한 믿음이 거의 비슷하다고 생각한다.

≈ 납세자의 부담은 증폭된다

"오늘날 많은 선진국 경제가 국가채무로 말미암은 연속적 채무불이행과 고인플레이션에서 벗어났지만, 은행 위기로부터 졸업한 국가는 아직 없는 듯하다. 사실상 1800~2008년 동안 선진국 경제 곳곳에서 은행 위기의 단면들을 엿볼 수 있다. (……) 평균적으로 은행 위기 후 3년 동안 정부의 실질 부채는 86퍼센트 증가했다(중앙정부의 부채가 1,000억달러였다면, 3년 뒤엔 인플레이션을 감안하여 1,860억달러가 된다는 의미). 이런 직간접비용을 포함한 재정부담은 은행 긴급 구제금융 비용보다 보통 10배는 더 크다.[6]

다양한 원인으로 말미암아 선진국 은행 위기가 발생하게 되면 해당 선진국뿐만 아니라 주변부 국가들에서도 신용경색이 일어나게 된다. 그러니까 투자자들은 주변부 국가들의 경제 기초와는 상관없이 무차별적으로 자금을 회수하게 된다. 이런 와중에서 신흥 시장 국가들이 대출연장과 외채 원리금 상환에 어려움을 경험하게 되고 결국 국가채무 부도에 놓일 가능성이 높아지게 된다.

그뿐만 아니라 자유로운 자본 이동성이 보장된 상황에서 단기간에 대량의 자본유입을 경험한 국가들의 은행들도 금융위기에 처할 가능성이 높다. 민간 부문에 부채가 과다하게 차입될 경우, 주택과 주식의 가격은 빠른 속도와 큰 폭으로 부풀어 오를 것이며 은행들은 자신들의 실력을 착각하여 무분별한 대출에 열을 올리게 될 것이다.

특히 부채의 과다 차입을 통한 경기 호황은 정부의 정책결정권자들에게도 경제가 잘 돌아가고 있다는 잘못된 확신을 심어줄 뿐만 아니라 국민 생활의 수준이 향상됐다는 착시 현상을 낳게 된다. 이러한 경기 호황은 대부분 불행으로 막을 내리게 되는데 신용호황이 부동산 버블의 붕괴 등으로 말미암아 극심한 불황으로 막을 내리게 된다. 부동산 가격 급락 등과 같은 충격으로 말미암아 금융기관의 재무건전성이 크게 악화하면 은행 예금의 대량인출 사태가 발생할 수 있다. 이때 정부는 최종대부자로서 구제금융으로 금융권을 구하게 된다. 여기서 이익은 자신들이 거두고 비용은 사회화한다는 금융권에 대한 비난이 생기게 된다.

그런데 이렇게 발생한 은행권에 대한 구제금융은 만만치 않은 부정적인 파급효과를 낳게 된다. 은행에 투입된 구제금융이 발생 시점에 100이라고 한다면 3년이 지난 시점에 부채 규모는 거의 2배인 186이 되어 국가채무 증가로 남게 된다. 금융위기가 끝나고 나면 대부분 국가는 엄청난 국가채무 증가를 경험하게 된다. 구제금융에 힘입어 금융권의 혼란이 잦아질 즈음이 되면 사람들은 은행 위기가 끝났다고들 한다. 하지만 사실상 민간부채가 국가부채로 자리를 옮겼을 뿐이다. 이들 부채는 납세자들이 수십 년에 걸쳐서 갚아야 한다.

≈ 과거의 기억을 상기하라

"국가채무 부도는 재발하지만 계속 그 상태에 머무르는 것은 아니다. 국가채무 부도가 주기적으로 재발한다는 것은 채권자와 채무자가 이런 상황이 발생할 때마다 약간의 수정을 가한다는 것을 보여준다. 예를 들어 수많은 신흥시장 국가들은 꽤 보수적인 거시경제 정책을 채택하고 있다. 그러나 장기간 소강상태를 거친 후 이러한 보수주의는 낙관주의와 낭비주의로 전환되는 경향이 있다."[7]

케네스 로고프 등은 부도의 주기적 재발에 대해 흥미로운 해설을 더한다. 그것은 보수주의와 낙관주의의 교체이다. 재해석하면 이렇다. 어떤 나라가 국가채무 부도를 경험하게 되면 국가의 구성원들은 쓰라린 집단기억을 공유하게 된다. 다시 말하면 앞으로는 이 같은 경험을 반복하지 않아야겠다는 강한 공감대가 형성되는 것이다. 결과적으로 재정지출에서 엄격한 기준을 적용하는 보수주의가 상당 기간 계속된다. 그러나 어김없이 '망각'이 등장하게 된다. 시간이 가면서 쓰라린 경험을 기억하지 못하는 세대가 늘어나게 된다. 그들을 중심으로 낙관주의와 낭비주의가 다시 고개를 들기 시작한다. 집단 망각의 힘은 결국 반복적으로 위기를 만드는 데 무시할 수 없는 요인이 된다.

예를 들어 최근에 어려움을 경험하고 있는 그리스는 오스만 제국으로부터 독립을 얻었던 1829년 이전인 1826년과 1843년, 1860년 그리고 1893년, 1932년 등 모두 5번의 국가채무 부도를 경험하게 된다. 이 기간이 거의 100년이 된다. 결국 100년 정도 반복적인 위기 상황을 경험한 이후에 1980년까지 그리스는 상당한 고성장과 절제된 국가 지출로서 성장해왔다. 그 기간이 50년 정도이다. 이때는 그리스에 보수주의가 자리 잡았던 시기이다. 지출을 중심으로 보면 절제된 지출이 시대정신과 정책의 중심을 차지하고 있었던 시절이었다.

그러다가 1981년부터 복지를 내세운 사회주의 정부가 등장하면서 본격적으로 정부 지출을 늘리자 2010년을 전후해서 다시 위기 상황에 내몰리게 된다. 1932년부터 1980년까지 50년의 절제된 지출은 다시 망각에 빠지게 되고 1981년 이후부터 다시 방만한 지출로 돌아섬으로써 2010년에 다시 위기 상황에 빠지게 된다. '경제 위기 발발-각성-절제된 지출(50여 년)-망각-방만한 지출(40년)-경제 위기 재발'로 망각의 시기를 특징지을 수 있다.

～ 경제 위기는 신념의 위기다

공항, 철도, 항만, 통신, 전력, 가스, 정유, 상하수, 복권, 카지노, 경마, 광산, 방산업체, 은행, 도로, 해변, 섬 등등. 재정위기에 처한 그리스가 유럽연합(EU)과 국제통화기금(IMF)으로부터 구제금융을 지원받기 위해 매각 대상으로 내놓은 국유 자산들이 속한 분야이다. 이들 자산은 그리스 국민에게 국가를 대표하는 귀중한 자산들이지만 디폴트(국가부도) 사태를 피하려고 그리스가 내놓지 않을 수 없는 것들이다. 다행스러운 것은 일각에서 거론되기도 했던 인류 유산인 그리스 고대 신전들이 빠지게 되었다는 점이다.

막상 자산을 내놓는 어려운 결정을 내리긴 했지만 제값을 받고 팔릴 수 있을지는 의문이다. 어려운 지경에 내몰린 상황에서 팔아야 하는 사람의 마음은 조급하고 사는 사람은 느긋하므로 결국 헐값에 물건을 내던지는 '파이어 세일'의 성격을 지닐 수밖에 없기 때문이다. 한마디로 그리스는 '눈물의 빚잔치'에 들어가게 되었다.

그리스의 이야기가 강 건너 불과 같은 일은 아니다. 그들이 어려움을 겪는 것을 보면서 한 푼의 외화가 절실했던 1997년 한국의 겨울을 생각했던 적이 있다. 그 당시의 스산한 거리 분위기, 잔뜩 위축된 사람들, 달러를 구하기 위해 취했던 저자세, 국가 주권의 한시적 제한, 금 모으기 행렬 등이 기억 속에 주마등처럼 흐른다. 다행스럽게도 당시 나라의 바깥 사정이 우리에게 유리하였고 탄탄한 제조업 기반이 있었다. 우리는 수출을 통해서 위기를 딛고 일어서는 데 성공하였다. 이제 다들 외환위기와 같은 위기는 우리나라와는 전혀 관련이 없는 것으로 받아들인다. 외화보유액은 역대 최고치를 기록하고 있으며 2010년에는 무역 100억 달러를 기록한 1977년 이후 34년 만에 100배가 성장한 무역 1조 달러의 위업을 달성하였기 때문이다.

그러나 현명한 개인과 국가는 모든 것이 순리대로 척척 돌아가는 것처럼 보일 때와 주변에서 다들 '참 잘한다'는 이야기들이 무성할 때 자신의 민얼굴을 보려고 노력한다. 자신의 현주소를 꼼꼼히 살펴보고 겉으로 드러내지 않는다. 하지만 자신이 가진 문제들이 무엇인지를 살펴보고 대책을 마련해서 실행에 옮긴다.

우리는 수입관리와 지출관리 두 가지 측면에서 제로 베이스에서 다시 생각해 봐야 한다. 우리가 상식적으로 별다른 고민 없이 실행에 옮기는 정책들이 전혀 예상하지 못한 결과를 낳기 때문이다. 눈에 보이는 효과와 눈에 보이지 않는 효과를 명확히 구분해서 수입과 지출 관리에 성공할 수 있는 정책을 펼 수 있어야 한다.

위험으로부터 나라를 보호하고 지속적인 번영을 이루기 위해 나라가 어떠해야 하는가에 대한 답은 복잡하지도 않고 어렵지도 않다. 그렇다고 해서 새로운 것도 아니다. 1850년 7월에 걸출한 경제평론가 끌로드 프레데릭 바스티아가 남긴 마지막 글인 「보이는 것과 보이지 않는 것What is Seen and What is Not Seen」에 비결이 숨어 있다.

"경제활동의 영역에서 이루어지는 것들은 그것이 하나의 행동이든, 제도이든, 법이든 간에 한 가지 효과에만 그치지 않고 일련의 연속된 효과들을 만들어낸다. 여러 가지 효과 중에서 당장 나타나는 효과는 극히 일부분에 불과하다. 그리고 그것들은 눈에 잘 띈다. 반면 시간을 두고 서서히 나타나는 효과들도 많다. 그런 효과들은 눈에 잘 띄지 않는다. 우리가 그런 간접적인 효과들을 미리 내다볼 수 있다면 무척 다행이다.

사이비 경제학자와 진정한 경제학자 사이의 차이는 오직 한 가지이다. 사이비 경제학자들은 오직 눈에 쉽게 띄는 효과들에만 집착한다. 반면 진정한 경제학자들은 보이는 효과뿐만 아니라 시간을 두고 나타나는 간접적인 효과까지 내다볼 수 있다. 하잘것없어 보이는 차이지만, 그 결과의 차이는 엄청나다.

눈에 당장 보이는 효과가 좋아 보이면 그 때문인 장기적이고 간접적인 효과들은 십중팔구 비참한 결과를 가져다주기 십상이다. 그래서 사이비 경제학자들은 당장 눈에 띄는 하잘것없는 이득에 집착한 나머지 두고두고 사회에 해악을 끼친다. 반면 진정한 경제학자들은 당장 고통스럽지만 오랜 기간에 걸쳐 나타나는 더 큰 이득을 추구한다."[8]

그런데 불행히도 역대 정부의 성장률을 끌어올리고 국민의 삶을 더 나아지게 하려는 정책들 가운데 많은 것들이 좋은 취지에도 '눈에 보이는 효과'만을 지나치게 의식한 정책이라는 사실이다. 마치 무당처럼 푸닥거리하는 일들이 역대 정권마다 반복되고 누구도 '눈에 보이지 않는 효과'를 충분히 고려하여 실질적으로 성장률을 끌어올리는 정책들을 펼치지 못하였다. 그래서 정권이 마무리될 때가 되면 수십조 원에서 수백조 원에 이르는 국가부채를 후임자에게 남기고 떠나기를 반복한다. 그런데 정작 그런 책임의 중심에는 정치인이나 정책 입안자만 있는 것이 아니라 '눈에 보이는 효과'를 줄기차게 원하는 다수의 사람들이 있었다.

경제 위기는 대부분 판단 위기이면서 생각 위기이기도 하다. 한 걸음 나아가 신념의 위기에서 비롯된다. 다시 말하면 잘못된 생각과 판단 그리고 신념이 상황이나 현상을 오도하게 하고 그 결과 엄청난 사회적 비용을 지급하게 된다는 사실이다. 이런 부분에 대해 진지한 고민과 성찰 그리고 교정 과정이 없으면 우리의 상황은 앞으로도 별로 더 나아지지 않을 것이다. 나아지지 않는 수준을 넘어서 위기 상황으로 나아갈 가능성도 있다.

역사는 항상 '우리는 특별하다'거나 '우리는 예외'라는 자긍심으로 가득한 사람들이 다수였음을 가르쳐 준다. 그러나 특별함이나 예외성도 원리나 원칙을 크게 벗어나거나 훼손되면 결국 그것에 걸맞은 비용을 지급해야 한다는 사실을 기억해야 한다.

≋ 인간 이해에서 실마리를 찾는다

그러면 어떻게 하는 것이 좋을까? 대부분의 경제 관련 서적들은 이렇게 하자 혹은 저렇게 하자는 등과 같은 정책제안을 내놓는다. 그러나 이 책에서 나는 다른 접근을 시도하려 한다. 우리가 삶을 살아가면서 많은 잘못이 환경과 같은 어찌해 볼 수 없는 요인 때문에 발생하기도 하지만 정말 많은 부분은 자기 자신에 대한 잘못된 이해 때문에 문제가 발생하게 된다.

멀쩡하게 한 분야에서 잘 나가던 사람이 인생의 중후반기에 정치를 한다고 폼을 잡다가 망쳐버린 경우도 꽤 있지 않은가? 나는 정치에 참여하는 사람을 비판하는 것은 아니다. 당연히 그런 일에 잘 맞는 사람은 정치에도 참여해야 한다. 그러나 처음부터 그런 일에 적합하지 않은 사람도 있다. 그런 사람은 자신에 대한 오판에서부터 모든 비극이 시작됨을 알아야 한다.

작가로서 기업의 부침을 정리해 보면 늘 흥망성쇠의 중심에는 과신과 과욕이란 두 단어가 놓여 있다. 어려움을 겪는 기업들의 공통점은 경영자의 겸손과 절제의 부족에 그 원인이 있었다. 잘 나갈 때일수록 겸손하고 절제해야 한다. 그런데 기업 부침의 중심에 있는 과신과 과욕도 경영자 자신에 대한 오판이 큰 역할을 담당한다. 자신이 감당할 수 있는 분야나 규모를 넘어 지나친 사업 확장으로 어려움을 겪는 경우가 그렇다.

이런 일은 나라 운용에서도 얼마든지 발생한다. 사람에 대한 이해의 부족이나 사람들로 이루어진 집단에 대한 이해의 부족이 가져오는 오판이나 실수들 말이다. 우리가 자신과 타인에 대해 더 잘 이해하면 할수록 정치, 사회, 경제적인 문제에서도 지혜를 발휘할 수 있다.

본래 사람이란 존재는 그렇게 쉽게 바뀌지 않는다. 본성이 쉽게 바뀌지 않기 때문이다. 그래서 우리는 수천 년 전의 고전을 읽다 보면 고전 속 인간의 모습이 사회나 일터에서 만나는 보통 사람들과 별반 다른 바가 없다는 사실을 접하고 놀라움을 금할 수 없다. 미래에 대한 전망과 번영을 위한 해법도 인간에 대한 이해에서부터 실마리를 찾아보자. 요컨대 나는 살아 움직이는 사람에 대한 이해를 통해서 미래를 전망하고 우리들의 문제에 대한 해결책을 찾아보려 한다.

인류의 기원에서
답을 찾다

2장

"우리는 믿으려는 열망 때문에 너무 빨리 왼쪽이나 오른쪽 끝으로 기울여져서 무언가를 강하게 믿어버린다. 믿을 만한 증거가 거의 없는데도 말이다."

— 토머스 키다[1]

인간은 스스로를 동물 중에서도 특별한 존재로 생각한다. '인간은 만물의 영장이다'는 이야기에서 엿볼 수 있듯이 말이다. 하지만 인간의 행동이 늘 동물보다 나은 것은 아니다. 그래서 이따금 'x만도 못한 인간'이란 거친 말들도 나오지 않는가? 이따금 첨예하게 찬성과 반대로 나누어지는 투표나 특정 정치인을 뽑는 선거철이 되면 사람들의 야수와 같은 본성이 드러나는 현장을 자주 목격하게 된다. 무리를 지어서 적의 약점을 집요하게 공격하고 없는 약점을 만들어서 승리를 위해 이용한다. 이따금 극단적인 폭력을 사용해서 상대방을 제거하려는 모습을 보면 인간이 과연 근사한 존재인가에 대해 의문을 품게 된다.

사람에 따라서 인간이란 종을 특별한 종으로 생각하는 사람들도 있겠지만, 인간 중심이 아니라 자연계라는 넓은 시각에서 보면 인간이란 냉정하게 말해서 데즈먼드 모리스의 표현대로 '털 없는 원숭이' 혹은 '머리 기른 원숭이'일 뿐이다.[2] 인간은 자비와 베풂으로 선한 존재에 가까이 다가설 수도 있고 수많은 사람들을 죽음으로 이끄는 인간 백정이 될 수 있다. 이들 모두는 자신들이 가진 동물적 특성으로부터 결코 자유로울 수 없는 존재이다.

그래서 데즈먼드 모리스는 『머리 기른 원숭이』라는 책에서 "인간은 우리가 상식적으로 인정할 마음의 준비를 한 정도보다 훨씬 더 동물적 유산에 빚지고 있다."고 말한다.[3] 이처럼 자신을 객관적으로 바라보는 것이 얼마나 중요한가에 대해서도 그는 한 마디를 더하는데 이것은 우리 자신을 되돌아보도록 하기에 충분한 지적이다. "만약 우리가 지나치게 오랫동안 자신의 동물성을 무시한다면 끝내 하나의 종으로서의 우리 자신을 파멸시킬 수도 있을 것이다."는 경고성 조언이다.[4]

∼ 인간 종 연구가 필요한 까닭

나는 한국인이 사람이란 종 가운데서도 특별한 존재라고 생각하지 않는다. 이런 주장에 대해 '우리가 이렇게 짧은 시간 안에 모범이 될 정도로 크게 발전하지 않았는가요'라고 반문하고 싶은 분들도 있을 것이다. 그렇다면 '한반도의 북쪽은 어떤가?'라고 되묻고 싶다. 혈연으로 보면 그 어떤 민족보다도 가까운 북한 동포들은 어떤가? 그들을 폭정으로 다스리는 사람들은 도대체 인간의 얼굴을 한 짐승들인가? 그런데 그들이 인간이란 종 가운데서도 유독 나쁜 사악한 사람들인가? 이보다도 인간이란 특정한 환경에서 폭력성을 여지없이 드러낼 수 있는 존재라는 것이 더 정확한 표현이 아닐까 싶다. 어쩌면 모든 인간이 그런 폭력성을 갖고 있다고도 할 수 있다.

대한민국은 인간이 가진 폭력성과 같은 어두운 면이 순치馴致될 수밖에 없는 제도를 가졌다. 그 때문에 폭력이 날뛰는 것을 막을 수 있었을 뿐이다.

따라서 한국의 현재 모습과 앞으로의 모습을 이해해야 한다. 표면에 드러나는 정치, 경제, 사회현상들에만 주목할 것이 아니라 인간이란 종의 특성을 탐구해 볼 만한 가치가 있다. 인간의 생각, 판단, 행동의 기초에는 자신들이 물려받은 유전적 기초가 굳건히 자리를 잡고 있다. 주변 환경에 따라서 때로는 억눌린 채 잠복 상태에 들어가기도 하지만 주변 환경에 약간의 허점이라도 보이기 시작하면 마치 활화산이 터지듯이 봇물처럼 터져 나오게 된다.

이따금 쏟아지는 체제와 사회에 대한 불만과 분노를 지켜볼 때면 인간이란 종의 특성을 정리해 볼 필요를 느낀다. 우리는 인간이 가진 본성에 대해 더 깊이 이해하면 할수록 자신뿐만 아니라 하나의 공동체가 앞으로 어떻게 나아갈지에 대해 더 잘 예측할 수 있다.

〜 인간의 원형에서 미래를 찾는다

한 케이블방송은 자신의 뿌리를 찾아 떠나는 여행 프로그램을 다룬다. 특정인이 조상의 계보를 찾아가는 프로그램인데 3대 정도 올라가면 대부분 무지 상태에 놓이게 된다. 정착민 특성이 큰 한국인은 예외일 수 있지만 이민이나 이동이 심했던 유대민족은 3대 그 이전 세대는 까마득한 망각 속에 존재한다.

한번은 성공한 노년의 미국인이 조상의 뿌리를 찾아 떠나는 여행길에 오르는 이야기가 소개되었다. 그는 자료와 주변 지인들의 도움으로 외조부와 외조모 그리고 그 일가들이 모두 아우슈비츠 감옥에서 죽음을 맞은 사실을 알게 되었다. 그리고 러시아 유대인으로 살아가던 할아버지가 자신의 아버지에게 더 나은 삶을 찾아주기 위해 목숨을 걸고 독일로 영국으로 떠돌다가 다시 미국 이민을 시도하였다는 사실을 알아내곤 하염없는 눈물을 쏟아냈다.

비가 촉촉이 내리는 가을날 외조부와 외조모 일가가 수용되었을 아우슈비츠 정거장을 물끄러미 쳐다보는 노년의 미국인은 자신의 오늘이 결코 자신만의 것은 아니라는 사실을 새삼 깨우치게 된다.

생존을 향한 조상의 길고 긴 투쟁의 결과물이 바로 자신이라는 사실이다.

물론 우리의 족보를 들여다보면 100년, 200년 정도를 추적할 수 있다. 하지만 그 기간은 인간이란 종이 걸어온 수만, 수십 만 년의 길고 긴 진화의 길에 비교하면 너무나 짧은 시간이다. 나의 경우만 하더라도 할아버지와 할머니는 물론이고 외할아버지와 외할머니도 일찍 돌아가셨기 때문에 이름 정도를 알 수 있을 뿐 어떤 분들이었는지는 알지 못한다. 3대 증조부와 4대 고조부로 올라가면 아무것도 알 수가 없다. 이런 사정은 여러분도 마찬가지일 것이다.

지구에 생명이 시작된 역사는 대략 40억 년 전이지만 문자로 확인할 수 있는 역사는 불과 100만 분의 1에 지나지 않는다. 인류 최초의 서사시라 불리는 고대 메소포타미아 문명의 『길가메시』라는 작품만 하더라도 기원전 5,000년 전의 이야기이다. 아직도 널리 읽히는 전형적인 서사시인 호메로스의 『일리아스』와 『오디세이아』만 하더라도 기원전 800년 무렵에 쓰인 것들이다. 반면에 포유류의 역사는 2억 년 이상이다. 이 가운데 인간과 같은 영장류의 역사는 수천만 년이나 된다. 수천만 년 중에 우리가 문자로 확인할 수 있는 것은 고작 5,000년에 불과하지 않는가!

나는 몇 년 전부터 본격적으로 고전 공부를 시작하면서 『공병호의 고전강독』이란 시리즈를 차근차근 내놓는 작업을 시작하였다. 이때 고전이라고 해봐야 고작해서 3,000년에서 2,500년 전의 책들이다. 제법 긴 시간처럼 보이지만 인류의 역사에 비하면 턱없이 짧은 시간이다. 한번은 한국 지질학계의 1세대인 이상만 서울대 명예 교수의 인터뷰를 읽었다. 그는 지질학자로서 인류의 역사에 대해 이렇게 말한다.

"동해안에 가면 시대가 다른 해안 단층을 볼 수 있어요. 어마어마하게 오래된 지구의 역사가 그런 단층에 새겨져 있지요. 지구 역사가 46억 년이라고 하고 인류 역사는 원인류부터 시작해도 100만 년이에요. 지구 역사를 1년으로 치면 인류 역사는 3초도 안 돼요. 그럼 나는 얼마나 보잘것없는 존재인가. 대자연 앞에 머리를 숙일 수밖에 없는 거예요."(출처: 한현우, 한국 지질학의 선구자 이상만 명예교수,《조선일보》, 2012.8.11~12)

오늘날처럼 인간이 인간다운 모습을 하고 살아가는 것은 길고 긴 시간 속에서 보면 찰나에 비유해도 과장이 아닐 정도로 짧다. 진정으로 우리 인간은 어디에서 왔으며 어떻게 생겨났을까? 이런 질문에 대한 답은 우리가 가진 현재의 고민과 갈등의 뿌리와 해결책을 찾는 데 큰 도움을 줄 수 있다. 따라서 우리는 자신을 이해하기 위해 뿌리를 찾는 데 시간을 들여야 한다. 인간의 원형에 대한 이해는 현재와 미래의 우리 모습을 이해하는 데 매우 소중한 정보다. 우리의 과거를 제대로 알 수 없다면 현재와 미래도 알 수 없다.

∾ 진화와 현생 인류의 탄생

영장류 가운데서도 '사람과'에 속하는 최초의 존재는 라마피테쿠스이다. 그들은 앞발에 의존하지 않고 거의 뒷발로 걸었을 것으로 추정된다. 그들의 키는 1미터 남짓이며 온몸에 털이 나 있었고 구부정한 자세로 직립하는 존재였다. 우리가 그들을 다시 만난다면 생소하기 이를 데 없을 것이다. 어떻게 그들이 우리 조상이라 할 수 있을까 탄식할 정도로 유인원에 가까운 존재라 할 수 있다. 대개 생존연대는 1,200만 년 전부터 1,000만 년 전까지였을 것으로 추정된다.

우리가 흔히 '사람속'이란 명칭을 사용할 때는 두 발로 직립보행이 가능한 유인원을 말한다. 그들이 출현한 시기는 700만 년 전이다. 이후 다양한 모습으로 환경에 적응해 가게 된다. 이렇게 해서 오스트랄로피테쿠스, 호모 하빌리스, 호모 에렉투스, 네안데르탈인 등이 출현하게 된다. 그러다가 마침내 진화의 끝자락에 현생 인류이자 현대인과 학명이 똑같은 호모 사피엔스 사피엔스가 나타나게 된다.[5]

'사람속'이 분화해 가는 과정에서 250만 년 전 사이에 과거보다 상대적으로 뇌가 크고 완전히 두 발로 걷는 사람이 등장하는데 바로 호모 에렉투스이다. 호모 에렉투스는 인간 진화의 역사에서 중요한 위치를 차지한다. 그들은 오늘날 우리의 모습에서 확인할 수 있는 육체적인 특징들을 갖추고 있었다. 뇌가 상대적으로 크고 턱이 들어가고 몸이 강건하였을 뿐만 아니라 현대인처럼 달릴 수 있었다.

호모 에렉투스보다 앞서 400만 년 전부터 300만 년 전 사이에 나타났던 오스트랄로피테쿠스의 턱뼈 사진을 볼 기회가 있었다. 턱뼈가 툭 튀어나온 것이 인류라기보다는 침팬지에 가까웠다. 두뇌 크기와 관련해서도 오스트랄로피테쿠스는 500~700cc, 호모 에렉투스는 850~1,200cc, 현생 인류는 1,500~1,600cc인 점을 고려하면 상대적인 크기를 가늠할 수 있다. 또 불을 사용한 최초의 인간이며 석기를 제작하여 사냥을 생존의 중요한 수단으로 삼았으며 아프리카를 넘어서 생활 무대를 넓힌 최초의 인간에 속한다.

인류학자인 리처드 리키Richard Erskine Frere Leakey는 "사람속은 호모 에렉투스를 거쳐 궁극적으로 호모 사피엔스로 진화해 간 인류라는 나무의 한 가지이다."고 평한다.[6] 여기서 호모 사피엔스 사피엔스는 현대인과 학명을 나누는 종으로서 "사람속 가운데 현생 인류와 같은 종으로 분류되는 생물을 가르치는 학명"이다.

그런데 에티오피아 고나강 주변에서 발견된 최초의 돌 도구는 250만 년 전에 육류가 식단의 중심을 차지하고 있었음을 알려준다.[7] 그것은 날카롭게 간 돌로 동물의 시체에 붙어 있는 고기를 자르거나 골수에 풍부한 뼈를 짓이기는 데 사용되곤 하였다. 호모 에렉투스가 다른 동물이 먹다 남기거나 죽어 있는 동물들을 가져다가 다른 육식 동물에 맞서 확보한 것으로 이해할 수 있다. 더구나 남부 아프리카에서 발견된 150만 년 전의 타버린 뼈는 이미 불을 이용해서 조리하였음을 말해주기도 한다. 호모 에렉투스가 육류를 섭취하고 조리를 하게 된 배경이 흥미롭다.

하나는 뇌가 커지는 것은 세포 조직의 발달을 뜻하기 때문에 열량 소비량이 증가해야 한다. 이에 따라 동물 단백질의 섭취가 불가피해졌다는 점을 들 수 있다. 다른 하나는 두뇌가 커지는 대신 다른 신체 부위가 작아져야 하므로 위 기능의 부담을 덜어주기 위해 조리가 필요하였다.

한편 우리에게 그 이름이 친숙한 네안데르탈인의 특징을 가진 최초의 네안데르탈인은 35만 년 전에 그리고 완전한 네안데르탈인은 13만 년 전에 출현하여 2만 7,000년 전에 멸종하였다. 그들은 돌출된 이마와 왕관을 쓴 것처럼 툭 튀어나온 머리, 추위를 이겨낼 수 있는 단단한 신체 구조로 되어 있었다. 그들이 남긴 유적들을 보면 도구들이 매우 정교하다. 또 죽은 자들을 정성껏 매장할 정도로 사후 세계에 대한 의식이 있었다.

그런데 네안데르탈인과 거의 8,000년을 이웃하면 살았던 다른 종이 있다. 그들이 바로 오늘날 인류의 직접 조상이자 현생 인류인 호모 사피엔스 사피엔스이다. DNA 연구를 통해 그들이 20만 년 전에서 14만 년 전에 아프리카에서 출현하였으며 이주가 본격적으로 시작된 것은 10만 년 전 즈음일 것으로 추정되며 아프리카 북쪽을 넘어서 전 지구를 향한 이동을 계속하였다.

네안데르탈인들의 주거지가 지금의 유럽과 그 주변지역에 국한되었음을 고려하면 현생 인류의 확산은 놀라울 정도도 빠르게 그리고 넓게 이루어진다. 그러나 그들의 이동에 발목을 잡는 자연재해가 발생하는데 7만 1,000년 전에 있었던 서북 수마트라 토바 화산이다. 화산 폭발은 지구적 재앙을 낳게 되는데 이후 1,000년 동안 지구의 온도는 크게 떨어지게 된다. 또 인도의 일부 지역에는 화산재가 3미터 정도나 쌓여 생존을 위협받게 된다. 이런 어려움을 겪고 난 다음 현생 인류의 규모가 많이 증가한 것은 5만 년 전을 전후한 시점이다.

그런데 우리가 여기서 주목해야 할 것 가운데 하나는 인류의 진화는 한 방향으로만 이루어지지 않았다는 사실이다. 수천 년 동안 현대인의 조상인 현생 인류는 아시아에서는 호모 에렉투스와 함께 살았고, 유럽 근동지역에서는 네안데르탈인들과 함께 생활하였다. 1만 5,000년을 전후해서 사람속에 속하는 나머지들은 모두 멸종하여 사라지고 말았지만 유독 현대인의 직접적 조상인 호모 사피엔스 사피엔스만이 유일한 인류이자 지구 최초의 인류로 자리 잡게 되었다.

그 이유는 무엇일까? 네안데르탈인 역시 현생 인류와 마찬가지로 언어, 의식, 예술적 상상력 그리고 기술혁신 능력을 지니고 있었다. 호모 사피엔스 사피엔스가 가졌던 강점은 사회적 관계에서의 세련됨이었다.[8] 그들은 집단생활을 더 잘 영위할 수 있었기 때문에 궁극적인 승리자가 될 수 있었다. 그들은 모두 생물학적 진화와 더불어 문명사 면에서도 발전을 거듭하게 된다. 그들이 살았던 시절은 돌도구를 주로 사용하는 구석기 시대였다.

현생 인류가 당면하였던 다양한 도전 과제들 가운데서 빼놓을 수 없는 것이 빙하기이다. 북반구 대부분이 빙하로 덮여 있었던 약 80만 년 동안 모두 8번의 빙하기가 있었다. 빙하기 사이에는 1만 년 정도의 간빙기가 있었다. 마지막 빙하기는 2만 년 전에 도래하여 1만 2,000년 즈음에 물러가게 된다. 빙하기가 현생 인류의 삶에 큰 영향을 미친 환경 요소이기 때문에 상황을 간단하게 정리해 둘 필요가 있다.

적도에서 멀리 떨어진 북반구는 온도가 15도 정도 뚝 떨어져 대부분 황무지는 빙산으로 덮이게 된다. 물이 빙상에 갇히면 바다의 수위는 150미터 이상 낮아지고 육지와 육지는 서로 연결되어 인간의 이동이 가능하게 된다. 한편 적도 주변은 강우량이 줄어들면서 절반의 지역이 사막으로 바뀌게 되고 나머지가 사바나 지역이 된다. 사바나 지역은 풀들이 풍부해지면서 매머드, 들소, 말, 순록들의 무리가 형성될 수 있는 여건이 조성되었다. 구석기 시대를 살았던 현생 인류에게 중요한 사냥터 역할을 제공하였다.

예를 들어 사하라 사막 이남의 아프리카 지역은 광대한 사바나 지역을 형성하게 되었다. 북아메리카 역시 풀이 많은 초지였으며 유라시아대륙은 북쪽이 빙하지역이고 남쪽 사막을 제외하면 광대한 목초지와 스텝이 생성되어 있었다. 프랑스와 스페인에 유독 이 시기의 벽화들이 많은 이유는 그 지역이 빙하기 동안 열대 수풀과 스텝 지역으로서 사냥감이 많았기 때문이다. 그렇게 해서 현생 인류는 1만 년 전즈음에 주거할 수 있는 지구상의 거의 모든 곳에 자리를 잡게 된다.

☙ 사냥이 인류에게 미친 영향

700만 년 전에 출현한 초기 인류부터 15만~20만 년 전에 출현한 현생 인류는 어떻게 살았을까? 그들의 생활을 이해하는 것은 현대인을 이해하는 중요한 실마리를 제공한다.

현대인들이 구전으로 신화를 전하고 문자로 역사를 기록하기 시작한 것은 불과 5,000년에 지나지 않는다. 이 기간은 초기 인류의 출현인 700만 년 전, 대뇌화의 생생한 사례인 호모 에렉투스의 출현인 250만 년 전, 현생 인류에 가까운 네안데르탈인이 출현한 35만 ~13만 년 전 그리고 현생 인류의 출현이 이루어진 20만 년~14만 년 전에 비하면 보잘것없을 정도로 짧다.

700만 년 전에 출현한 초기(원시) 인류의 삶은 침팬지와 같은 다른 유인원들과 마찬가지로 모계 중심이었다. 그들의 삶이 현생 인류와는 크게 달랐음에 대해 리처드 리키는 이런 이야기를 들려준다.

"최초 사람의 행동을 관찰하기 위해 700만 년 전의 아프리카를 찾아갈 수 있다면 인류학자들보다는 유인원과 원숭이의 행동을 연구하는 영장류 동물학자들이 더 잘 알고 있는 유형을 발견하게 될 것이다. 원시인류는 현대의 수렵 채집인처럼 먹을 것을 찾아 떠돌아다니는 가족 밴드(band, 소규모 무리)를 구성하기보다는 사바나 비비 원숭이처럼 살았을 것이다. 30여 개체로 이루어진 무리는 넓은 지역에서 협조적인 방식으로 먹이를 찾아 나설 것이다. 밤이면 낭떠러지나 나무숲과 같은 잠자리로 돌아올 것이다.

성숙한 암컷과 그 새끼들이 무리의 대부분을 이루며 수컷은 소수에 불과할 것이다. 수컷들은 계속 짝지을 기회를 노릴 것이고, 우위의 개체에게 가장 많은 기회가 올 것이다. 아직 열위의 수컷은 주변부에 머물며 때로는 혼자 먹을 것을 찾아 나설 것이다. 무리의 개체들은 두 발로 걷는 인간의 요소를 가지고 있겠지만 사바나 영장류처럼 행동할 것이다. 그들 앞에는 700만 년의 진화가 놓여 있는 것이다."[9]

여기서 주목해야 할 점은 원시인류는 현생 인류처럼 20~30명으로 이루어지는 밴드를 구성하지 않았다는 점이다. 사냥에 대한 필요성이 그다지 높지 않았음과 상대적으로 먹이를 구하는 일이 수월하였음을 뜻한다. 따라서 먹이 중에서 사냥이 차지하는 비중이 상대적으로 낮았을 것으로 보인다.

그러나 250만 년 전 불완전한 직립보행에서 완전한 직립보행이 가능하게 되면 인간은 두 손을 자유자재로 사용할 수 있고 도구의 발달이 일어나게 된다. 지금도 그렇지만 손으로 무엇인가를 만지거나 사용하는 것은 두뇌를 제대로 활용하는 멋진 방법이다. 초기 인류들 역시 손을 자유자재로 사용하면서 뇌를 더 사용할 수 있게 되고 결과적으로 뇌의 용량이 커지는 일과 도구의 발달이 동시에 이루어지게 된다. 도구와 뇌의 발전에 대해 리처드 리키는 다음과 같이 말했다.

"약 200만 년 전에 살았던 사람속의 뇌가 이미 진정한 사람의 수준, 즉 오늘날 우리와 같은 수준에 이르렀다는 사실이다."

이미 도구를 만드는 인간은 오늘날 인간의 모습에 한걸음 성큼 다가섰음을 알 수 있다. 그들은 도구를 이용해서 무엇을 했을까? 사냥일 것이다. 그런데 도구의 발달이 사냥을 낳게 되었을까? 아니면 사냥이 도구의 발달을 낳게 되었을까? 필요는 발명의 어머니라는 격언처럼 뇌가 커지면서 단백질 섭취의 필요성이 높아지게 되고 이에 따라 사냥을 위한 도구의 발달이 이루어졌을 것이다.

리처드 리키의 지적처럼 200만 년 전에 이미 인간의 두뇌가 상당 수준에 도달하였다면 그들은 자신들의 생존을 위한 목표 즉, 단백질의 섭취를 이루기 위해 어떤 방법이 있을까를 생각하고 해법을 찾아낼 수 있었을 것이다. 생존의 필요에 따라 사냥이 절실하였을 것이다. 이런 문제에 대한 해법으로 등장한 것이 사냥용 도구의 발견이었을 것이다.

초기 인류는 정교한 돌 도구를 사용해서 들소, 말, 순록과 같은 동물들을 효과적으로 사냥하였다. 사람들의 몸집에 비해서 크고 빠른 이런 동물들을 사냥하기 위해서는 집단행동이 필요하였을 것이다. 이를 위해 그들 사이에 서로 의사를 주고받을 수 있는 언어가 있었을 것이다. 물론 오늘날의 언어를 기준으로 보면 비교할 수 없을 정도로 단순한 수준이었겠지만 성공적인 사냥을 위해서는 의사소통 방법을 갖고 있었을 것이다.

사냥하는 인류는 곧바로 생각하는 인류를 뜻한다. 도구의 발달에서 보면 사람속의 등장으로부터 1만 년 전까지를 구석기라 부르는데 당시 사람들이 남긴 돌이나 동물 뼈로 만든 칼날, 투사체의 뾰족한 끝, 창 등이 모두 초기 인류들이 즐겨 사용하였던 도구들이다. 그들이 남긴 것 가운데서 스크레이퍼(문지르는 도구)들을 흔히 발견할 수 있다. 곡식을 빻는 데 사용하였던 것으로 보인다. 한편 지금도 낭떠러지 밑에서 매머드 뼈로 이루어진 더미들이 발견되곤 한다. 현생 인류는 공동작전으로 매머드를 절벽으로 몬 다음 아래로 떨어뜨려서 사냥을 하였음을 알 수 있다.

사냥하는 원시인의 모습이 생생하게 남겨진 벽화는 1만 4,000년 전의 들소 그림이다. 스페인 북부 산탄데르 근처 알타미라 동굴에서 발견된 화려한 벽화에는 거의 실물 크기의 동물들이 천장을 가득 메우고 있다. 한 가지 이상의 색을 사용하였을 뿐만 아니라 3차원을 표현하기 위해 천장의 굴곡을 이용한 점도 인상적이다. 이 벽화는 유럽 후반기 빙하시대에 구석기를 살았던 인류가 남긴 멋진 작품으로 용도는 사냥의 풍요를 기원하는 주술적인 면이 많았을 것으로 보인다.

현생 인류가 동물 사냥과 식물 채집에서 먹거리를 구하였다면 협동할 만한 무리를 확보하는 일이 반드시 필요했을 것이다. 초기 인류들이 지속적인 관계를 맺는 소규모 무리를 형성하지 못한 데 반해서 현생 인류는 성인 남자들과 여자들 그리고 그 자식들처럼 혈연 중심으로 25명 정도로 구성된 밴드가 생활의 중심이었다. 이런 밴드는 확장된 가족의 개념으로 이해할 수 있을 것이다.

20~30개의 밴드가 모이면 약 500명가량의 부족이 형성된다. 그들은 '다이얼렉티컬 부족dialectical tribe'이라 부른다.[10] 그들은 언어와 관습 그리고 공동의 목표 등으로 느슨한 연결망을 형성하고 임시 주거지를 정했다. 남자들은 사냥을 그리고 여자들은 채집과 출산 및 양육 기능을 수행하였다.

빠른 동물들을 사냥하기는 만만치 않았을 것으로 보인다. 그래서 동물들의 시체를 가져다가 석재 도구를 사용해서 뼈에 붙어 있는 얼마간의 살점을 긁어 먹거나 철 따라 주변의 열매나 곡식을 채집해서 먹는 문제를 해결하였다.

길고 긴 진화의 과정에서 인류에게 가장 큰 영향을 끼친 것은 사냥이다. 인류가 사냥이 아니라 다른 채집 생활로만 충분히 생존할 수 있었다면 오늘날 현대인의 모습도 크게 달라졌을 것이다. 그러면 언제부터 인류가 사냥꾼이 되었을까? 우리는 이미 지난 80만 년 사이에 모두 8번의 빙하기가 있었고 그 사이에 짧은 1만 년 정도의 간빙기가 있었다는 사실을 알고 있다. 또 그 빙하기의 마지막은 2만 년 전쯤의 일이다.

빙하기는 먹을 것을 구하기가 어려워짐을 뜻한다. 살림은 툰드라로 바뀌고 나무뿌리나 풀뿌리를 구하기 어렵게 될 뿐만 아니라 주워 먹을 고기의 양도 줄어들게 된다. 이런 상황에서 어찌할 수 없이 인류는 식량을 구하기 위해 나설 수밖에 없었을 것이다. 이때 사냥 대상은 추운 시기 동안 생존에 능한 몸집이 큰 짐승들이었다. 큰 몸집은 체온을 유지하기 쉬웠기 때문에 매머드, 들소, 순록, 곰 등은 인간의 덩치보다 훨씬 컸다. 따라서 특별한 방법으로만이 이들을 잡을 수 있었다.

그래서 나온 것이 공동 사냥이다. 사냥이 인류에게 미친 영향에 대해 럭거스대학의 생물학자인 티머시 페퍼Timothy Perper와 인류학자 카르멜 쉬리레Carmel Schrire는 "사냥과 육류 섭취가 인간의 진화를 촉발했으며, 인간을 오늘날과 같은 생물로 만들었다는 가정에 바탕을 두고 있다"고 말한다. 또한 "사냥은 초기 인간의 심리적, 사회적 행동, 그리고 세력권과 연관된 행동에 영향을 미쳤다."고 말한다.[11]

남아프리카의 인류학자 존 로빈슨John Robinson은 선사시대의 사냥이 가진 의미에 대해 "나는 육류 섭취가 엄청나게 중요한 진화적 변화라고 생각한다. 그래서 광범위한 진화의 새로운 분야가 열렸다. 내 생각으로 그 변화는 진화적 중요성이라는 측면에서 포유류의 기원과 맞먹을 정도이다."라고 평한다.[12]

요컨대 오랜 세월 동안 행해진 수렵과 채집이란 생존수단은 1만 년 전 농경으로 대체하기까지 계속됐다. 그리고 현대인들의 본성에 깊고 깊은 흔적을 남기게 된다. 이런 흔적은 현대인들조차 도저히 벗어날 수 없는 아득히 먼 조상으로부터 면면히 내려온 유산이다. 이성의 세계에서처럼 선택할 수 있는 것이 아니라 본인의 의지와 무관하게 본성에 깊이 아로새겨진 채로 전해지게 된다.

≈ 팀워크가 필요했던 대형 동물 사냥

사냥이 어떤 영향을 미쳤을까? 사냥은 현생 인류가 벗어나기 어려울 정도로 깊은 영향을 미쳤다. 그러니까 오늘날의 현대인을 이해하려면 지난 80만 년 동안 반복적으로 이루어진 빙하기와 간빙기 그리고 그런 환경 속에서 살아남기 위해 했던 대형 동물 사냥을 제쳐놓고 어떤 이야기도 나눌 수 없다.

만일에 인류의 조상이 물고기나 새 그리고 토끼 같은 작은 동물만을 사냥하여 먹는 문제를 해결하였다면 오늘날과 같이 거대한 사회를 구성하고 지구의 지배적인 종이 되지 못하였을 것이다. 침팬지와 같은 유인원도 사냥하지만 서너 마리 정도가 협동해서 새끼 원숭이나 작은 새를 잡는 것이 고작이다. 그런 활동에는 사회적 결속력과 같은 집단의식이 필요하지 않다. 하지만 대형 동물의 사냥에는 긴밀한 의사소통과 역할분담 등과 같은 조직적인 협동이 요구된다. 바로 이 점이 인류와 유인원의 간격을 크게 벌려 놓게 된다.

매머드나 순록을 사냥하는 경우를 상상해 보자. 20~30명의 사냥 밴드 가운데 여성이나 아이들을 제외하면 활동력이 있는 사람들은 모두 참여하여야 했을 정도로 대규모 합동 작전이었을 것이다. 밴드의 구성원들 가운데서도 경험이 많은 연장자가 사냥을 이끌었을 것이다. 그는 오랜 경험과 지혜를 바탕으로 사냥감의 이동 경로를 파악하고 있었을 것이다. 또 오늘날의 회의와 비슷한 모임을 통해 사냥에 참여하는 남자들이 맡아야 할 역할을 정해주었을 것이다. 사냥에 성공하기 위해서는 무엇보다 중요한 것은 굳건한 집단의식이었을 것이다. 연장자의 지시에 따라 일사불란하게 움직여야 하고 연장자의 명령에 무조건 복종해야 사냥의 성공 가능성을 높일 수 있을 것이다.

오늘날의 축구경기에서 선수들이 상대방의 골문에 골을 넣는 것이나 소규모 사람 집단이 사냥에 성공하는 것이나 비슷한 문제를 안고 있었을 것이다. 팀워크를 헤치는 사람이 나오면 팀이 승리할 수 없는 것과 마찬가지로 집단 내 혼자서 튀는 행동을 하는 것은 사냥의 실패는 물론이고 집단 구성원들의 생명을 위협할 수도 있었을 것이다.

사냥의 성공을 위해 인류의 조상은 과거에 대한 정보, 현재 상황에 대한 분석 및 판단, 미래에 대한 예측과 관련된 정보들을 공유했다. 그들이 의사소통하기 위해서 구어口語라는 언어를 갖고 있었을 것으로 추정된다. 또 사냥 밴드의 구성원들은 정교한 규칙들이 필요했다.

사냥꾼들은 무엇보다 강한 신념이 필요했고 조직에 대해 무조건 충성해야 했다. 만일에 조직에 대한 충성심이 강한 사냥꾼들로 이루어진 집단과 충성심이 약하고 제각각인 사냥꾼들로 이루어진 집단이 있다면 충성심이 강한 집단이 생존에 유리한 것은 명백한 사실이다. 사냥을 더 잘하기 위한 덕목들로 무장된 사냥 밴드들이 그렇지 않은 밴드들보다 생존 확률이 높았을 것이 틀림없다. 대형 동물을 사냥하는 활동을 전개하는 동안 사냥 밴드에 요구되는 것은 패거리 의식 혹은 충성심이었다. 게다가 개인주의는 용납할 수 없는 금기였다. 오늘날 우리가 흔히 비난하는 패거리 의식은 당시는 찬양받아야 할 덕목이었다. 리처드 리키는 사냥감을 쫓는 150만 년 전의 원시인류인 호모 에렉투스의 활동을 이렇게 묘사한 바가 있다.

"여러 날 동안 남자들은 소리를 죽이고 작은 영양 떼에 다가갔다. 한 마리가 약간 다리를 절룩거린다는 사실을 알아차렸다. 이 영양은 계속 뒤로 처졌으며 무리에 합류하려면 굉장한 노력을 해야 했다.

남자들은 큰 동물을 잡을 기회임을 깨달았다. 최소한의 자연 또는 인공의 도구를 갖춘 사냥꾼들은 꾀를 낼 필요가 있다. 소리를 내지 않고 움직일 수 있고 주변 환경과 하나가 될 수 있는 능력, 그리고 언제 공격을 가해야 하는지에 대한 지식이 이 사냥꾼들의 가장 강력한 무기인 셈이다.

마침내 기회가 왔다. 말없이 동의의 눈짓을 주고받은 후 세 사람은 전략지점으로 이동했다. 한 사람이 정확하고 힘있게 돌멩이를 던져 엄청난 타격을 가했다. 다른 두 사람이 달려가 먹이를 꼼짝 못하게 잡았다. 끝이 뾰족한 짧은 막대기로 재빠르게 찌르자 동물의 목에서 피가 샘솟듯 솟아나왔다. 동물은 꿈틀거렸으나 곧 숨졌다."[13]

≈ 사냥보다 더 중요한 분배

다음으로 중요한 것은 함께 잡은 동물을 어떻게 분배할 것인가 하는 과제다. 하버드대학교의 인류학자였던 글린 아이작Glynn Isaac이 제시한 '음식 공유 가설food-sharing hypothesis'이 원시인류의 모습을 추측하는 데 큰 역할을 하였다. 그는 1978년『사이언티픽 아메리컨』에 실린 한 논문에서 이 가설을 제시했다. 인간의 의식과 행동을 형성시킨 원동력은 사냥보다는 오히려 음식의 공동 획득과 공유하는 특성에서 비롯되었다는 것이다. 연장자의 지식에 따라서 획득된 동물의 단백질은 위계질서와 사냥 밴드 내 일정한 규칙에 따라 구성원들 사이에 분배되었다.

1978년의 논문에서 글린 아이작은 사냥 밴드를 만든 원시인류와 침팬지 등과 같은 유인원 사이에 큰 격차를 낳은 것은 다섯 가지 행동에 대해 말한다.[14]

첫째, 원시인류는 음식물이나 소유물 그리고 각종 도구를 보관용 바구니 등에 넣어서 이 장소에서 저 장소로 이동할 수 있었다.

둘째, 원시인류는 사냥 밴드 내에서 구성원들 사이에 과거와 미래에 대한 정보는 물론이고 사회관계의 여러 측면에 대한 규제 등에 대해 구어로 의사소통을 나누었다.

셋째, 원시인류는 획득된 사냥물의 분배에 공동 책임을 질 뿐만 아니라 공동의 획득물을 분배하면서 적극성을 갖고 있었다. 예외적인 때에만 소극적인 분배를 하는 침팬지와 원시인류의 큰 차이점이다.

넷째, 원시인류는 '홈베이스home-base'라 불리는 임시주거지를 중심으로 활동하였다. 사냥을 위해 임시 주거지를 얼마간 떠나 있다가도 사냥을 마치면 다시 돌아오는 생활이 반복되었다. 임시주거지 주변에서 음식물을 구하기 어렵거나 홍수 등과 같은 위험이 닥쳤을 때는 새로운 곳으로 이동하였다.

마지막으로 원시인류는 다른 유인원들에 비해서 고단백질을 가진 동물이나 물고기 등의 사냥에 더 많은 시간을 투입하였다. 원시인류와 유인원의 포식성 활동에 대한 증거는 흥미로운 한 가지 사실을 알려준다. 그것은 원시인류가 몸무게가 15킬로그램 이상 나가는 먹잇감을 규칙적으로 잡아먹었다는 점이다.

이처럼 이족=足 보행, 구어 사용, 사회적 맥락에서 이루어지는 규칙적이고 체계적인 음식 공유, 본거지에서의 삶, 대형동물의 사냥으로 인류와 유인원이 구분되었다. 그동안 연구 결과를 참조하면 원시 인류는 두 발로 이동하는 소규모 무리를 지어 생활했다. 또 임시주거지를 마련해서 남성은 주로 사냥을 그리고 여성은 채집하고 아이를 키우는 노동의 분업이 이루어졌다.

'홈베이스'라 불리는 임시주거지를 중심으로 생활했지만 오늘날의 정주지와는 달리 먹이를 찾아서 옮겨 다녔다. 그들이 남긴 임시주거지가 오늘날 구석기 시대의 유적지들인 셈이다. 그런데 사냥이 끝난 이후에 임시주거지에서 음식물의 배분과 공유가 이루어졌다. 글린 아이작의 1978년 논문에는 '음식 공유 가설'에 대해 이런 내용이 실려있다.

"원시인류(호모 사피엔스) 사회에서 음식물을 얻는 일은 부분적으로 집단의 책임이었다. 다양한 규모의 집단 구성원들 사이에 활발한 음식물 공유가 이루어지는 것이 행동의 특별한 형태였다. 대부분의 공동 가족들이 음식 공유 네트워크의 중요한 매듭이었다.

우선, 음식물은 성인들 사이에 나누어졌다. 그리고 그다음에 성인과 아이들 사이에 나누어졌다. 침팬지 사이에도 음식 공유가 이루어질 때가 있다. 침팬지가 고기를 구하였을 때이다. 그러나 침팬지가 음식을 공유할 때는 그다지 적극적이지 않다. 나는 이를 용인된 구걸이라고 부른다. 하지만 침팬지의 주식인 과일과 같은 음식물은 나누어지지 않고 즉석에서 먹어치웠다."[15]

당시만 하더라도 음식물을 보관할 수 없었기 때문에 나누어 먹어야 한다. 인류와 유인원 사이에는 뚜렷한 차이가 있었다. 인류는 묵시적인 사회적 규칙에 따라 적극 음식물을 나눴지만 침팬지는 마저 못해서 나누어 가질 뿐이었다. 글린 아이작은 이를 두고 '적극적인 분배active sharing'라는 용어를 사용한다. 이런 사실은 침팬지에 대한 관찰로도 얼마든지 확인할 수 있다. 침팬지는 사냥해서 고기를 얻더라도 쉽게 나누어 가지려 하지 않는다.

고기를 얻은 침팬지 주변으로 몰려든 다른 침팬지들은 아우성을 치기도 하고 애절한 눈길을 보내기도 하면서 고기를 가진 침팬지의 환심을 사기 위해 저마다 노력한다. 하소연, 호소, 구걸 등의 활동이 이뤄지게 되면 음식을 가진 침팬지는 마지 못해서 조금씩 주변의 침팬지들에게 나눠주게 된다. 하지만 식물이나 벌레 등을 잡았을 때는 일체의 분배는 없다. 리처드 리키는 호모 에렉투스의 음식 나누기를 풍부한 상상력을 발휘해서 이렇게 묘사한 바가 있다.

"그날(남자들이 영양 사냥에 성공해서 돌아온 날) 저녁 고기를 먹으면서 일종의 의식이 치러졌다. 사냥팀을 이끈 사람이 고기를 얇게 잘라 주변에 앉아 있는 여자들과 다른 남자들에게 건네준다. 여자들은 일부를 아이들에게 준다. 아이들은 즐겁게 조금씩 나누어 먹는다. 남자들은 친구들에게 몇 조각 주고 친구들은 다른 사람에게 다시 몇 조각을 준다. 고기를 먹는 일은 생존 이상의 행동이다. 그것은 사회적인 결속 활동이다."[16]

≈ 부족적 사고에 담긴 집단주의의 원형

한편 원시인류는 사냥 밴드의 구성원들끼리는 결속력을 강화해야 하지만 다른 한편으로 다른 집단들에 대해서는 배타성을 가지고 있었을 것이다. 그들은 20~30명으로 구성되는 사냥 밴드를 단위로 해서 이동하였지만 결혼은 500명 정도의 같은 언어를 사용하는 '방언 집단' 내에 이루어졌다.

그들은 사냥 밴드 내부의 구성원들 사이에는 강력한 결속력과 친밀감을 갖고 있었을 것이며 '방언 집단' 내의 구성원들에게도 비교적 우호적인 시각을 갖고 있었을 것이다. 그러나 집단에 속하지 않은 자들에 대해서는 배타성과 적대감을 갖고 있었을 것으로 보인다. 집단 사냥을 통해 살아가는 동물 대부분에서 보이는 공통점 가운데 하나이다.

늑대, 사자, 하이에나처럼 집단으로 사냥하는 무리도 자신의 영토를 침범하는 적들을 사정없이 공격하는 것처럼 집단 사냥에 의지하는 모든 동물은 배타적인 감정이 생존을 위해 필수적이다. 만일 여러분이 키우는 개와 산책길에 오른다면 끊임없이 자기 영토를 확인하기 위해 오줌을 누지 않는가? 이제는 그렇게 할 필요가 없지만 그들의 조상이 했던 집단 사냥의 희미한 흔적이 아직도 개의 본성에 남아 있음을 확인할 수 있는 증거다.

원시인류도 예외가 아니었다. 그들 역시 다른 집단에 대해 강한 배타성을 갖고 있었다. 물론 이런 특성이 척박한 환경에서 그들이 살아남는 데 도움을 주었다. '우리'와 '그들' 사이에 무리를 짓고 우리 사이에는 결속력을 그리고 그들에 대해서 적대감을 갖는 것의 뿌리는 생각보다 오랜 역사를 갖고 있다. 오늘날도 정말 많은 사람이 수시로 '우리 편'은 누구이며, '그들 편'은 누구냐는 질문을 던지고 싸우곤 한다.

철학자 이언 해킹Ian Hacking과 심리인류학자 로런스 허시펠드Lawrence A. Hirschfeld는 "개인보다는 크고 인류 전체보다는 작다고 정의되는 부류 혹은 집단의 범주들"을 '인간 부류human kind'라고 불렀다. 이를테면, 다소 넓은 의미에서 흑인과 백인, 남성과 여성으로부터 시작해서 좁게는 우리 학교 학생 혹은 다른 학교 학생 등과 같이 '인간 부류'로 나누는 것을 두고 '부족적 사고'라 부르기도 한다.[17]

서식스대학교의 생물학자인 리처드 윌킨슨Richard Wilkinson은 우리 선조가 평생을 통해서 두려워했던 것은 무리로부터 추방당하는 일이었다고 한다. 그는 그런 두려움에 대하여 "사람들의 생존이 은행에 넣어둔 돈이 아니라 사회적 유대관계에 달려 있던 세계에서는 사회적 추방이란 대단히 두려운 일일 수밖에 없었을 것이다. 협력적으로 움직이는 집단에서 추방당하면 희생물이나 먹잇감이 되는 위험에 노출되기 때문이다."고 말한다.[18] 그래서 "우리 몸은 사회의 인정과 수용을 육체적 안정으로 해석한다."고 강조한다. 집단에 대한 절대 충성과 집단의 요구에 자신을 맞추어가는 인류의 특성은 고립에 대한 두려움이 큰 역할을 하게 된다. 리처드 윌킨슨 교수의 지적은 이따금 동물의 왕국과 같은 프로그램에서 무리에서 떨어진 새끼 코끼리나 상처를 받은 영양 등이 사자나 하이에나의 공격 대상이 되는 것을 떠올리게 한다. 초기의 인류 역시 무리를 떠나서는 그 어떤 생존도 보장받을 수 없었다.

한편 원시인류는 집단 내 구성원들 사이의 결속력을 높이기 위한 나름의 방법을 갖고 있었을 것이다. 그러니까 결속력이 매우 중요했기 때문에 가능 방법들을 찾아낼 수 있었을 것이다. 친밀감이나 이타심과 같은 표현을 사용할 수 있다. 이때의 이타심도 무한정 무엇인가를 베푸는 것이 아니라 서로 주고받는 상호주의에 바탕을 두고 있다. 서로 잘 모르는 사람이라면 상호주의의 대상이 될 수 없다. 따라서 사냥 밴드 내의 구성원들끼리는 서로서로 보살펴주는 그런 감정 상태를 유지하고 있었을 것이다.

그러나 그런 집단을 벗어나게 되면 이타심이란 사라져버리고 말았다. 인류 역사의 어두운 면 가운데 하나는 아프리카 노예무역일 것이다. 당시 사람들이 특별히 사악한 사람이었다기보다 당시 노예무역을 주도했던 사람들은 '우리'와 '그들'을 구분하였다. 그들은 '인간'이라고 생각하지 않았기 때문에 가혹한 행위를 하였던 것이다.

네안데르탈인이 남긴 유적들 가운데는 사냥 밴드에 속하는 사람들끼리 서로 돌보았음을 확인시켜주는 흔적들이 심심찮게 남아 있다.[19] 1983년 이스라엘 케바라 동굴Kebara Cave에서 발견된 튼튼한 여성의 6만 년이나 된 유골이나 프랑스의 라샤펠오생이나 이라크 샤니다르에서 발견된 유골에는 심한 관절염, 부러진 뼈, 실명과 같은 질병의 고통을 받았을 것으로 추정되는 수많은 유골이 발견되었다.

그들은 부상으로 생산활동에 종사할 수 없더라도 회복될 때까지 다른 사람의 도움으로 음식물 섭취가 가능했음을 알 수 있다. 또한 네안데르탈인은 그들이 죽음을 당했을 때도 정중하게 장례를 치름으로써 떠나는 자에 대한 예우를 차렸다. 이처럼 '우리'에 대한 대우와 '그들'에 대한 대우는 크게 달랐다.

두뇌는 어떻게
만들어졌는가

3장

반복적으로 이뤄지는 모든 활동은 흔적을 남기게 된다. 초기 인류가 등장하는 700만 년 전은 물론이고 그 이전의 까마득한 파충류 시절부터 반복적으로 이루어진 활동은 현생 인류에게 흔적을 남겼다. 마치 해변에 모래가 쌓여가듯이 고스란히 우리들의 몸과 두뇌 속에 자리를 잡고 지금도 영향력을 발휘하고 있다.

예를 들어 현대인들이 죽음의 원인으로 으뜸을 차지하는 암의 뿌리를 찾다 보면 아주 먼 옛날로부터 비롯되었음을 확인할 수 있다.[1] 인간은 10억 년 이상이나 되는 아득한 옛날 세포의 증식을 통해 고등동물로 발달해왔다. 한 개의 세포가 두 개로 그리고 두 개의 세포가 네 개로 계속해서 분열이 이루어지게 되면서 마침내 고등생물의 몸은 심장, 뇌, 간, 근육, 뼈 등 200종이 넘는 전문화된 다양한 세포들로 구성되게 되었다. 고등생물에게 세포들이 죽지 않고 분열을 거듭하는 일은 대단히 위험한 일이다. 따라서 정상인에게 적혈구나 백혈구의 생성 등과 같이 예외적인 경우를 제외하면 세포증식을 엄격히 통제하는 나름의 메커니즘을 갖고 있다.

하지만 인체의 일부 세포들이 무분별하게 분열하기도 한다. 바로 암이다. 독일 베를린 샤리테 재단 위원장으로 있는 데트레프 간텐 Detlev Ganten은 우리 몸의 이 같은 특성을 두고 "지난 40억 년 동안 우리의 행동과 생활방식은 철저하게 변했지만 우리 몸은 아직 2만 년 전 그대로다."라고 말한다.[2] 이 말은 현대인의 몸은 여전히 구석기 시대에 머물고 있음을 뜻한다.

어디 몸만 그러한가? 마음도 구석기에 머물러 있으며 조상의 흔적은 두뇌에도 크게 남아 있다. 진화의 긴 여정을 거쳐오는 동안 인간의 두뇌는 과거의 뇌 위에 새로운 뇌를 덧붙이는 것처럼 이루어져 왔다. 그러니까 인류 진화는 과거의 뇌 기능을 대체해 버리는 것이 아니라 과거 위에 새로운 기능을 쌓아가는 것처럼 이뤄져 왔다. 따라서 새로운 기능이 과거의 기능을 억제할 수도 있다. 하지만 억제력이 부족할 때 언제라도 과거의 기능들이 활개를 치고 바깥으로 드러나게 된다.

개인생활뿐만 아니라 사회생활에서도 원시 두뇌의 활동들을 심심찮게 관찰할 수 있다. 캘리포니아대학교 신경정신과 의사로서 남녀 사이의 뇌 구조의 차이를 분석한 루안 브리젠딘Louann Brizendine은 짝짓기하는 인간에 대해 "우리는 훨씬 더 세련된 인간으로 진화했을지 모르지만 가장 기본적인 본능에서는 원시시대의 조상과 별반 다를

것이 없다." 말한다.[3]

원시 포유류로부터 현생 인류에 이르기까지 뇌 구조의 변화는 뚜렷한 특징이 있다. 간략하게 말하자면 3층으로 이루어진 구조물로 이해하면 된다.[4] 두뇌의 첫 번째 부분은 두뇌의 가장 안쪽이자 밑바닥인 1층에 자리 잡고 있다. 이 부분은 호흡, 심장 박동, 혈압 조절, 자기보호기능, 생식행위, 세력권의 확장, 순위제 등의 기능을 수행하는 후뇌(뒤뇌), 뇌줄이(뇌간), 소뇌로 이루어진다. 흔히 뇌의 이 부분을 '생명의 뇌' '파충류의 뇌' 혹은 'R-복합체'라 부른다. 여기서 R은 파충류reptilian의 약자이다.

동물의 왕국에서 흔히 볼 수 있는 악어의 공격성을 생각해보면 된다. 먹잇감을 포착한 악어가 보이는 돌발적인 공격은 '파충류의 뇌'가 관장한다. 이 부분은 오로지 생명 유지를 위해 자기 자신을 보호하는 기능이기 때문에 기본적으로 이기적이고 본능적이다. 상대가 자신보다 약하면 공격하고 그렇지 않으면 도망가는 것을 특징으로 한다. 악어가 먹잇감에 연민이나 자비심을 보이지 않는 것과 같다.

우리 두뇌 속에는 '파충류의 뇌'가 건재할 뿐만 아니라 우리들의 생각, 판단, 행동에도 여전히 막강한 영향을 미치고 있다. 그런데 파충류의 뇌 위에 더 발전된 두 종류의 뇌가 만들어졌다. 하나는 '포유류의 뇌'이고 다른 하나는 '인간의 뇌'이다. 그들이 출현하게 되는 배경을 잠시 살펴보는 것도 두뇌 구조에 대한 진화의 역할을 이해하는 데 도움이 될 것이다.

지구상에 공룡이 지배하던 1억 4,000만 년의 긴 세월 동안 공룡의 몸집은 커졌지만 두뇌의 중량은 거의 변화가 없었다. 공룡의 활동 무대는 두 눈으로 주변을 볼 수 있는 낮 시간대였다. 낮 동안 주변 사물이나 먹잇감을 포착하는 데는 시각만으로 충분했다. 시각은 자극과 반응의 관계이다. 먹잇감을 시각으로 확인하게 되면 자동으로 행동에 들어가면 된다. 이것저것 생각할 필요가 없다.

그런데 공룡과 몸집 경쟁에서 밀린 포유류는 낮 시간대에 활동할 수 없게 되었다. 그들은 야간에 활동하기 위해서라도 시각 이외에 청각이나 후각을 발달시켜야 했다. 여러분이 텔레비전을 시청하는 경우와 책을 읽는 경우를 비교해 보면 된다. 같은 소설이라도 텔레비전으로 드라마화된 작품은 두뇌 활동을 활발하게 할 필요가 없다. 그냥 장면으로 보는 것만으로도 시대의 배경이나 사람의 감정 상태 등을 한눈에 파악할 수 있다.

그러나 활자로 소설을 읽어야 한다면 시대 상황을 상상하고 앞에서 읽었던 내용과 현재 내용을 연결해야 한다. 활자는 보는 것에 비해 엄청난 두뇌 활동을 요구한다. 생존을 위한 압력 때문에 포유류의 뇌는 더 발전된 뇌로 나아갈 수밖에 없었다. 이렇게 해서 등장하는 뇌가 2층 뇌와 3층 뇌다.

두뇌의 두 번째 부분인 2층은 후뇌의 바로 윗부분을 차지하고 있는 중뇌(중간 뇌)다. 중뇌는 위아래로 모든 정보를 전달해주는 정거장 역할을 담당하는데 감정 기능을 맡아서 수행한다. 포유류는 흥분과 두려움으로 울부짖거나, 꼬리를 흔들면서 친근감을 나타내기도 한다. 이처럼 감정적 행동을 하는 것은 이 부분이 발달했기 때문이다. 이런 감정은 뇌의 '변연계'에서 일어난다. 감정 표현은 포유류만이 가진 고유한 행동이기 때문에 '감정의 뇌' 혹은 '포유동물의 뇌' 혹은 '대뇌 변연계'라고 부른다.

앞에서 우리는 이미 초기 인류의 중요한 특성으로 집단생활에 관해 이야기한 바가 있다. 집단을 결속하기 위해서는 사랑, 슬픔, 감동, 경외감, 배려 등과 같은 감정들이 필수불가결하였을 것이다. 호의를 베풀고 호의를 받아들이고 누군가를 돕고 누군가의 도움을 기대하는 것은 모두 감정과 깊이 관련되어 있다. 우리가 사회생활을 하면서도 '내가 이렇게 하면 상대가 어떻게 반응할까?'라는 질문에 대한 답을 찾는 일이 매우 중요하다. 여기서 필수적인 것이 상대방의 감정을 이해하는 일이다.

철학자들과 신학자들은 오랫동안 사랑의 일종인 애착이 신피질에 뿌리를 두고 있다고 말해왔지만 실제로는 대뇌 변연계에서 비롯된다.[5] 어미 햄스터(몸 길이 12~15센티미터의 비단털쥐과의 포유류)의 경우 신피질을 완전히 제거해버리면 실험용 미로에서는 저능아처럼 행동하지만 둥지에서 새끼를 사랑하고 보살피는 데는 아무런 문제가 없다. 하지만 어미 햄스터에게서 대뇌 변연계를 제거하면 미로에서 달인처럼 행동하는 어미 햄스터도 어미로서는 기능을 완전히 잃어버리게 된다.

두뇌의 세 번째 부분 즉 3층은 두뇌의 바깥 부분을 덮어 싸고 있는 대뇌 피질부가 있는 전뇌(앞뇌)로 가장 최근에 진화하였다. 전뇌는 고도의 정신 기능과 창조 기능을 수행하는 인간만이 가진 뇌이기 때문에 '인간의 뇌' 또는 '이성의 뇌' 또는 '신피질'이라고 부른다. 이 부위는 학습과 기억을 하는 중요한 뇌 부분이고 학습에 따라서 계속해서 변화한다.

⁓ 경험과 학습에 따라 변하는 뇌

두뇌에 대한 연구가 활발히 이루어짐으로써 신경해부학자들은 신경세포의 경이로운 활동에 대한 연구 결과를 속속 내놓고 있다. 신경은 신경세포의 핵과 본체, 신경 가지, 신경접합부(시냅스)로 이루어진다. 나무에 비유하면 본체는 나무줄기, 신경 가지는 나뭇가지, 신경 접합부는 이파리에 비유할 수 있다. 거름을 주고 잘 관리하면 나무의 이파리가 무성해는 것과 마찬가지로 신경세포와 시냅스 역시 무성해지게 된다. 흔히 '두뇌 가소성'이라고 불리는 지속적인 학습이 두뇌의 신경 회로망을 변화시킨다는 주장은 뇌과학자들 사이에 정설로 받아들여지고 있다. 신경회로의 유연성이 크기 때문에 인간은 다른 동물들에 비해서 선천적인 것에서 다소 자유로울 가능성이 높다.

인간의 두뇌가 유연한 것은 사실이지만 의식적이고도 올바른 노력이 반드시 필요하다. 두뇌학습의 권위자인 빌 젠킨슨 박사는 "인간 두뇌는 평생 가소성을 발휘한다. 두뇌 가소성이란 경험과 학습을 통해 두뇌가 변화를 일으키는 능력이다."하고 말하기도 한다. 플로

리다 주립대학교의 심리학자인 닐 차네스Neil Charness를 비롯한 일군의 과학자들은 두뇌의 회로망을 바꾸는 데 가장 효과적인 방법으로 '의도적 학습deliberate practice'을 권한다. 의도적 학습은 "결함들에 초점을 맞추어 지나칠 정도로 깐깐하게 어느 한 기술을 되풀이해 연마하는 데 전념하는 것"을 말하는데 "어떤 나이에도 효과를 볼 수 있는 전략적 연습이다."라고 추천한다.[6]

뇌 가소성은 나이에는 크게 비례하지 않는다고 본다. 나처럼 강연을 많이 하는 사람이 두뇌의 가소성을 가장 크게 느낄 때는 세월이 가면 갈수록 강연과 관련된 신경 회로망이 더욱 정교해진다는 확신을 하게 된다는 점이다. 청중들을 상상하고 그들에게 적합한 콘텐츠를 흰 백지 위에 쓱쓱 그림을 그리듯이 스케치를 해나갈 때마다 '두뇌는 정말 대단하다'는 감탄을 스스로 할 때가 잦다. 두뇌의 특정 부분과 관련된 신경 회로망은 젊은 날은 물론이고 노년에도 계속해서 성장시키는 것이 충분히 가능하다는 이야기다. 또 어떤 문제를 볼 때도 편협되지 않고 종합적으로 볼 수 있을 뿐만 아니라 짧은 시간 내 문제의 핵심을 공략할 수 있는 것 또한 날로 발전되어 간다는 사실을 확인할 때가 잦다.

반대로 잘 사용하지 않는 기능은 형편없이 퇴화하는 것을 경험하게 된다. 언젠가 한 텔레비전 프로그램에서 경쟁 관계에 있는 대학생들이 출연하는 프로그램을 흥미롭게 본 적이 있다. 두 명의 대학생이 10분 안에 100개의 정보를 두뇌 속에 입력한 다음에 이를 알아맞히는 게임을 하는 것이었다. 그날 알아맞혀야 하는 정보는 각 분야에서 그동안 노벨상을 받았던 수상자의 이름과 수상 내용 그리고 얼굴이었다.

10여 분이 지난 다음 각각의 학생에게 얼굴이 주어지면 짧은 시간 안에 이름을 제시할 수 있어야 하는 게임이었다. 나는 그 광경을 보면서 암기력의 필요가 줄어들어 그 기능이 얼마나 퇴화하였는가를 다시 한번 확인할 수 있었다. 두뇌는 의도적 학습이 일어나지 않으면 관련 기능이 형편없이 퇴화해 버린다. 이는 뇌의 관련 부위의 구조 변화와 깊은 관련이 있다.

이제부터 인간의 사고, 판단, 행동에 결정적인 역할을 담당하는 두뇌의 세 부분에 대해 알아보자.

≈ 선천적 자동반응기 1
본능이 역사에 영향을 끼친다

우리는 영원히 '파충류의 뇌'로부터 자유로울 수는 없다. 그들은 대부분 이것저것을 가리지 않는 즉흥적이고 충동적인 성향을 지닌다. 어떤 자극에 대해 이미 정해진 반응을 보이는 자동반응기automatic response이다.[7] 성욕이나 공격성 그리고 배타심 등은 대표적인 자동반응기이다.

늘씬한 여성을 보면 남성들은 성욕을 느낀다. 물론 사람마다 정도의 차이는 있을 것이고 젊은 사람들이 그 빈도나 강도가 더 센 것은 사실이다. '아름다운 여성'의 시각적 자극이 주어지면 그 자극은 성선性腺을 건드리게 되고 성호르몬의 분비가 촉진됨과 아울러 분출된 호르몬은 피를 타고 두뇌로 흘러들어 성 충동이란 반응을 낳는다. 물론 이런 성행동을 충동으로만 느낄지 아니면 바깥으로 표출할지는 본인이 결정할 수 있는 문제이지만 성 충동이 생기는 것까지 막을 수는 없다. 그것은 개인이 멋대로 조절할 수 없는 일종의 '자극–반응'에 따른 자동반응기이기 때문이다.

예를 들어 성 충동을 느끼는 것에 있어서도 남자와 여자 사이에 구조적인 차이가 크다. 그 이유는 공격성을 지배하는 뇌 중추는 남자가 여자보다 훨씬 크기 때문이다. 신경정신과 의사인 루안 브리젠딘은 성적 충동에 할당된 뇌 공간이 여자보다 남자가 2.5배나 크다고 한다. 따라서 그녀는 "평균적으로 여자가 하루에 1회 정도 성적 충동을 느끼는 반면에(성욕을 유난히 많이 느끼는 날에는 3~4회가 될 수도 있다), 남자는 52초마다 성적 충동을 느낀다."고 한다.[8] 여러분 가운데 육체적인 사랑을 배울 필요가 있다고 생각하는 사람들은 없을 것이다. 다른 많은 본능처럼 사랑이라는 본능 또한 배우지 않더라도 타고날 때부터 자연스럽게 갖고 태어난다. 그것은 '파충류의 뇌'에 고정배선과 같이 깊이 깔려 있다.

한편 우리는 두뇌의 한 부분인 '포유류의 뇌'로부터도 자유로울 수는 없다. 어떤 현상에 대해 곰곰이 생각해 보고 난 다음에 옳고 그름을 판별하기보다는 '우리'와 '그들'을 구분하고 우리 편이면 무조건 감싸 안으려 한다. 이산가족들이 재회하는 장면을 보면 가슴이 뭉클해지고 눈시울이 뜨거워진다. 이런 감동의 순간에 이성이나 논리가 끼어들 여지는 없다. 본능에 따라 감동을 하게 된다. 우리가 남이 아니니까 말이다. 다른 나라와 맞붙어서 힘들게 이긴 국가대표 선수들과 함께 애국가가 울려 퍼지면 사람들은 모두가 하나가 된다.

자동차를 운전할 때는 이런 감정을 경험한다. 규정 속도에 맞춰 운전하면 성질 급한 사람들이 자꾸 끼어든다. 그런데 예고 없이 불쑥 끼어들어서 놀라게 되면 슬그머니 화가 나고 심한 경우엔 입에서 욕설이 나올 수도 있다. 운전자가 자동차를 운전할 때 전방 얼마간의 거리를 자기 영토로 인식하기 때문이다. 자기 영토를 침해받았을 때 방어하려는 공격성이 화라는 감정으로 나타나게 된다. 분노, 친밀감, 연대감, 존경심, 경외감, 양심, 연민, 죄책감 등과 같은 감정들은 논리적이거나 이성적인 것과는 별로 관련이 없다. 우리의 생활에서 불쑥불쑥 튀어나오는 다양한 감정들 역시 자동반응기들 가운데 하나일 뿐이다. 물론 감정들 가운데 일부는 '인간의 뇌' 가운데서 신피질의 오른쪽 부분과도 연관되어 있다.

예를 들어 트위터에서 특정 사회 현상이나 정책을 두고 의견을 교환하다 보면 흥미로운 경험을 자주 하게 된다. 만일에 여러분이 사회적으로 찬반양론이 크게 맞붙는 사안에 대해 의견을 올리는 경우를 가정해보자. 이때 차분한 사람들은 '당신의 의견은 저와는 다릅니다'고 말한 다음 '왜냐하면'이란 단어로 시작되는 이유를 제시한다. 그러나 또 다른 사람들은 즉각적으로 여과되지 않은 공격성을 드러낸다. 비방에 가깝거나 때로는 상대방이 모욕을 느낄 정도로 욕설에 가까운 표현을 사용하면서 흥분한다.

전자는 이성이나 논리적인 반응을 보인 반면에 후자는 '우리'와 '그들'을 나누고 우리 편에 대한 공격으로 받아들였음이 틀림없다. 공격을 당했으니까 화가 나고 이를 방어하는 과정에서 집단 사냥을 하는 동물들이 보이는 영토 수호 본능과 같은 것이 드러나게 된다. 사실 의견은 의견일 뿐 어떠한 공격성을 포함하는 것은 아니다. 그러나 받아들이는 사람은 이성이나 논리를 작동시키기 전에 이미 '포유류의 뇌'가 먼저 작동한 셈이다.

이렇게 불쑥 튀어나오는 감정을 어떻게 다루어야 할까? 다음과 같은 조언은 앞으로 우리가 이 책에서 논의하게 될 주제와 관련해서 도움이 되는 말이다.

"감정들은 사전적인 가치 판단에 앞서는 자동반응기여서 그 반응은 적절하지 않을 수 있다. (…중략…) 따라서 그들을 액면 그대로 솔직히 드러내지 않도록 해야 한다. 감정들은 합리적인 생각들과 비교되어야 한다. 만일 감정들과 합리적 생각들 사이에 갈등이 일어난다면, 사람들은 갈등의 원인을 해결하기 위해 노력해야 한다. 감정들이 촉발된 원인과 그것들이 올바른지 아닌지를 이해하기 위해 노력해야 한다. (…중략…) 만약 감정들이 부정확하다면 자신의 자동반응기들을 교체하기 위해 노력해야 한다."[9]

우리는 감정 표현의 솔직함을 두고 흔히 '인간적이다'라는 표현을 사용한다. 하지만 이를 또 다른 면에서 보면 대단히 '동물적이다'는 표현이다. 그것은 다른 영장류와 구분 짓는 인간의 특성인 이성이나 논리와는 별개의 원천에서 나오기 때문이다. 우리의 감정은 진화의 오랜 세월 동안 굳건하게 자리 잡은 '파충류의 뇌'나 '포유류의 뇌'로부터 나오는 자극반응들이 대부분이다.

'파충류의 뇌'와 '포유류의 뇌'에 대한 훌륭한 설명은 스티븐 핑커 Steven Pinker의 대작인 『빈 서판The Blank Slate』을 참조할 필요가 있다. 책의 부제인 '인간은 본성을 타고 나는가?'는 어떤 내용을 담고 있는지를 말해준다. '빈 서판'은 '깨끗이 닦아낸 서판'이라는 의미로 인간은 본래 '빈 서판' 상태로 태어나기 때문에 경험이나 교육을 통해서 얼마든지 변화시킬 수 있는 존재라는 의미이다. 존 로크의 인간오성론에 등장하는 다음과 같은 문장들도 이를 잘 표현해 주고 있다.

"마음이 아무 글자도 적혀 있지 않고 아무 개념도 담겨 있지 않은 흰 종이라고 가정해 보자. 그것은 어떻게 채워지는가? 그 종이는 어떻게 인간의 분주하고 무한한 공상으로 거의 무한할 정도로 다양하게 그려지는 광대한 내용을 획득하게 되는가? 그것은 어떻게 이성과 지식의 모든 재료를 갖게 되는가? 이에 대한 내 대답은 한마디로 '경험으로부터'라는 것이다."[10]

여러분은 존 로크의 견해에 동의하는가? 경험과 교육을 통해서 얼마든지 인간 본성을 바꿀 수 있다고 생각하는가? 나의 의견은 로크의 견해와는 상당 부분 다르다. 인간은 본래부터 '빈 서판'으로 태어날 수 없다는 사실이다. 이미 인간은 진화의 길고 긴 도정에서 고정배선과 같은 선천적 회로를 풍부하게 갖고 태어난다. 스티븐 핑커의 다음과 같은 주장은 '파충류의 뇌'와 '포유류의 뇌'가 여전히 우리들의 뇌와 마음에 깊이 각인되어 있다는 사실과 이들은 우리들의 생각, 판단, 행동, 감정 등에 막강한 영향력을 행사하고 있다는 사실을 말해준다.

"우리가 다음과 같이 믿을 이유는 충분하다. 즉, 마음에는 추리와 의사소통을 위한 한 벌의 감정, 충동, 능력이 구비되어 있다. 그것들은 문화를 뛰어넘는 공통의 논리를 가지고 있고, 지우거나 처음부터 다시 설계되기 어려우며 진화의 전 과정에 작용하는 자연 선택에 따라 형성되었다. 그 기본 설계의 일부(그리고 변화의 일부)는 게놈의 정보 때문이라고 믿을 수 있다. 이 전반적인 설명을 통해 우리는 현재와 미래의 다양한 이론 그리고 앞으로 예견되는 광범위한 과학적 발견들을 수용하게 될 것이다."[11]

여기서 중요한 부분은 처음부터 다시 설계되기 어렵다는 점과 자연 선택에 따라 형성되었다는 점이다. '파충류의 뇌'와 '포유류의 뇌'가 여전히 우리들의 삶에 영향을 두고두고 미칠 수밖에 없다는 사실이다. 그런데 왜 이 점을 강조하는 것일까?

감정을 드러내는 일이나 공격성을 드러내는 일은 개인적인 차원에서는 수양 부족의 문제일 뿐이다. 그리고 이처럼 감정을 자주 드러내는 사람은 개인 차원에서 고객에게 불쾌감을 주거나 건강을 상하게 하는 등과 같은 개인차원의 비용을 쓰게 될 것이다. 문제는 이런 감정이나 공격성이 자신의 문제를 넘어서 사회 문제에 대해서 표출할 경우이다. 그것도 소수가 아니라 다수에 의한 경우라면 그냥 넘어갈 수 있는 것은 아니다. 근현대사의 비극들, 이를테면 공산주

의나 파시즘의 출현 등과 같은 사건이나 국가의 재정 위기 등에 큰
역할을 하기 때문이다.

아마도 감정을 드러내는 일이 개인의 문제라고만 생각하였다면
내가 이 책을 쓸 이유는 전혀 없을 것이다. 그것은 자기 계발서나 성
공학이나 윤리학이 다루어야 할 주제이기 때문이다. 하지만 본능이
정책이나 제도 그리고 역사 발전에 영향을 크게 미친다면 이야기가
달라진다. 바로 후자의 이유 때문에 이 책에서 선천적 자동반응기에
대해 자세하게 다루고 있다.

∽ 선천적 자동반응기 2
신피질 인지 프로그램

유독 인간에게만 큰 비중을 차지하는 것은 '인간의 뇌'에 뿌리를
둔다. 대뇌반구 표면을 덮고 있는 쭈글쭈글한 회색질의 층이 대뇌피
질이다. 이것은 신경세포와 신경섬유로 구성된 모두 6층으로 이루
어져 있다. 가장 바깥 부분이 신피질이며 그 안쪽을 둘러싸고 있는
구조물인 고피질, 구피질, 해마 그리고 편도체 등으로 구성되는 변
연계가 이에 속한다.[12]

'인간의 뇌'에 해당하는 신피질은 학습, 감정, 의지, 지각, 언어, 운
동 등이 만들어지게 되는 파충류(척추동물)부터 출현하기 시작한다.
파충류부터 인간에 가까울수록 그 양이 더 많아지게 된다. 신피질은

계통발생에 따라 만들어지게 된 것이다. 기억을 만들어내는 해마와 구피질들은 신피질이 커짐에 따라서 신피질에 가려져 밑쪽에 자리 잡게 되었다.

신피질은 외부의 자극이 입력되면 이에 대응하여 적절한 행동을 출력한다. 신피질은 대뇌반구 앞쪽에 있는 전두엽(비교, 예측, 판단, 사고, 기억 기능), 위의 두정엽(공간지각, 인식, 계산, 연상, 정보조합 기능), 옆의 측두엽(사물과 인간의 얼굴에 대한 기억, 청각 기능) 그리고 뒤의 후두엽(시각정보의 분석 및 통합)의 네 부분으로 이루어진다. 한편 신피질이 외부 자극에 대해 목적 지향적이고 이성적인 행동을 주관하는 반면 변연계는 본능적인 행동과 정서나 감정을 주관할 뿐만 아니라 행동을 위한 의욕을 불러일으키고 기억 과정에도 깊이 관여한다.

그런데 신피질에도 앞에서 이미 설명한 '파충류의 뇌'와 '포유류의 뇌'에 깔린 고정배선 즉, 선천적 자동반응기들과 비슷한 것이 일정 부분을 차지하고 있다. 이를 편의상 '선천적 자동반응기 2'라고 부른다. 또는 신피질에 자리 잡고 있는 인지 프로그램이라고 말한다.

인지는 두뇌의 가장 본질적인 기능 가운데 하나로 정보를 획득하고 해석하고 알아보는 것을 말한다. 심리학자인 찰스 모리스Charles G. Morris는 인지에 대해 "만약 인지, 즉 사고란 무엇인가를 묻는다면 그것은 지금 당신의 머리에서 진행되고 있는 것이라고 답해도 무리가 아니다.[13] 인지는 정보의 처리와 기억에서의 인출을 포함하는 여러 가지 방식의 정보 조작은 물론이고 반성, 개념화, 문제 해결, 그리고 의사결정 등을 지칭한다.[14]고 말한다."

일단 어떤 자극(정보)이 주어지면 이를 해석할 수 있어야 행동이 나오게 된다. 이런 해석을 담당하는 기능들이 주로 신피질에 분산되어 있다. 어떤 자극이 주어질 때 자극마다 개별적으로 일일이 따져보는 것보다 훨씬 효율적으로 혹은 경제적으로 살아갈 수 있도록 돕는 것이 바로 인지이다.

두뇌의 신피질은 일정한 기준이나 틀을 갖고 있다가 외부로부터 어떤 자극이 주어질 때마다 이런 틀에 맞추어서 자극을 해석하고 판단하게 된다. 그렇다면 기준과 틀의 해석이나 판단의 대상이 되지 않고 빠져나가는 것들을 어떻게 해야 하는가? 이런 경우는 어떻게 해볼 도리가 없다. 마치 곡물이나 모래 등의 알갱이를 고를 때 사용하는 체와 마찬가지로 모든 곡물이나 모래를 선별할 수 없다. 크기가 지나치게 작은 곡물이나 모래는 체를 통과해서 빠져나가 버리는 것처럼 인지 역시 모든 자극을 해석하고 판단할 수는 없다.

인지의 경우도 미미한 자극들은 대상이 되지 않는다. 이런 점에서 모든 생명체가 가진 인지는 완벽함과는 거리가 있는 엉성한 기준이나 틀이라 할 수 있다. 엉성하긴 하지만 그 나름대로 동물의 생존에 크게 도움을 주어왔다. 인지는 모든 자극을 사사건건 해석하는 데 에너지를 소비하지 않도록 돕기 때문이다.

인간 두뇌가 몸 전체에서 2퍼센트를 차지할 뿐이지만 에너지 소모량이 전체의 20퍼센트를 소비하고 있다는 점을 고려하면 충분히 이해할 수 있다. 모든 생명체는 그 기능을 '저 투입-고 산출'이란 원칙에 따라 운영한다. 마치 경제가 '저 비용-고 효율'을 추구하는 것처럼 말이다. 동물들이 성공적으로 번식하기 위해서는 엉성하더라도 주변을 이해하는 데 도움이 되는 틀을 가진 것으로 충분하다.

예를 들어 개구리는 주변의 모든 사물을 네 가지 기준으로 본다. 움직이는 물체가 일단 시야에 들어오면 위험한 적의 출현으로 인지한다. 움직이던 물체가 갑자기 정지하면 적이 자신을 노리고 있다는 특급 위험으로 인지한다. 밝은 시야가 갑자기 어두워지게 되면 독수리와 같은 물체가 근접 거리에 접근하였을 수도 있는 초특급 위험으로 인지한다. 또 작은 물체가 불규칙적으로 움직이면 먹잇감이 가까이 있는 것으로 인지하게 된다. 두뇌는 이런 인지를 바탕으로 곧바로 적절한 행동을 명령한다. 이 같은 개구리의 인지 프로그램은 오랜 진화 과정을 거치는 동안 제법 정교하고 복잡한 고정배선으로 신피질에 자리 잡게 되었을 것이다.

결속력이 강한 마카크원숭이(짧은꼬리원숭이의 일종)를 사례로 들어보자.[15] 한 원숭이를 선택해서 다른 방에 모여 있는 원숭이에게 전기충격을 가할 수 있는 줄을 당길 수 있도록 한다. 원숭이가 줄을 당기면 유리창 너머로 인척관계 원숭이들의 괴로운 표정을 볼 수 있다. 이때 만일 원숭이가 여러 번의 시도로 자신이 줄을 당기지 않으면 굶어 죽을 수도 있다. 하지만 다른 원숭이가 고통을 당하는 것을 피할 수 있다면 원숭이는 어떻게 행동할까? 놀랍게도 줄을 당기는 것과 당기지 않는 차이를 알게 된 원숭이라면 줄을 당기는 것을 자주 거부한다.

한 실험에서는 이 사실을 알고 난 다음에도 줄을 계속해서 당긴

원숭이의 비중이 13퍼센트뿐이었다. 나머지 87퍼센트가 다른 원숭이에게 고통을 주기보다 스스로 굶어 죽는 길을 선택했다. 특히 전기충격을 당해 본 원숭이일수록 줄을 당기는 데 훨씬 강한 거부 반응을 보였다. 혈연의 존속을 위해서 이타심을 발휘해야 한다는 행동 규범이 인지 프로그램으로 자리를 잡게 된 사례다. 이에 대해 칼 세이건과 앤 드루얀은 "혈연 선택은 생명의 본질이고 작은 집단을 형성해 생활하는 동물에 대해서는 특히 강하게 작용한다."고 말한다.[16]

경건한 성직자들과 정치인들은 모든 사람을 공정하게 대해야 하고 사랑해야 한다고 말하지만 실상 인간은 생물학적으로 그렇게 프로그램되어 있지 않다. 우리는 혈연으로 더 가까운 사람 그러니까 '우리'에 포함되는 사람들을 더 많이 위하도록 만들어져 있다. 예의범절이란 이름으로 익명의 사람들을 공정하게 대하는 것은 선천적 자동반응기와는 다른 이성의 힘에 속하는 부분이다.

신피질에 만들어진 인지 프로그램은 파충류, 포유류, 영장류 그리고 인간을 거치면서 더욱 정교한 수준으로 발달했다. 흔히 뇌의 작용에서 언어에 바탕을 둔 의식 활동이 전체의 5퍼센트에 불과하다고 한다. 그렇다면 나머지 95퍼센트는 거의 무의식 활동이다. 의식화하지 않은 뇌의 작용은 그 대부분이 선천적 자동반응기 1과 선천적 자동반응기 2에 속한다.

예를 들어 남자아이와 여자아이를 함께 키워본 경험을 가진 부모라면 양성 사이에 구조적인 차이를 절감했을 것이다. 인지 프로그램이 여자아이와 남자아이는 큰 격차를 보인다. 여자아이는 표정과 목소리에서 상대의 마음을 읽어내는 데 더 뛰어나다. 이에 대해 루안 브리젠딘은 "여자의 뇌는 재생산의 가능성을 높일 수 있는 파트너를 선택할 수 있도록, 즉 최상의 남자가 나타났을 때 미리 알아볼 수 있도록 준비돼 있다." 말한다.[17] 즉 불성실한 남자를 변별해 내는 능력이 뛰어나다.

인간은 선천적 자동반응기 1과 자동반응기 2를 이용해서 세상으로부터 자신에게 주어지는 다양한 자극을 받아들이고 이해하고 해석하고 이에 맞는 행동을 한다. 마치 이미 정해진 고정배선처럼 특정 자극은 특정 해석을 낳고 그 해석은 특정 행동을 낳게 된다. 그런데 이것이 세상의 자극을 해석하고 이해하는 전부일까? '그렇지 않다'는 것이다. 두뇌는 신피질에 속하는 또 다른 기제를 활용하게 된다.

≈ 후천적 자동반응기
신념의 탄생

인간이 동물과 뚜렷이 구분될 수 있는 것은 이성과 논리를 갖고 있다는 사실이다. 신피질의 일정 영역에서 행해지는 추상적 연합능력과 추론을 말한다. 이성의 사전적인 의미는 "개념적으로 사유하는 능력을 감각적 능력에 상대하여 이르는 말 혹은 진위, 선악을 식별하여 바르게 판단하는 능력"을 말한다.[18]

이성의 본질은 어떤 결과에 대한 원인은 무엇인가와 같은 인과관계를 파악하는 것이 핵심이다. 어떤 현상의 실체는 무엇인지, 그리고 그 현상은 어떤 원인에서 나오는 것인지, 그 현상을 어떻게 진단하고 대처해야 할지를 가능하게 하는 것은 모두 이성과 논리에 그 뿌리를 두고 있다.

이 글을 쓰면서 내가 생각한다는 것은 도대체 무엇을 말하는가에 대한 질문을 던져보게 된다. 원인과 결과에 대한 이해와 진단 그리고 대안 제시가 이성과 논리 그 자체임을 확인하게 된다. 예를 들어 그리스와 이탈리아의 재정위기는 하나의 사회 현상이다. 그렇다면 현상의 실체는 무엇인지, 그런 문제를 낳은 원인에는 어떤 것이 있는지, 어떤 대책을 실행해야 하는지는 철저히 이성과 논리의 영역이지 본능의 영역은 아니다. 그런데 이성과 논리는 선천적 자동반응기들처럼 그냥 생겨나는 것이 아니라 일정한 시간을 두고 사고과정을 거쳐 얻을 수 있는 것들이다.

그러나 선천적 자동반응기만 진화의 결과물은 아니다. 이성과 논리 역시 진화의 결과물로 만들어지게 된다. 사냥 밴드의 사냥꾼이었던 원시인류들은 공동의 과제를 더 잘 수행하는 방법들을 고민하였을 것이다. 사냥감을 어디서 기다려야 할지, 사냥감이 나타났을 때 어떻게 공격해야 할지, 사냥꾼들의 역할 분담을 어떻게 나누어야 할지 이 모든 것들의 이성과 논리의 출현을 도왔을 뿐만 아니라 더욱 정교하게 되는데 도움을 주었을 것이다.

한번은 TV를 보다가 브라질 소수 민족의 일원이 높은 나무에 올라가서 벌집을 사냥하는 것을 본 적이 있다. 연기를 사용해서 벌 대부분을 벌집 바깥으로 달아나게 하고 남은 벌들도 침입자에 대한 전의를 상실케 하여 벌집을 수확하는 장면이 인상적이었다. 그들의 조상은 말벌에게 무수히 공격받았을 것이다. 말벌의 독은 뱀독보다 더 치명적이기까지 하다. 그들은 오랜 시간 시행착오를 통해서 연기를 사용할 수 있다는 사실을 찾아냈을 것이다. 이처럼 인류는 진화의 길을 걸어오면서 자신이 해결해야 할 문제를 설정하고 이해하고 진단하고 공유하고 예측하고 해법을 찾아내고 명령하고 소통하는 일 등을 해왔을 것이다. 이것들은 모두 대뇌의 신피질에서부터 나오는 이성과 논리를 통해 이뤄진다.

이성과 논리가 진화의 결과물임을 보여주는 또 다른 사례라면 집단 내 복잡한 인간관계에 관한 일들이다. 조직 내 사람 사이의 관계는 지금도 복잡하지만 당시에는 만만치 않은 과제였을 것이다. 오해가 생길 수도 있고 사소한 일 때문에 불만을 일으킬 수도 있다. 따라서 사냥 밴드의 구성원들은 늘 상대방을 의식할 수밖에 없었을 것이다. 그들은 "내가 이렇게 행동하면 상대방은 나를 어떻게 볼까?" 혹은 "상대방에게 호감을 주기 위해서 내가 어떻게 행동하는 것이 좋을까?" 등과 같은 궁리를 수시로 하였을 것이다. 이런 고민은 단순히 동물 뼈로 뾰족한 칼을 만들거나 돌을 사용해서 공격용 돌 도구를 만들기보다 훨씬 어렵다. 동물 뼈와 돌은 변함이 없지만 사람의 마음은 늘 변화하기 때문이다.

우리는 자기의 마음도 이해하기 어려울 때가 있는데 상대방의 마음이나 감정을 읽는 것은 얼마나 힘든 일인가? 그들은 시행착오를 통해서도 배웠을 것이다. 상대방을 불쾌하게 한 행동은 잘 기억해 두었다가 다음에는 그런 행동을 하지 않았을 것이다. 집단생활을 하기 위해서는 상대방의 마음속에 들어가는 일이 필수적이었을 것이고 이런 과정에서 의식이나 자아와 같은 신비스런 정신활동이 등장하게 되었다. 사냥이나 인간관계의 조정과 같은 활동들은 모두가 이성이나 논리의 발전에 큰 역할을 담당했을 것이다.

한편 철학에서도 이성과 논리는 오랜 세월 면면히 이어져 온 연구 주제이다. 플라톤의 저서들을 읽다보면 혼(넋 psychē)이란 용어가 자주 등장한다. 헬라스(그리스)인들은 혼에 대한 다양한 발견을 한다. 그 가운데 하나가 바로 인간의 혼 안에 있는 이성과 지성이다. 이때 이성은 지성에 포함된다.

그런데 사냥감을 잡는 일이나 상대방의 호감을 얻는 일 등은 모두 처음부터 절대적으로 올바른 해답을 찾을 수 없다. 상황에 따라 최적의 방법을 고안해내기는 하지만 이 방법이 언제 어디서나 절대적으로 올바른 해답이란 보장은 없다. 사냥 활동뿐만 아니라 원시인류에게 필수적인 자연현상에 대한 해석 역시 이성의 대상이긴 하지만 추측이나 가설에 가까울 뿐이라 할 수 있다. 일단 추측하거나 가설을 세워서 실천해 보고 잘못된 점이나 고쳐야 할 점들이 있으면 자꾸 개선해서 더 나은 추측이나 가설을 만들어내야 한다.

이성은 세상을 보이는 대로만 보기는 어렵다. 모든 동물은 외부 자극에 대해서 나름의 해석을 한다. 이런 기능을 수행하는 것이 이성이다. 그러니까 이성은 나름의 방식대로 세상을 해석하는 방법이고 이 방법은 저마다 다를 수 있다. 예를 들어, 우리가 어떤 사회현상이나 자연현상에 대해 생각하고 판단하는 것은 자기 나름대로 해석을 하는 것을 말한다. 자연은 두 가지나 세 가지가 될 수 없이 딱 하나지만 자연을 해석하는 방법은 사람마다 다르다.

그나마 사냥감을 어떤 방향으로 몰아서 어떻게 처리해야 할지는 그래도 늘 해오던 일이라서 예측하고 계획하는 일이 상대적으로 쉽다. 아마 여러분도 그럴 것이다. 늘 해오던 직업과 관련된 일들을 익숙하게 척척 처리할 수 있지 않은가? 그러나 익숙하지 않은 자연현상이나 사회현상을 이성이나 논리가 예측하고 계획하는 일은 힘들다. 그래서 인간의 두뇌로 사회의 움직임을 한 치의 오차도 없을 정도로 정확하게 이해하고 진단하고 예측하는 일은 불가능하다. 나중에 다루겠지만 잠시 언급해 두고 싶은 것은 인간이 모든 일을 다 잘 알 수 없다는 점 즉 '인간의 구조적 무지'가 가진 의미가 매우 중요하다.

그런데 인간은 스스로 자신이 알 수 없다는 것을 인정하는 순간 상당한 불안감에 시달리게 된다. 그래서 알 수 없는 것을 진단하고 예측할 수 있도록 '그 무엇'으로부터 도움을 받으려 한다. 이때 사람들의 이성과 논리에 든든한 후견인 역할을 자청하는 것들이 등장하게 된다. 그들이 바로 신념, 신조, 믿음 그리고 신앙들이다.

어느 민족이나 신화가 있다. 신화는 고대인의 불안감을 상당 부분 경감시켜 주었을 것이다. 고대인의 삶을 상상해보라. 태양의 빛이 사라지고 나면 캄캄한 세상이었을 것이다. 오늘날과 달리 온 천지가 숲으로 가득 차 있었을 것이고 어둠과 숲 등은 모두 두려움의 대상이었을 것이다. 그들은 의지할 수 있는 그 무엇을 원하지 않을 수 없었다. 어둠과 밝음, 선행과 악행, 천둥과 비, 질병과 완치, 이승과 저승 등 자신들이 만나는 세상의 여러 현상이 무엇을 의미하는지, 어떻게 움직이는지, 어떻게 해석해야 하는지 등에 대해 나름의 해석을 원하였을 것이다. 그러나 그들에 대해 이성과 논리를 사용하더라도 모두를 알 수는 없는 일이다. 그래서 그들은 신화라는 믿음을 통해서 세상을 이해하고 안심할 수 있었다.

예를 들어 고대 그리스의 서사시인 헤시오도스Hesiodos는 그리스인들의 신들을 총정리하여 『신들의 계보』라는 귀한 책을 남겼다. 희랍어 원전을 꼼꼼하게 번역한 천병희 교수는 이 책을 두고 "우리가 살고 있는 우주의 구조를 밝히고 그것을 지배하는 신들과 그 안에서 활동하는 힘들을 이론적으로 설명하고 있다."평한다.[19] 그러니까 고대 그리스인들이 세상을 이해하는 틀을 제공한 것이 신화라는 이야기다. 천둥이 칠 때도 장대 같은 비가 몇 날이고 계속될 때도 신이 분노해서 그렇다고 이해하면 불안감이 생겨나지 않을 것이다. 불안감은 무엇인가에 대해 알 수 없을 때 생겨나기 때문이다.

멕시코와 콰테말라 수교 100주년을 기념해서 마야 문명전이 국립중앙박물관에서 열렸던 적이 있다. 고대 마야인들도 빛과 어둠, 하늘과 땅과 지하로 구성된 세상에 대해 자신만의 신화라는 믿음을 통해 세상을 이해하고 안심할 수 있었다. 그들은 우리가 사는 세

상을 사각형으로 이해하였다. 2개의 초자연적인 영역이 위아래에서 세상을 붙잡아 매고 있다고 믿었다.[20]

세상 위 천상의 세계에는 수많은 신이 살고 있으며 지하세계에는 무시무시한 저승 세계인 시발바가 있다고 믿었다. 특이한 점은 세상의 중심에 세이바 나무가 서 있으며 세상의 네 모서리에도 4개의 나무가 하늘을 떠받치고 있다고 믿었다. 중심에 있는 세이바 나무의 기둥은 천국, 즉 '칸'으로 가는 길이었다. 천상의 세계는 13층으로 구성되어 있고 각 층마다 고유의 신이 살고 있다고 믿었다. 이처럼 신화는 삼라만상이 어떻게 운용되고 있는지에 대해 그럴듯한 이야기를 제공해 주지만, 그럴듯한 이야기와 실제 세계는 다르다는 점이다.

원시본능의 힘은
강력하다

4장
....

태어날 때부터 두뇌 속의 고정배선처럼 물려받은 선천적 자동반응기는 DNA의 유전조합에 의해 결정된 본능이다. 이에 반해 신념이나 신조는 생존을 위해 환경에 적응하는 과정에서 등장하는 후천적 자동반응기이다. 그래서 이 책에서 이따금 등장하는 원시본능(혹은 원시 두뇌)이라는 용어는 '파충류의 뇌'와 '포유류의 뇌' 전부를 포함할 뿐 '인간의 뇌'로부터 나오는 신념이나 신조를 포함하지는 않는다.

그런데 진화의 긴 과정에서 특별하다는 표현만으로 충분치 않은 초대형 사건이 터지게 된다. 그것은 인간의 삶을 지배해 왔던 오랫동안의 수렵채집 생활이 끝나고 농업혁명으로부터 시작된 현대 문명의 등장이다. 그 기간은 아주 짧으며 특히 익명의 수많은 사람이 교환을 통해서 의식주 문제를 해결하는 현대 문명은 더더욱 짧다.

그런데 현대 문명은 선천적 자동반응기가 만들어질 때는 전혀 존재하지 않았던 아주 새로운 현상이다. 그런 새로운 현상에 대해 선천적 자동반응기들이 올바른 해석이나 이해라는 해답을 내놓을 가능성은 없다. 오히려 잘못된 해답을 내놓을 가능성이 높아지게 된다.

다시 말하면 선천적 자동반응기는 수렵채집 생활, 특히 사냥 밴드의 생활에 적합하게 만들어진 것들이기 때문에 수렵채집 생활과 전혀 다른 환경이 펼쳐지면 당연히 반응기가 오작동을 일으킬 수밖에 없다. 이런 어려움을 사람들은 어떻게 극복할까? 여기서 신피질에 있는 이성이나 논리의 역할이 중요해진다. 그런데 사사건건 이성이나 논리를 사용할 수는 없는 일이다.

왜냐하면 지나치게 에너지가 많이 소모되는 일일 뿐만 아니라 귀찮은 일이기 때문이다. 『의도적으로 외면하기』의 저자인 마거릿 헤퍼넌Margaret Heffernan은 당장 이득이 되지 않는 사건이나 현상에 대해 뇌가 얼마나 게으름을 피우는지에 대해 흥미로운 이야기를 전한다. 게으름의 대체품은 신념이나 신조이다. 대충 그럴듯하게 보이는 신념이나 신조를 선택해서 그냥 사용해 버리는 것이다.

≈ 잘못된 신념이 치러야 할 비용

"뇌는 게으르다. 평소에 자신이 생각하는 내용과 같은 정보가 들어오면 쉽게 받아들인다. 그 정보를 의심하거나 비판할 필요가 없기 때문이다. 하지만 평소 생각과 다른 정보가 들어오면 피곤해한다. 혼란을 일으키기 때문이다. 이때 뇌는 독재자 기질을 발휘한다. 마음에 들지 않는 정보는 머릿속에 들어오지 못하게 한다. 무시하고 배척한다. (…중략…) 이데올로기에 사로잡힌 뇌는 사실과 정보를 의도적으로 외면한다. 그 사실과 정보가 반박당한 자신의 이데올로기를 합리화하는 짓까지 벌인다."[1]

무시하고 배척할 수도 있다. 하지만 그동안 가져왔던 일정한 해석방법 즉 신념이나 신조를 사용해서 해석해 버리고 만다. 사실 사사건건 이성이나 논리를 사용하는 일은 이익이 되기보다는 손실을 줄 때가 잦다. 여러분이 마주치는 사회현상이나 문제에 대해 사사건건 이성이나 논리를 활용해야 하는 고된 일을 피할 수 있다. 이성이나 논리를 활용하는 것은 그 자체가 두뇌 에너지를 상당 부분 활용하는 것이기 때문에 경제적으로 그다지 남는 일이 아니다.

그래서 사람들은 편안하게 이미 뇌 속에 만들어진 고정배선을 사용하기로 자신도 알게 모르게 결정한다. 하지만 사람들은 자신이 고정배선을 사용하고 있다는 사실을 받아들이기를 꺼린다. 내놓고 두뇌 속에 있는 고정배선을 활용하고 있다고 이야기하는 사람들은 대단히 용감한 사람들이다.

여기서 신념이나 신조 등과 같은 후천적 자동반응기의 중요성이 증가한다. 요컨대 현대 문명에서 살아가는 사람들은 신념이나 신조 등과 같은 후천적 자동반응기를 활용해 세상의 다양한 사건이나 현상을 이해하고 해석하게 된다.

신념이나 신조 등이 늘 제대로 작동하는 것은 아니다. 자주 잘못된 신념이나 신조를 선택하는 사람들이 너무 많다. 앞에서 이미 설명한 '위험한 통설'과 같은 신념이 얼마든지 등장할 수 있다. 우리의 고민은 두 가지이다. 하나는 후천적으로 만들어지는 자동반응기인 신념이나 신조 등이 인간의 동물적인 본능 즉, '파충류의 뇌'와 '포유류의 뇌'의 영향을 받을 가능성이 아주 높다는 점이다. 다른 하나는 더 큰 문제인데 신념이나 신조 등이 현대 문명과 같은 것들이 전혀 등장하기 전인 장구한 세월 간 진행되었던 수렵채집 생활에 적합한 것들로 이뤄져 있다는 사실이다. 체계적이고 조직적인 훈련을 받아 온 사람은 손에 꼽을 정도로 소수에 지나지 않는다. 이 점이 개인적이 측면에서뿐만 아니라 사회적인 측면에서 실수와 실패를 만들어내는 중요한 역할을 하고 있다.

케임브리지대 장하준 교수의 베스트셀러를 읽다 보면 흥미로운 대목이 등장한다. "경제문제를 이해하는데 경제학 훈련을 받을 필요가 없다."고 말할 뿐만 아니라 "그냥 상식으로 판단하면 된다."고 주장한다. 일반 독자들의 대환영을 받을 만한 조언이다. 공부하지 않고 그냥 세상을 보더라도 얼마든지 가능하다는 이야기를 누가 반기지 않겠는가? 사람은 어른이든 아이든 간에 공부하는 일은 예외적인 인물이 아니면 별로 좋아하지 않기 때문인데 명성을 가진 경제학자가 그런 믿음에 동조를 표시하였으니까 말이다. 그의 인상적인 조언은 다음과 같다.

"세상이 어떻게 돌아가는지 이해하고 내가 말하는 '경제 시민으로서의 권리'를 적극적으로 행사해서, 의사 결정권을 가진 사람들에게 올바른 길을 선택하도록 요구하는 데에는 고도의 전문지식이 필요하지 않다. 생각해 보면 우리는 날마다 전문적인 지식 없이 온갖 종류의 판단을 내리고 있다. 식품공장, 정육점, 식당 등의 위생 기준이 어때야 한다는 것은 전염병환자가 아니어도 모두 아는 사실이 아닌가. 경제에 관한 판단을 내리는 것도 이와 다르지 않다. 주요 원칙과 기본적인 사실을 알고 나면 상세한 전문지식이 없어도 좋은 판단을 내릴 수 있다. (…중략…) 경제학의 95퍼센트는 상식을 복잡하게 만든 것이다. 나머지 5퍼센트는 아주 전문적인 부분까지는 아니지만 거기에 숨은 근본 논리는 쉬운 말로 설명 가능하다."[2]

장 교수의 조언을 쉽게 표현하면 교육을 받을 필요도 없이 그냥 선천적 자동반응기와 후천적 자동반응기를 적절히 활용하면 경제 문제를 보는 데 실수를 하지 않을 것이라는 이야기이다. 그냥 상식선에서 경제를 이해하면 된다고 말한다. 여기서 상식이란 무엇을 말하는가? 그것은 전통적인 통념이나 통설들이다. 우리는 이미 통설이 어떻게 만들어지는지, 그리고 그것이 가진 위험성이 어떤 것인지를 살펴본 바 있다.

장 교수가 이야기하는 '경제 상식'은 상당 부분이 잘못된 신념이나 신조 혹은 통설일 가능성이 높다. 원시본능의 영향력을 크게 받거나 혹은 오래전에 이미 끝나버린 수렵채집 환경에 적합하게 만들어졌을 가능성이 높기 때문이다. 이들이 근거로 하는 후천적 자동반응기가 원시본능의 영향을 받거나 수렵채집 생활이란 환경으로부터 결코 자유로울 수 없다는 사실을 무시한 주장이라 할 수 있다. 단도 직입적으로 말하면 '동물적으로 살아가라'는 조언과 크게 다르지 않다고 본다. '인간의 뇌'를 더 잘 이용하려고 노력하기보다는 '파충류의 뇌'와 '포유류의 뇌' 그리고 '인간의 뇌' 가운데 오래전에 만들어진 부분을 더 많이 활용하라는 조언이라 받아들여도 틀리지 않다.

그러면 '인간의 뇌'에 기초한 신념, 신조, 믿음, 신앙 등은 모두가 같을까? 물론 그들이 후천적으로 선택되고 만들어졌다는 점에서 선천적으로 만들어진 자동반응기들과는 구분된다. 선천적 자동반응기는 일정한 현상이나 문제에 대해서는 늘 꼭 같은 해답이나 해설을 내놓는다. 그러나 신념이나 신조는 '올바른' 신념이나 신조가 있고 '올바르지 않은(혹은 위험한)' 신념이나 신조가 있게 마련이다. 올바르지 않은 신념은 현대 문명과 같은 새로운 환경이 등장하기 오래전에 만들어진 것들이기 때문에 현실 적합성이 크게 떨어진다. 그러니까 현대 문명이 등장하기 이전에는 현실을 제대로 설명하고 생존과 성장에 크게 도움이 되었지만 환경이 완전히 바뀌어 버린 상황에서는 그냥 오래된 가전제품처럼 구모델이 되어버린 것에 비유할 수 있다.

≈ 원시본능을 자극하는 외침들

예를 한 가지 들어보자. 1970년대와 1980년대에 걸쳐 대학을 다녔던 내가 가장 많이 들었던 용어 가운데 하나가 '경제 식민지'이다.

'한국 경제는 미제국주의의 식민지가 된다'는 주장을 숱하게 들으면서 대학을 다녔다. 박정희 정권이 추구하는 대외개방정책은 미국이라는 경제 중심부가 부자가 되게 하고 주변국인 한국과 같은 나라들은 노력하면 할수록 더욱 착취되어 가난해진다는 신념이다. 사실 당시의 대학생들 가운데 상당수가 그런 믿음을 굳게 가진 사람들이었다.

'우리'와 '그들'로 나누고 경제를 영토 싸움과 꼭 같은 것으로 이해하는 것은 이른바 종속이론에 속한다. 그들이 이해하는 것처럼 경제가 영토 수호와 같이 전쟁인가? 그리고 한쪽이 일방적으로 착취되었는가? 이미 대외개방정책을 시작한 지 50년이 넘었고 한국이란 나라는 시장과 교역의 확장을 통해서 신화창조라고 불러도 좋을 만한 성장을 하는 데 성공하였다. 그러나 꼭 같은 신념이 2011년 서울에서도 다시 격렬하게 들끓었다. 한미FTA를 반대하는 사람들의 신념은 50년 전이나 거의 같다. 그들의 신념은 원시본능에 거의 압도된 부족적 사고의 잔재일 뿐이다. 한 논객은 이렇게 이야기한다.

"한미FTA 반대 이유는 수백 가지도 넘지만 핵심은 한마디로 간추려진다. '미국과 한국의 실력 차이가 너무 커서 두 나라 사이의 담벼락을 낮추면 미국이 한국을 일방적으로 침략한다'는 것이다. 한미FTA의 투자자 소송제도(ISD)를 독소조항으로 꼽는 것도 법률 소송의 노하우 면에서 한국은 미국의 상대가 될 수 없다는 피해의식을 바탕으로 한 것이다."[3]

교역은 우리가 흔히 상상하는 두 부족 사이의 전쟁이 아니라 소비자에게 더 나은 가치를 제공하기 위한 혁신의 과정이라 할 수 있다. 각자의 가치 창출 능력에 따라 배분되는 몫이 다를 뿐 한쪽은 일방적으로 이득을 거두고 한쪽은 일방적으로 손실을 거두는 일은 아니다. 교환과 교역에 대한 경제학적인 지식이나 사고방식을 배우지 않고서는 원시본능과 후천적 자동반응기를 극복하기 어렵다.

아마도 경제 식민지화가 이루어졌다면 한국은 수십 년 동안 경제 식민지가 되고 말았을 것이다. '잘못된' 신념이란 이처럼 위험하고 비용이 많이 드는 것이다. 결국 우리가 원시본능에 관심을 갖지 않을 수 없는 이유가 바로 이런 경우들 때문이다.

그런데 '올바른' 신념을 선택하기 위해서는 일정한 지적 투자가 필요하다. 시간과 비용을 들여서 학습을 해야 하기 때문에 여간 번거롭지 않을 뿐만 아니라 오히려 그 시간이나 노력을 당장 돈을 벌수 있는 일에 투입하는 편이 단기적으로는 더 나은 선택처럼 보인다. 그렇다면 보통 사람들이 어느 쪽에 선택할 가능성이 높을까? 시간과 돈을 투자하지 않고서 손쉽게 얻을 수 있는 신념이나 신조 등을 받아들이게 된다. 다시 말하면 '올바르지 않은' 신념을 채택할 가능성이 높다.

결론적으로 인간이 세상에서 일어나는 다양한 문제들을 해석하고 진단하는 데 신념이나 신조 등과 같은 후천적 자동반응기에 의존하더라도, 결국 '파충류의 뇌'와 '포유류의 뇌'에 지배를 받거나 혹은 영향을 크게 받는 것들로 채워지게 된다. 그렇지 않으면 옛날 옛적 상황에만 잘 맞는 그런 신념이나 신조일 뿐이다. 이런 선택의 결과가 당장 손해를 끼치는 것은 아니지만 살아가면서 두고두고 부담을 지우게 된다.

나는 트위터에서 여러 주장이나 의견을 만나게 된다. 그런데 내 눈으로 보면 이런 주장들이 엄밀한 논리나 이성에 의해 나온 것이라기보다는 본능의 목소리를 적극 반영한 것들이었다. 올바른 신념이란 단순하게 믿는 의견이나 주장이 아니다. 의도적인 노력을 거친 다음에 나름의 체계화된 신념일 때라야만 한다.

그렇다면 이런 '잘못된' 신념이나 신조를 바꿀 방법은 없는가? 힘들긴 하지만 분명히 있다. 그러나 쉽지 않은 것은 사실이다. 나쁜 습관을 고치는 것처럼 스스로 문제를 인정하고 고치기 위한 의지를 갖춰야 하기 때문이다. 대뇌 피질의 가소성 때문에 뇌는 부분적인 변형이 가능하다. 물론 뇌가 교육이나 경험에 의해서 무한정 변형되지는 않지만 얼마든지 필요한 부분을 '올바른' 신념으로 교체할 수 있다.

≈ 농경사회가 남긴 유산들

모든 문명의 부침에는 경제적인 논리가 굳건히 자리를 잡고 있다. 표면에 드러나는 다양한 요인들에도 결국 먹고사는 문제와 문명의 부침은 깊은 관련이 있다. 따라서 우리는 문명의 부침을 논함에 있어서 항상 이면에 어떤 요인들이 있는지를 관심 있게 파악할 필요가 있다.

사람들은 현재 가진 의식주 해결 방법이 다소 열등한 것이라 할지라도 끝까지 그 방법을 가능한 유지하려고 노력하게 된다. 인류의 조상이나 현대인이나 간에 공통점은 변화를 고통스러워한다는 사실이다. 그래서 가능한 오래오래 기존의 방법이나 질서를 바꾸는데 저항하게 된다. 이처럼 사람들은 변화가 일어나더라도 가능한 오랫동안 변하지 않을 거라는 막연한 믿음을 갖고 자신을 오랫동안 일정하게 유지하려는 본능을 갖고 있다. 뇌과학자는 이를 '항상성 유지 본능'이라는 용어를 사용하기도 한다.[4]

하지만 그런 저항도 인구를 먹여 살리는 문제가 난관에 봉착하였을 때는 다른 대안이 없다. 변하지 않으면 굶어 죽어야 하니까 말이다. 700만 년 이상을 유지해 오던 수렵과 채집 생활의 종언을 고하는 고고학적인 증거들은 2만 년 전부터 출현하기 시작하여 1만 년 전부터 농업이 인류의 주요한 먹거리 해결방법으로 등장하게 된다. 도대체 그 이유는 무엇일까? 나는 연세대 경제대학원 김정호 교수와 함께 쓴 책 『갈등하는 본능』에서 빙하기가 끝난 이후부터 농경생활이 시작되었다는 기존의 인류학자들의 주장과 달리 경제학자들의 설명방식을 이용해서 다음과 같은 요인을 제시하고 있다.

첫째, 대형 동물들의 소유권이 부재함으로 인하여 대형 동물들에 대한 무제한적인 사냥이 이루어졌기 때문이다. 결과적으로 공유재의 비극과 같은 현상이 일어나게 된다. 대형동물들이 수가 격감하여 사냥만으로 먹고사는 문제를 해결하는 것이 불가능하였다.

둘째, 불을 발견함으로써 사냥의 생산성이 크게 오르게 되고, 이 역시 사냥감의 숫자를 줄이는 데 이바지하게 된다. 그러니까 대형 동물들의 남획을 가져오는데 뛰어난 기술이나 도구가 이바지하였다는 사실이다.

셋째, 인간의 숫자가 증가함으로써 인간의 서식지 역시 아프리카를 넘어서 거의 전 세계에 자리 잡게 된다. 이 많은 인구를 어떤 방법으로 먹여 살려야 할 것인가의 과제가 인류에게 주어진다. 한 가지 분명한 사실은 기존의 수렵채집 방법으로는 증가하는 인구를 부양할 수 없었다는 점이다.

인류가 문명의 길로 들어서게 되는 것은 자발적으로 원해서라기보다는 먹고살기 위해서 어찌할 수 없이 봉착한 막다른 상황에서 선택한 길이었다. 고고학적인 증거는 2만 년 전부터 인류가 서서히 작은 동물의 사냥이나 식물 채집에 부쩍 신경을 쓴 증거들이 발견된다. 그러다가 농경문화의 출현은 1만 년전부터 시작되어 6,000년 전 즈음에 활발하게 이루어졌다. 농업에 대한 최초의 증거는 1만 년 전 서남아시아의 팔레스타인에서 나왔으며 이후 유럽과 북아프리카 그리고 중앙아시아로 전파되었다.

집단적인 농업 지역은 기원전 8,000년경에 시작된 신석기 시대에 서남아시아의 비옥한 레반트의 유적이 최초의 흔적이다. 중국에서는 기원전 7,000년과 6,000년 전 사이에 그리고 미국에서는 기원전 3,000년경 그리고 열대 아프리카에서는 기원전 2,000년경에 시작되었다. 이렇게 시작된 신석기 시대의 농업문명은 16세기 유럽 제국주의에 의한 식민지 개척에 이르기까지 계속되었다. 인류가 수렵 채집을 버리고 농경 생활을 시작한 것을 두고 '농업혁명'이란 용어를 사용해도 무리가 없을 정도의 큰 변화였다.

이렇게 기원전 7,000년부터 6,000년 사이에 농업을 주업으로 하는 촌락이 형성되기 시작하였다고 볼 수 있다. 그러나 아무리 길게 잡아도 농경문화가 시작된 시점은 1만 년 전에 불과한 점을 고려하면 수렵채집 생활이 시작된 700만 년 전에 비해 얼마나 짧은 시기인가를 짐작하고도 남음이 있다. 인류가 물려받은 생물학적 유산 가운데 얼마나 많은 부분이 수렵채집 생활에서 비롯되었는지를 짐작할 수 있는 부분이기도 하다.

수렵채집 생활과 농경 생활의 뚜렷한 차이는 무엇일까? 이동성이 아니라 정주성을 들 수 있다. 또 농경문명은 먹거리를 구한 다음 남은 부분을 미래를 위해 보존하는 것이 가능함을 뜻하게 된다. 그리고 현대 문명의 발달에 기여하는 혁명적인 사건이 일어나게 되는데 그것이 바로 재산권의 등장이다.

플라톤의 저서를 읽다 보면 지금부터 2,500여 년 전의 아테네를 중심으로 하는 도시 국가들에서는 현대와 크게 다를 바 없을 정도로 재산권 제도가 자리를 잡고 있었음을 확인하게 된다. 그러니까 농경 문명이 본격적으로 인류의 삶 속에서 자리 잡게 된 기원전 6,000년 이후의 세월은 현대인의 삶과 큰 차이는 없다고 생각한다.

우리가 진정으로 주목해야 할 것은 농경문명의 출현 이전인 원시 사회에 대한 이해이다. 이 시대를 잘 이해하면 할수록 현대인을 더 잘 이해할 수 있을 뿐만 아니라 우리의 행위에 대한 깊은 성찰을 통해서 앞날에 대한 조심스러운 전망도 할 수 있다. 다시 말하면 한국인을 비롯해서 현대인은 원시사회가 남긴 유산으로부터 자유롭지 않다. 특히 인간의 이해, 판단, 분석, 전망 그리고 행동 등에 관련된 두뇌 활동의 경우는 더더욱 그렇다.

≈ 원시사회의 9가지 특징

현대인에 대한 이해는 수렵채집 생활을 해왔던 수백만 년에 대한 고찰 없이는 제대로 알 수 없다. 인류의 조상이 걸어온 장구한 세월은 우리의 몸과 두뇌 속 곳곳에 깊고 깊은 퇴적층을 형성했다. 그 기간이 수백 년이나 수천 년도 아니고 수십만 년과 수백만 년 동안이었기에 더더욱 그러하다. 그 길고 긴 시간 동안 인류가 생활해 왔던 삶의 터전 혹은 환경 그리고 행동양식은 어떠하였을까?

앞에서 설명하였지만 여기서 총정리를 해보겠다. 원시사회의 중요한 구조적인 특성은 다음의 9가지로 정리할 수 있다.

첫째, 원시사회는 철두철미한 공동생산과 공동분배를 기초로 하였다. 원시사회일수록 개인의 소유 의식이 희박하였다. 물론 원시인이라고 해서 사유 개념이 전혀 없었던 것은 아니다. 사냥에 필요한 돌도끼나 돌창들을 소유했지만 확실한 사유 개념은 없었다.

생계 대부분을 사냥이나 채집으로 해결했던 당시 사람들은 공동으로 사냥하고 채집하여 그것을 함께 나누어가는 것을 당연하게 받아들였다. 그런 상황에서도 부족 구성원들 가운데는 자기 재산을 은밀히 축적하는 사람들이 있었다. 사람들은 태어날 때부터 내 것에 대한 욕심이 있기 때문이다. 따라서 이런 소유욕을 경계하기 위해 부족마다 나름의 특별한 방법을 갖고 있었다. 소유욕이 강한 사람은 예언이나 주술의 이름을 빌려서 추방하거나 죽였다. 예를 들어 에스키모인들은 구두쇠같이 재산을 모으는 자가 발각되면 죽이곤 하였다.

둘째, 원시사회는 튀는 자에 대한 경계와 배척을 당연시했다. 대형 동물에 대한 사냥은 오늘날도 그렇지만 상당히 위험한 활동이다. 열악한 무기를 갖고 공동의 적인 사냥감을 사냥하기 위해서는 일체의 튀는 행동이 허용되지 않았다. 진화의 긴 여정을 거치는 동안 어떤 부족들이 살아남았을까? 일사불란한 행동을 하였던 사냥 밴드들이 그렇지 못한 밴드들을 지배하였을 것이다. 일사불란하게 움직이는 사냥 밴드들이 사냥감을 획득하는데 더 나은 성과를 거두었기 때문이다.

원시사회에서는 어떤 방법으로든 튀는 행위를 억제하기 위한 나름의 금기를 갖고 있었을 것이다. 이는 연대감 혹은 연대의식으로 표현할 수 있다. 하이에크는 원시인의 본성에 대하여 "야만인들은 외롭지 않았다. 그들의 본능은 집단주의적이다." 강조한 바 있다.[5]

그러나 본래 인간이 그런 본성을 갖고 태어났을까? 나는 그렇다고 생각하지 않는다. 인간의 본성에는 호기심도 있고 새로운 것을 시도해보려는 실험정신도 있다. 아이들을 보면 어린 시절부터 아무런 교육이 주어지지 않는 상황 속에서도 주변 사물이나 환경을 인지하기 위해 조금씩 조금씩 새로운 시도를 한다. 이런 점을 보면 인간이란 본래 새로운 것에 대해 호기심을 갖고 무엇인가를 시도해 보고 남과 다른 그 무엇으로 튀고 싶어하는 본성을 갖고 있다.

흔히 인류는 '인정받고 싶은 욕구'를 타고나는 존재라고 말하지 않는가? 남에게 자신이 뭔가 다르다는 것을 보여주고 싶은 그런 욕구를 타고난 인간이 원시사회를 살아가는 데 마냥 행복하지는 않았을 것이다. 그러나 원시인류는 장시간에 걸쳐 환경에 적응하는 과정에서 튀고 싶고 인정받고 싶은 욕구를 억제하고 연대감으로 무장하지 않을 수 없었을 것이다. 왜냐하면 그렇게 하는 것이 생존에 유리하기 때문이다.

셋째, 원시사회는 개인은 없고 무리가 있을 뿐이다. 30여 명으로 이루어진 사냥 밴드는 서로를 늘 확인할 수 있을 만큼 작은 규모의 집단이다. 그들이 무리 생활을 원만하게 잘 해나가기 위해서는 개성을 죽이고 타인과의 보조를 맞추는 일이 꼭 필요하였다. 게다가 그들은 새로운 주거지를 찾아서 늘 이동하는 생활이 불가피하였기 때문에 항상 개인의 문제가 아니라 공동의 문제를 두고 머리를 싸맸을 것이다.

집단주의나 전체주의를 옹호한 대표적인 지식인으로 손꼽히는 인물이 플라톤이다. 그의 저서 곳곳에는 집단주의를 옹호하는 분위기를 띤 발언이 등장하는데 『법률』에서도 개체는 전체에 종속되어야 한다는 주장을 편다.

플라톤의 집단주의 옹호는 원시인류에 그대로 적용될 수 있다. 개인은 없고 오로지 집단에 속한 개인이 있을 뿐이다. 플라톤의 주장에 대해 신랄한 비판을 아끼지 않았던 칼 포퍼는『열린사회와 그 적들』에서 플라톤의 주장을 한 문장으로 "개인은 우주이든 국가이든 부족이든 종족이든, 또는 다른 집단이든 간에 전체의 이익에 도움이 되어야 한다."고 말하면서 비판한다.[6]

넷째, 원시사회의 삶은 그 자체가 평등에 기초하고 있었다. 그들에게 평등은 기회의 평등이 아니라 결과의 평등이었다. 사냥 밴드의 구성원들 가운데 다쳐서 사냥을 나갈 수 없더라도 사냥감을 나누어 준 고고학적인 증거들이 상당히 많이 전해져 온다. 왜냐하면 결과의 평등이 원시사회를 둘러싼 환경에서는 훨씬 유리하였기 때문이다.

오늘날처럼 평등이 이데올로기로 해석되는 것이 아니라 원시사회에서 평등은 그 자체가 삶의 양식이었다. 함께 일어나고 함께 사냥하고 함께 잠을 잤다. 오늘날과 같은 부부의 침실이나 개인의 프라이버시가 생겨난 것은 오랜 세월이 흐른 이후 근대 사회가 등장하고부터이다.

그런데 인간의 타고난 본성 가운데 하나가 편안하게 생활하려는 것이다. 게으름이나 나태함은 인간의 뿌리 깊은 본성이다. 그 본성은 단체 생활을 할 때는 '무임승차free-rider'로 나타나게 된다. 만일에 구성원들 가운데 놀고먹는 구성원들이 대폭 늘어나게 되면 부족 전체의 생존에 위협을 가하게 된다. 따라서 부족마다 부지런함을 권면

하는 조언이나 도덕율 같은 것이 있어서 그렇게 놀고 싶은 욕구를 제한하는데 일정한 역할을 하였을 것이다.

원시사회에서 평등은 옳고 그름의 문제가 아니라 죽고 사는 문제였다. 그들에게 결과의 평등에 기초한 평등사회는 선택의 문제가 아니라 생존의 문제였고 삶을 지탱하는 군건한 삶의 방식이자 사고의 방식이기도 했다. 그렇다면 인류가 본래부터 평등이란 개념을 타고나는 것일까? 나는 그렇다고 생각하지 않는다. 인간은 본래부터 타인과 자신을 다르게 대하는데 오히려 더 익숙하다고 생각한다. 무게의 추를 놓는다면 이타심보다는 이기심에 더 기울 것이다. 그럼에도 생존에 더 필요한 덕목이 이기심을 억누르는 것이었기 때문에 이것이 인간의 심성에 뿌리를 내렸을 것이다.

평등과 관련해서 인간이 타고나는 것은 불평등 자체보다는 불평등함에 대한 분노라고 생각한다. 인류의 역사와 함께 군건하게 자리를 잡았을 뿐만 아니라 때로는 엄청난 사회적인 비용을 낳았던 평등주의는 오히려 사회적 격차에 대해 사람들이 느끼는 분노와 폭력을 순화하기 위해 2차적으로 생겨난 이데올로기라고 보는 것이 더 정확한 표현일 것이다.

다섯째, 원시사회는 완전히 닫힌 사회는 아니었다. 이 점은 원시사회에서도 경쟁압력이 작용하였음을 뜻한다. 이것이 왜 중요한가? 원시사회의 구성원들이 한번 정해진 집단에서 죽을 때까지 머물러 있어야 한다면 집단의 생산성은 크게 떨어지고 말았을 것이다. 다행히 원시사회에도 특정 집단이 다른 집단들에 비해 더 효율적이 될 수 있도록 만드는 자극과 압박이 존재하였다. 원시사회에는 같은 언어를 사용하는 방언집단이 있었다.

그들의 규모는 대략 500여 명으로 구성되어 있었다. 그런데 특정 부족의 사냥 밴드의 수는 30여 명으로 이루어져 있었기 때문에 하나의 방언집단에는 모두 10~15개 정도의 부족이 있었던 셈이다. 그러니까 특정 집단에 속한 구성원이라 하더라도 도저히 자신이 속한 집단과 함께 생활할 수 없다고 판단하면 다른 집단으로 자신의 소속을 바꿀 수 있었다.

원시사회가 이 정도로 열린 상태를 유지하고 있었기 때문에 특정 부족 내에서 지나치게 특정인에게 부담을 지우는 일은 불가능하였을 것이다. 예를 들어 농땡이를 치면서 놀고먹는 사람들이 다수이고 극소수의 사람들만이 힘들게 일해야 한다면 극소수의 사람들이 그 부족에 남아 있어야 할 이유가 없었을 것이다. 그래서 다수가 농땡이를 부리는 일을 방지할 수 있는 견제 시스템이 있었던 셈이다.

여섯째, 원시사회는 정치적으로 평등한 사회였다. 부족을 이끌어 나가기 위해서는 누군가 지도자의 자리에 앉아야 했다. 그러나 지도자 자리란 오늘날과 같이 모두가 원하는 그런 자리는 아니었다. 똑똑한 사람이 지도자의 자리에 앉을 수밖에 없었지만 특별한 대우가 주어지는 것은 아니었다.

따라서 원시사회의 지도자는 군림하는 자가 아니라 봉사하는 자라 할 수 있다. 오늘날 유행하는 '서번트 리더십servant leadership'의 원조라고나 할까? 게다가 지도자가 전횡을 휘두를 수 있는 여지가 적었다. 사냥 밴드의 구성원들 가운데 지도자를 싫어하는 사람들이 있다면 그 밴드를 떠나서 다른 밴드를 선택할 수 있었기 때문이다. 인류 역사에서 지도자가 권력을 마음껏 휘두르고 사람들을 괴롭히기 시작한 것은 이동의 선택 가능성이 없어지는 상태이다. 이런 상태는 농경사회가 등장하고 국가의 규모가 커지면서부터 발생하게 된다.

일곱째, 원시사회는 호혜주의를 기초로 이루어진 사회다. 원시사회는 서로서로 돕고 사는 사회였다. 열악한 환경에서 서로가 주거니 받거니 하면서 살아가는 것은 그렇지 않은 경우보다 생존에 훨씬 유리하였을 것이다. 그래서 인류의 이타심은 환경 적응의 과정에서 만들어진 본능이다. 하지만 이런 이타심이 아무런 조건이 없는 것은 아니다. 내가 당신을 도와주면 당신 또한 내가 어려움을 당하였을 때 나를 도와야 한다는 묵시적인 약속이 있었다.

이를 두고 '상호 이타심' 혹은 '상호 이타주의'라는 용어를 사용하곤 한다. 본래 인간의 타고난 본성은 이기심이다. 따라서 원시인의 상호 이타주의는 현대적 의미의 보험과는 엄밀한 의미에서 차이가 있다. 보험은 치밀한 계산에 따라서 주고받는 계약이다. 하지만 원시사회의 상호 이타심은 동정심, 감사한 마음, 측은지심, 배신자에 대한 증오심 그리고 보복에 대한 두려움 등이 적절히 배합된 감정이다.

여덟 번째, 원시사회는 배타심에 바탕을 두고 있었다. 같은 집단에 속한 성원들 사이에는 더없이 훈훈한 관계를 유지했지만 다른 집단 성원에게는 강력한 적개심으로 대했다. 과거의 노예제 사회에서와 마찬가지로 '우리'와 '그들'을 나누고 우리는 인간이지만 그들은 인간이 아니라 동물과 비슷한 존재로 받아들이는 것이다.

배타성은 인간에게만 관찰되는 현상은 아니다. 무리 사냥을 하는 동물이다 군거성群居性의 조류와 많은 포유류에서 관찰되는 습성이다. 배타성은 '자기 집단 중심주의ethnocentrism'와 함께한다. 칼 세이건과 앤 드루얀은 "자기 집단 중심주의는 무슨 일이 일어나든 자신들의 집단만이 선善이며 진眞이고 사회라는 소우주의 중심이라는 신조"라고 말하면서 인간 또한 그런 신조에 따라 행동한다고 말한다.[7]

아홉 번째, 원시사회는 주술을 중시하는 사회였다. 알 수 없는 것들이 너무나 많았을 것이고, 이를 통제할 수 없는 '그 어떤 존재'를 필요로 했다. 폭우가 며칠씩 쏟아지고 가뭄이 계속되고 오랫동안 사냥이 되지 않는 등 그들을 둘러싼 이해할 수 없는 현상을 누군가가 속 시원하게 설명해주기를 바랐을 것이다. 누군가의 설명이 현실을 제대로 설명할 수 없더라도 일단은 설명할 수 있다는 사실만으로 사람들에게 심리적 위안을 안겨주었을 것이다.

누군가 절대적인 존재가 있어서 소망하는 일들을 처리하는데 도움을 줄 수 있으리라는 막연한 기대감은 원시시대로부터 우리에게 계속해서 이어져 내려오는 것들이다. 때로는 이제껏 별로 알려지지 않은 사람이 갑자기 참신한 정치인으로 둔갑하고 마치 선지자를 기다리는 것과 같이 신선한 인물에 대해 기대감이 생겨나는 것도 이런 차원에서 이해할 수 있을 것이다.

이같은 원시사회의 특성들이 만들어낸 원시본능은 사라질 수 없으며, 계속해서 현대인에게 강력한 영향력을 행사하고 있다. 선진국의 빚 문제가 관심을 끌고 있다. 대다수 선진국들은 막대한 재정적자와 국가부채로 어려움을 겪고 있다. 개인 차원에서는 무척 알뜰한 일본인들이 국가 차원에서 직면한 현실은 심각하다. 일본 국가부채는 2012년 9월 마침내 우리 돈 1경 원을 돌파하여 983조 2,950억 엔(약 1경 3,471조 원)이 되었다.

일본인 1인당 한국 돈 1억 원의 국가채무를 짊어진 꼴이 되면 국내총생산(GDP)의 229퍼센트를 차지하게 되었다. 국가부채의 95퍼센트가 내국인으로부터 빌려 쓴 돈이기는 하지만 229퍼센트는 상상할 수 없을 만큼 높은 숫자로 34개 경제협력기구(OECD) 가운데서 최고치이다. 같은 시기에 유로존(EU)의 국가채무도 10조 8,402억 유로(약 1경 5,015조 원)을 넘어섬으로써 국내총생산 대비 84.9퍼센트에 달하게 되었다. 나라마다 다른 정책들을 실시한 결과지만 모든 정책의 이면에는 강력한 원시본능이 놓여 있다.

원시사회처럼 사회 전체가 공동으로 책임지는 영역을 계속 확대해 왔기 때문이다. 시민들이 가진 강력한 연대감과 평등의식은 국가가 미래 소득을 더 많이 끌어다 사용하도록 유도하였다. 원시사회가 주술을 중시하였던 것처럼 현대인 역시 국가가 마치 도깨비 방망이라도 가진 듯이 모든 문제를 해결해 주는 해결자로 간주해 왔기 때문이다.

∼ 올바른 신념을 위한 교육의 필요성

노벨경제학상 수상자인 더글라스 노스는 자본주의를 바탕으로 하는 현대 문명이 얼마나 짧은가를 '23시간 57분 대 3분'의 비유를 들어 설명한다. 현대인들이 살아가는 방식 즉 자신이 가진 것을 타인과 교환하면서 살아가는 새로운 삶의 방식이 인류사의 전면에 등장한 것은 불과 3분에 지나지 않을 정도로 짧다.

그의 가정을 그대로 받아들이면 300년(3분)이 현대 문명이라고 하면, 인류의 출현 이후는 24시간(1,440분)으로 14만 4,000년 정도다. 그는 원시인류를 14만 년 정도로 가정하고 이 가운데서 자본주의에 바탕을 둔 현대문명의 출현이 불과 300년에 지나지 않는다는 사실을 보여줌으로써 인간의 두뇌 속에 얼마나 원시시대의 잔영이 중요한 역할을 할 수 있는가를 말해주고 있다.

현재 세상에서 일어나는 수많은 사회현상들은 원시 두뇌가 만들어질 당시에는 전혀 존재하지 않았기 때문에 현대인들은 근본적으로 현대 문명 속에서 갈등하고 분노할 수밖에 없다. 여기서 우리는 '현대 문명과 원시 두뇌의 갈등은 구조적이고 본질적인 문제임을 확인할 수 있다. 불황이 닥치거나 자본주의의 문제점이 조금이라도 노출될 때면 어김없이 "이제 자본주의는 끝났다."는 목소리가 수시로 들리는 것이 좋은 사례이다. 지금 이 순간에도 터져 나오는 자본주의에 대한 분노도 현대 문명 속에서 갈등하는 원시본능의 아우성으로 이해할 수 있다.

조금이라도 방심하면 언제든지 인간은 동물적인 반응을 보일 수 있다. 왜냐하면 현대사회에서는 한 번도 경험해 보지 않은 일들이 수없이 일어날 수 있기 때문이다. 이런 맥락에서 보면 칼 포퍼의 명언 "우리는 금수로 돌아갈 수 있다. 그러나 우리가 인간으로 남고자 한다면, 오직 하나의 길, 열린사회로의 길이 있을 뿐이다."는 말은 명언 중의 명언이라 할 수 있다.

하이에크의 최후 작품인『치명적 자만』의 첫 글은 이런 맥락에서 보면 대단히 시사적이다. 제1장의 제목은 '본능과 이성의 사이'이다. 하이에크는 본능의 승리가 가져올 수 있는 위험을 일찍 알아차리고 있었다. 그래서 그는 "동물에서 인간으로의 결정적인 변화는 타고난 반응에 대한 문화적으로 결정된 강제에 기인한다."고 설파한다.[8] 본능을 넘어설 수 있을 때만이 진정한 의미에서 현대 문명이 가능함을 강조하고 있다. 그는 자신의 뜻을 이렇게 전한다.

"나의 입장을 단순하게 요약할 수 있다. 어떻게 행동해야 할 것인가에 대한 배움은 통찰력, 이성, 지성의 결과라기보다는 그것의 원인이었다. 인간은 현명하고 합리적이고 선하게 태어나지 않았다. 그렇게 되도록 배워야 한다. 우리의 도덕을 창조한 것은 지성이 아니다. 오히려 도덕의 통제를 받는 인간들 사이의 상호작용은 이성을 성장할 수 있게 하고 이러한 성장 능력은 인간의 상호작용과 관련이 있다. 인간은 지성적이 되었다. 그가 배울 수 있는 전통이 본능과 이성 사이에 존재하였기 때문이다."[9]

우리는 무엇을 배워야 하는가? 그것은 현대 문명에 대한 정확한 이해이다. 현대 문명의 큰 특징은 무엇인가? 어떤 점이 원시시대와 뚜렷하게 차이가 나는가? 원시 두뇌가 적응해온 세상과 현대 문명은 많이 다른가? 하나하나 따져 들어가다 보면 현대 문명은 근본적으로 원시사회와 다르다. 따라서 과거로부터 만들어진 진화의 구조물만으로는 현대 문명을 제대로 해석할 수 없다.

그렇다면 새로운 환경을 제대로 이해하고 진단하고 분석하기 위해서는 어떤 방법이 있을까? 한 가지 확실한 방법은 두뇌 구조를 변경하는 일이다. 그러니까 새로운 환경을 제대로 이해하고 해석할 수 있도록 뇌 구조 가운데서도 특히 신피질 부분의 고정배선을 바꾸는 작업이 필요하다. 그러나 여러분이 잘 알다시피 우리의 두뇌는 이미 오랜 기간 생물학적인 진화 과정을 해왔기에 더는 구조 변경할 수 없을 정도로 고정배선화되어 버렸다.

다른 또 하나의 방법은 신피질에 자리를 잡고 있으면서 세상 이해하기에 큰 도움을 줄 수 있는 후천적 반응기인 신념, 신조, 믿음을 제대로 갖는 일이다. 그런데 이 역시 만만치 않음을 우리는 이미 확인한 바 있다. 신념 또한 선천적 반응기의 영향력 아래에 놓일 가능성이 높고 본성을 따를 가능성이 높기 때문이다.

하지만 올바른 신념을 지닐 수 있다면 이보다 더 나은 방법은 없을 것이다. 그러나 이 역시 훈련된 마음이 필요하다. 이성과 논리, 사리분별과 신중함, 적절한 지적인 교육 등을 통해서 제대로 된 신념을 지녀야 한다. 이런 선택이야말로 자신을 돕는 길이고 가족을 돕는 길이다. 또한 자신이 몸담은 조직과 사회를 돕는 일이기도 하다.

다중지능이론의 창시자인 하워드 가드너는『미래 마인드』에서 미래를 준비하는 사람들은 모두 다섯가지 마음 즉, "훈련된 마음, 종합하는 마음, 창조하는 마음, 존중하는 마음, 윤리적인 마음"을 가져야 한다고 강조한다. 그에게 훈련된 마음은 "최소한 한 종류의 사고방식을 통달한, 즉 특정 학문 분야나 기술 혹은 전문 직업의 특징을 이루는 그 분야의 독특한 인지양식을 통달한 마음"이다. 하지만 나는 전문성도 중요하지만 우리가 살아가는 현대 문명과 인간이란 종에 대한 올바른 이해도 포함해야 한다고 말하고 싶다.

≋ 현대 문명의 10가지 특징

원시시대로부터 만들어져 내려온 선천적 자동반응기와 그 영향을 크게 받은 후천적 자동반응기에 비추어 보면 현대 문명은 아주 새로운 것이다. 현대 문명의 특징을 다음의 열 가지로 정리한다.

첫째, 현대 문명은 익명의 다수 구성원들에 기초하고 있다. 원시 인류의 생활은 서로 잘 아는 가족적인 분위기였다. 물론 오늘날 우리 또한 이런 분위기의 사회에 속하고 있다. 여전히 가족이나 친구로 이루어진 집단은 현대인에게도 중요하다. 그러나 우리는 집이나 학교 그리고 직장을 벗어나면 서로 잘 알지 못하는 익명의 다수로 구성된 도시에서 살아간다. 자신이 가진 기술, 재능, 지식 등을 타인의 것과 교환하여 경제 문제를 해결한다.

우리가 살아가는 시장경제는 다수로 구성된 익명 사회를 그 특징으로 한다. 원시 두뇌에게 익숙한 것은 서로 잘 아는 가족적인 분위기이다. 새롭게 등장한 확장된 질서의 시장경제는 당혹스럽기 짝이 없을 것이다. 이때 가족 사회에 적용할 수 있는 규칙을 익명 사회에 적용할 수는 없다. 만약에 이렇게 한다면 상당한 비용을 내거나 몰락을 면할 수 없을 것이다. 바로 이 점에 현대 문명과 원시 두뇌는 갈등한다.

하이에크는 두 종류의 세계에서 동시에 사는 것은 자연스럽게 주어지는 것이 아니라 배워야 할 대상이라고 말한다. 그는 "만일 우리가 적절하게 조정되지 않고, 제어되지 않는 소우주(예를 들면 소규모의 무리와 집단 혹은 우리의 가족)의 규칙들을 우리의 본능과 정서적 갈망이 원하는 대로 대우주(넓은 문명)에 적용하였다면, 우리는 대우주를 파괴하였을 것이다."는 점을 강조하고 있다. 갈등의 큰 원인은 소규모 집단에서는 통할 법한 규칙을 익명 사회에 적용하고 싶어하는 우리의 욕구에서 비롯된다.

둘째, 현대 문명은 사유재산권을 기초로 한다. 현대 문명이 바탕을 두고 있는 시장경제(혹은 자본주의)는 나라마다 다양한 모습을 갖고 있지만 뚜렷한 공통점 가운데 하나는 사적 소유를 기본으로 삼고 있다는 사실이다. '공짜 점심은 없다' 혹은 '일하지 않는 자는 먹지도 말라'는 격언이 사적 소유를 잘 드러내는 표현이다. 사적 소유와 동전의 양면 관계에 있는 것은 공동생산과 공동분배에 대응하는 사적 생산과 사적 분배이다. 각자가 생산에 참여해서 생산에 이바지한 몫만큼 자신이 소유한다. 사적 소유와 사적 분배는 정교한 계약관계와 거래망으로 이루어져 있다.

수많은 사람이 저마다의 이익을 찾아 분주하게 움직이지만 그런 이기심을 시장을 통해서 적절히 조절하면서 분업의 이점과 생산성의 향상이 이루어지게 되었다. 언젠가 중국의 문화대혁명기 동안 한 마을의 모든 사람이 동원되어 철강 생산 목표를 달성하기 위해 노력하는 모습을 영화를 통해 볼 수 있었다. 그곳에는 개인은 없고 오로지 집단만이 존재하였다.

셋째, 현대 문명은 개인주의에 기초하고 있다. 현대인에게 개인주의는 단순한 이데올로기가 아니라 모든 사람에게 공통된 존재 방식이나 삶의 양식이다. 인간은 태생적으로 개인적이었다. 그러나 생존의 도정에서 개인적인 것이 불리했기 때문에 집단으로 행동했다. 이에 따라 오랜 생존과정에서 집단주의에 기초한 '연대감'은 본능에 버금갈 정도로 우리들 유전자에 각인되었다.

중세 때까지만 하더라도 인간의 삶 속에서 개인보다는 무리가 압도적으로 우위를 차지하였다. 조르주 뒤비의 『사생활의 역사 2』는 "사실 봉건 시대의 주거 공간 내부에는 이승에서 저승으로 향하는 장정에 첫발을 내딛는 죽음의 짧은 순간을 제외하고는 개인이 홀로 지낼 장소가 전혀 마련되어 있지 않았다."고 말할 정도였다.[10] 개인의 자율성이 점점 커져가는 시점은 12세기 무렵부터이며 개인주의가 온전한 모습으로 자리를 잡게 되는 것은 유럽의 경우 르네상스기를 들 수 있다.

넷째, 현대 문명은 튀는 자, 실험하는 자, 앞서려 하는 자를 칭송한다. 이미 충분히 설명한 바와 같이 원시인의 사냥에서는 튀는 행동은 집단 전체의 안위에 부정적인 영향을 줄 수 있는 금기 사항이었다. 그러나 현대 문명은 경쟁과정을 통해서 끊임없이 새로운 상품, 서비스, 기술, 지식 등을 발견하면서 발전에 발전을 거듭해 왔다. 원시사회와 달리 현대 문명에서 찬사를 받는 사람은 튀는 사람들이며 새로운 방법으로 고객들에게 더 귀한 가치를 제공하는 사람들이다.

스티브 잡스 사후에 애플의 잇따른 특허 소송전을 이해할 수 없지만 스티브 잡스를 좋게 기억하는 사람은 여전히 많다. 사람들이 그를 잊지 못하는 이유는 그가 확실히 튀는 사람이었고 발랄함을 통해서 누구도 생각하지 못했던 개념으로 상품화할 수 있었기 때문이다. 튀어야 산다는 말처럼 현대 문명 특히 자본주의에서 성공에 필수적인 요인이다. 물론 튀는 자를 향해 가해지는 시기심이나 뒷다리 잡기 등과 같은 본성이 우리의 유전자 속에 깊이 각인되어 있다. 하지만 이성적으로 생각하면 튀는 자에 의해서 발전이 이루어지고 있음을 확인하게 된다. 우리는 원시 두뇌를 극복하기 위해 튀는 자에 대해 이해하고 이를 기꺼이 받아들일 수 있도록 교육을 받아야 한다.

다섯째, 현대 문명에서는 선택의 자유 즉 자율이 중요하다. 함께 먹고 함께 사냥하고 함께 보내야 하는 사회에서 개인에게 남겨진 선택의 영역은 무척 제한적이다. 어쩌면 개인이 선택할 수 있는 영역은 거의 없었다고 해도 무리가 아니다. 이런 사회에선 전체 가운데 한 부분으로서만 개인이 가능하지 자율적인 주체로서의 개인은 상상할 수 없다. 그러나 현대 문명은 개인에게 과거와 비교할 수 없을 정도로 넓은 선택의 영역을 제공하였다. 자본주의가 고도화해 간다는 것을 달리 이야기하면 선택의 자유가 그만큼 더 커진다는 것을 의미한다.

여러분의 일상을 둘러보라. 무엇을 먹을지, 누구를 만날지, 그리고 어떤 진로를 선택할지 등에 대해 질문을 던지다 보면 정말 대부분 것을 자신이 선택하고 있다. 무엇인가를 선택해야 한다는 것은 또 다른 면에서 보면 한 인간으로서 생각해야 함을 뜻하기도 하고 궁리해야 함을 뜻하기도 한다. 생각해야 하고, 판단해야 하고, 그리고 결단해야 하고 행동해야 하는 인간은 그만큼 더 많은 부분에서 이성의 영역을 요구하게 된다.

여섯째, 현대 문명에서 책임의 범위는 제한적이다. 개인이 무엇인가를 선택한다는 것은 곧바로 무엇인가에 대해 책임을 진다는 이야기이다. 물론 원시사회에서도 책임은 분명히 존재하였다. 당시의 책임이 오늘날의 책임과 다른 것이 있다. 집단의 생존과 성장에 대한 무한책임에 가까웠을 것이다. 집단의 일원인 구성원들은 자신과 가족에 대해 책임을 지는 것이 아니라 집단 전체에 대한 책임을 져야 했다. 이런 과정에서 연대감의 강화는 필연적이었을 것이다.

그러나 현대인에게 책임은 제한적인 범위의 책임이다. 자신에 대한 책임, 가족에 대한 책임, 조직에 대한 책임 등으로 책임의 범위가 확장된다. 하지만 자신의 행위에 대해 짊어져야 할 책임은 구조적으로 제한적이고 좁은 범위에 국한된다. 책임의 의미 또한 애매할 때도 있다. 때로는 모두가 책임을 져야 한다면 아무도 책임을 지지 않는 일도 벌어질 수 있기 때문이다.

원시사회에서 무한책임이라고 해도 구성원들의 숫자가 제한되어 있기 때문에 무한책임이 곧바로 무책임을 뜻하지는 않았다. 구성원들의 숫자가 적기 때문에 무한책임의 대상의 범위 그리고 각자의 책임의 한계와 분량을 정확히 파악할 수 있다. 그런데 오늘날 자본주의가 고도화되면서 문명사회에서도 책임의 범위를 자꾸 넓혀가려는 시도는 빈번히 이루어지고 있다. 보편적 복지라는 개념 역시 그런 사례에 속한다. '모두가 책임지는 사회'는 감성에 호소력이 크다. 원시본능에 호소하는 것이다.

일곱째, 현대 문명은 열린 사회를 기본으로 한다. 원시사회도 완전히 닫힌 사회는 아니었다. 구성원들은 자신이 속한 집단으로부터 방언집단에 속한 다른 집단으로 옮길 수 있었다. 그러나 방언집단을 넘어서까지 이동하는 것은 곧바로 죽음을 뜻하였을 것이다.

여러분이 태어나서 지금까지 걸어온 나날을 잠시 되돌아보라. 내가 성장할 때만 하더라도 야간에 통금이 있었으며 외국여행을 하는 일은 정말 대단한 일이었다. 내가 초등학교에 다닐 때 아버지가 엑스포 70이란 행사에 참여하기 위해 일본 오사카를 다녀왔다. 이 사건은 내 뇌리 속에 강력한 인상을 심어줬다. 내가 처음으로 비행기를 타 본 것이 1980년대 초반 미국 유학길에 올랐을 때이다.

어느 사회를 보더라도 나라의 외연이 크게 확장됐음을 알 수 있다. 누구든지 원한다면 그리고 어느 정도 형편이 된다면 외국여행을 다녀올 수 있고 필요한 경우에는 국외로 나가서 살 수 있다. 현대 문명은 초보적인 열린 사회에서부터 더욱더 발전된 열린 사회로의 항해를 계속하고 있다.

여덟째, 현대 문명은 평등보다 효율을 중시한다. 현대 문명은 열린 사회이고 그 사회는 변화와 경쟁을 뜻한다. 마치 영원할 것처럼 보였던 기업들이 환경 변화에 적응하지 못함으로써 역사의 뒤안길로 사라지자는 것은 자연스러운 일이다. 그런 변화 속에서 누가 살아남을 수 있을까? 여기서 중요한 점은 일단은 살아남는 것인데 이를 위해 경쟁자들보다 더 효율적인 집단이 되어야 한다.

그러면 평등이란 완전히 없어져버린 것일까? 그렇지 않다. 앞에서도 잠시 설명한 바와 같이 인간이 본래 평등을 원하도록 태어나지는 않은 것 같다. 다만 인간은 격차에 대한 분노를 가진 존재다.

현대 문명이 열린 사회를 유지하는 한 평등주의를 과도하게 실현하는 제도는 낭비를 낳게 된다. 따라서 열린 사회는 기본적으로 효율성 위주로 운영될 수밖에 없지만 끊임없이 평등이란 단어 특히 결과의 평등이란 단어의 도전을 받게 된다.

아홉째, 현대 문명에서 배타심을 드러내는 것은 피해야 할 일이다. 인간은 누구나 어느 정도의 배타심을 타고나게 된다. 그리고 원시사회에서 귀한 덕목 가운데 하나도 배타심이었다. 따라서 선천적으로 타고난 본능은 후천적으로 환경에 적응한 결과로서 더욱 강화되어온 것이 사실이다.

하지만 현대 문명은 교육과 모방을 통해서 배타심을 계속해서 순치시켜 왔다. 현대에 가까이 올수록 자신과 다른 민족이나 국적의 사람들을 대함에서 적개심과 배타심은 상당히 없어졌다. 인간이 문화적 진화를 통해 학습과 모방으로 본능을 극복한 대표적인 사례에 속한다.

그러나 종종 현대인에게도 배타심이 문제가 되기도 한다. 학연, 지연, 혈연 등을 기초로 타인이나 다른 집단을 차별하는 것이 종종 발생한다. 사람은 본성적으로 자신에게 익숙하지 않은 것, 다른 것, 그리고 혐오스럽게 보이는 것을 미워하며, 여기서 차이가 아니라 차별이 생겨난다. 차별과 관련된 거의 모든 반응은 감정적인 반응일 뿐이다. 얼굴 색깔이 다르다고 해서 누군가를 차별한다면 누가 올바른 일이라고 말할 수 있겠는가? 현대 문명에서 배타성은 주로 감정적인 반응이거나 인종주의나 민족주의처럼 특정 집단의 이익을 위해 인위적으로 만들어지는 것들이다.

열 번째, 현대 문명은 합리성을 기초로 이뤄진다. 원시인류에게 주술이 중요한 역할을 했지만 현대인들은 합리성에 바탕을 두고 있다. 물론 지금도 주술이나 점괘 그리고 무술인들에게 의존하는 사람들도 있지만 대체로 합리적인 판단이나 생각을 통해서 행동하게 된다. 합리성은 옳고 그름과 이익과 비용에 바탕을 둔 판단을 기초로 한다.

합리성이 가장 잘 발휘되는 분야는 생업이다. 자신의 판단이 곧바로 이익과 손해로 연결되기 때문에 합리적이다. 언젠가 트위터에서 자주 글을 올리는 한 금융인의 의견을 보았다. 그는 자신의 유식함에 대해서 깊은 확신을 가진 듯이 사회 현안에 대해서도 과감한 주장을 펼치곤 하였다. 그는 경력이 뛰어난 펀드 매니저처럼 보였다. 아마도 그는 자신의 생업에서는 합리성으로 성공적인 성과를 거두었을 것이다. 그러나 사회현상에 대한 그의 진단은 합리성과는 거리가 멀었다. 내가 보기엔 많은 부분을 원시 두뇌에 의존하고 있다.

직업인으로서 뛰어난 성과를 이룬 사람일지라도 세상을 올바르게 이해하고 해석하기 위해서는 다른 특별한 노력이 필요하다. 그런데 이를 모든 사람에게 요구할 수가 있겠는가? 그래서 인정하건 인정하지 않건 우리 가운데 정말 많은 사람은 자신도 모르게 원시본능에 따라 무의식적인 조정을 받을 때가 잦다. 이 점을 제대로 이해하는 것만으로도 우리 자신을 위해서나 사회를 위해서 무척 도움이 되는 일이다.

지금부터는 현대인들이 세상의 여러 문제를 판단하고 행동할 때 갖게 되는 다양한 신념들이 구체적으로 어떤 것인가를 살펴겠다. 그리고 그들이 어떤 문제를 낳게 되는가를 살펴보겠다.

어떻게 원시본능을
극복할 것인가

5장

불량 식품이 있듯이 불량 신념도 있다. 사람들은 불량 식품에 신경을 쓰면서도 불량 신념에 대해서는 대수롭지 않게 생각한다. 그러나 불량 신념으로 생기는 병증은 식중독에 비할 바가 아니다. 예를 들어 20세기의 50여 년 동안 사회주의는 지구촌 일부 지역을 대상으로 사회적 실험 과정을 거쳤다.

그 후유증은 아직도 한반도의 절반에 사는 사람들에게 말할 수 없는 고통을 안겨주고 있다. 역사상 가장 전형적인 불량 사상(믿음, 신념)의 사례 가운데 하나이다. 이런 사상은 현실과는 전혀 동떨어진 인식이나 가정 그리고 주장에 바탕을 두고 있다.

～ 신념은 원시본능에 영향을 받는다

신념에 있어서 불량품과 우량품을 구분할 수 있을까? 이미 설명한 바와 같이 어떤 신념도 현실을 있는 그대로 정확하게 설명하거나 진단할 수는 없다. 그러나 올바른 신념과 올바르지 않은 신념 사이에는 현실을 설명하고 진단하는 정확도 면에서 큰 차이를 보인다. 올바른 신념은 현실을 엇비슷하게 설명하거나 진단할 수 있지만 잘못된 신념은 현실과 전혀 다른 설명이나 진단을 내놓게 된다.

잘못된 신념을 선택한 사람이 자신의 잘못을 인정하기는 쉽지 않다. 만일 그들이 스스로 문제가 있다고 인정한다면 자신의 잘못된 신념을 바른 신념으로 바꿀 가능성이 높다. 하지만 대부분은 스스로 무엇이 문제인지를 제대로 알아차리지 못한다. 이유는 신념이 이성보다 원시본능의 영향을 크게 받아 만들어지기 때문이다. 왜 사람들은 올바른 신념보다는 잘못된 신념을 선택할 가능성이 높은 것일까? 여섯 가지 이유를 꼽을 수 있다.

첫째, 신념은 대체로 크게 의식하지 않은 상태에서 선택한다. 만일 사람들이 깊이 성찰하고 고민을 한 끝에 어떤 신념을 선택한다면 이성과 논리의 지도를 받을 가능성이 높다. 그러나 본능의 이끌림을 받게 된다. 결과적으로 선천적 반응기 1과 선천적 반응기 2의 영향력에 놓인 신념은 자연스럽게 원시본능에 좌우된다. 식욕이나 성욕같은 욕구나 분노와 시기심같이 자연스럽게 이끌리는 신념은 어떤 면에서 보면 동물적이다.

둘째, 신념의 정확도는 학교에서 배운 공부의 양에 의해서 결정되지 않는다. 공부를 많이 하면 반드시 올바른 신념을 선택할 수 있는 가? 성적은 공부를 많이 하면 향상될 수 있지만 올바른 신념은 학교 공부에 비례하지 않는다. 공부에는 크게 분류하면 두 가지가 있다. 하나는 '기술이나 기예와 관련된 공부'이다. 그러나 신념은 기술 공부와는 다른 차원의 공부 즉 '세상에 대한 이해와 관련된 공부'이다. 학문이 날로 분화되어 가는 추세를 고려하면 전문인이 자신의 분야에는 정통할 수 있을지 모르지만 올바른 신념을 세울 것이라고 기대하기 어렵다.

셋째, 신념의 정확도를 높여야 할 인센티브가 별로 없다. 직업의 세계에서 잘못된 판단은 곧바로 손실을 뜻한다. 정확한 판단과 이해가 성공에 필수적이다. 하지만 직업 세계를 벗어난 세상의 일들에 대한 것이라면 다르다. 어떤 정치인의 잘못된 신념에 동조해서 그를 뽑는다고 해서 특별히 손실이 오지는 않는다.

넷째, 신념의 정확도는 익숙한 세계에 편향되기 쉽다. 우리는 두 개의 세계에 접해서 살아간다. 하나는 가족, 학교, 조직이고 다른 하나는 수많은 익명의 사람들로 구성된 시장과 사회이다. 우리가 물려받은 대부분 신념은 오랜 진화의 도정에서 만들어진 것이다. 하이에크는 어떤 사회에서 조직에 몸담고 일하는 사람들이 많아지면 많아질수록 조직에 대한 의견을 익명의 사람들로 이루어진 세계에 그대로 적용할 가능성이 높다는 지적을 한 바가 있다. 두 세계에 대한 진단이 달라야 한다는 사실의 중요성을 깊이 인식하는 사람은 많지 않다.

다섯째, 신념의 정확도는 자신이 몸담은 사회의 분위기나 지적 전통에 의해 영향을 받게 된다. 인간은 무리 속에서 살아가는 존재이기 때문에 영향을 주고받는다. 자신이 속한 무리가 갖는 일반적인 생각이나 의견과 다른 주관을 갖기란 쉽지 않다. 그래서 사회 분위기에 영향을 받기가 쉽다.

여섯째, 신념의 정확도를 높일 만한 기회를 갖기 어렵다. 우리는 초중학교로부터 시작해서 대학에 이르기까지 오랜 시간 문제 풀기형, 암기형 교육을 받는다. 생각하는 힘이나 옳고 그름에 대한 판단 능력을 강화하기 위한 훈련을 받을 기회가 드물다. 따라서 대학 교육을 받았다고 해서 그렇지 않은 사람들에 비해 올바른 신념을 갖게 되지는 않는다. 식자우환이란 말처럼 조각난 정보나 지식을 갖고 오히려 자신의 잘못된 신념에 확신을 더하기가 쉽다.

≈ 편 가르기의 위험성

원시인류는 '우리'와 '그들'을 나누는데 익숙하다. 일단 적과 아군을 나눈 다음 이에 걸맞은 행동을 지체하지 않고 행하는 것이 생존에 도움이 되었다. 원시인류가 오랫동안 살아왔던 환경을 머리에 그려보면 적과 아군으로 나누는 방법을 이해하는 일은 어렵지 않다. 사냥 밴드를 이루는 구성원들은 고작해야 30여 명이기 때문에 그 안에 적이 숨어 있을 가능성은 없다.

대형 동물의 위협이나 다른 부족의 공격에 노출되었을 원시인류에게 적군과 아군을 확실히 구분하는 신념은 생존의 문제였다. 적과 아군을 확실히 구분할 수 있었기 때문에 원시인류는 살아남고 번식할 수 있었을 것이다. 적과 아군을 구별하는 신념은 파충류의 뇌와 같은 동물적인 특성에서 영향을 받았을 뿐만 아니라 오랜 세월 동안 환경에 적응하는 과정에서 만들어졌을 것이다. 원시인류가 살았던 환경과 현대인이 사는 환경이 크게 달라졌지만 원시인류의 특성은 현대인에게도 고스란히 전달되어 내려오고 있다.

삼성과 애플 사이에 최대 70조 원이나 되는 특허전쟁이 벌어졌을 때 25년간 수많은 기업 분쟁에 참여했던 하버드대학교 법과대학원 로버트 누긴 교수는 귀한 조언을 한다. 적과 아군을 명확히 구분하지 말라는 이야기였다. 적과 아군 나누기에 익숙한 우리들의 신념에 경고하는 것이다.

"기업들이 가장 많이 저지르는 실수가 악마화다. 상대가 내게 심각한 위해를 가했고, 그래서 영원히 신뢰할 수 없는 악마라고 단정하는 것. 이 경우 기업들은 협상보다 소송, 계약 파기 같은 극단적인 선택을 한다. 기업 내에 즉각적 감정 반응을 일으키는 '직관적 추론'이 발동하기 때문이다."[1]

나는 '직관적 추론'보다는 오히려 원시본능의 발동에 더 큰 비중을 두고 싶다. 누긴 교수는 "기업들은 감정적이고 즉각적인 반응을 진정시키고 의식적이고 이성적인 사고체계를 가동하는 프로세스가 필요하다."고 말한다. 그나마 자신의 이익이 걸려 있는 곳에서는 협상의 여지가 있지만 그렇지 않은 곳에서 사람들이 보이는 모습은 더욱 극단적이다. 자신도 실수하거나 틀릴 수 있음을 인정하기보다는 대단히 교조적인 태도를 보인다.

오래전 월드컵이 열렸을 때 일어난 일이다. 트위터에 한 젊은 유명인이 벅찬 감정을 털어놓았다. "우리 팀이 좋은 성적을 거둘 때마다 가슴이 벅차오르고 눈물이 앞을 가린다."는 내용이었다. 물론 여기서 '우리'는 자신이 태어나서 자란 조국일 것이다. 이 유명인처럼 사람들 대부분은 비슷한 감정을 느꼈을 것이다. 운동경기에 관해서 이런 감정은 본능적이지만 별다른 문제는 없다.

우리의 본능은 사회현상을 바라볼 때도 자주 나타난다. 적과 아군을 나누는 일은 빈번히 일어나는 사례이다.

예를 들어 한미FTA로 한참 논쟁이 가열되고 있을 때 자유무역협정을 반대하는 여러 주장이 있었다. 당시 트위터에 원시본능의 목소리가 한두 사람의 주장이 아니라 마치 거대한 물결처럼 장식된 적이 있다. 한 사람은 비분강개한 심정을 털어놓는다.

"미국과 약소국가인 우리나라가 어찌 맞붙어 경제전쟁을 치를 수 있는가. 스포츠도 같은 급수끼리 붙는다. 1퍼센트의 대기업들이 미국을 끌어들여 99퍼센트인 국민을 빨아먹게 하려는 획책을 당장 폐기하라."

또 한 사람은 확신에 찬 나머지 다음과 같이 주장하기도 한다.

"한국과 미국의 경제 규모를 비유하면 동네마트와 대형마트라 할 수 있습니다. 사실 그 둘은 경쟁이 되지 않습니다. 한미FTA는 한국을 보호받지 못하는 동네마트처럼 만드는 것입니다.”

그런데 스포츠 세계와 달리 세상은 거대한 교환의 망으로 이루어져 있기 때문에 적과 아군이 모호하다. 그리고 미국은 적이고 한국은 아군이라는 표현도 현실을 제대로 묘사하지 못한다. 굳이 아군을 찾는다면 한국의 소비자들에게 더 잘 봉사하는 기업들일 것이다. 그런데 그 기업들에 반드시 한국 기업들만 포함되어 있으리라는 보장도 없고 반드시 미국 기업들만이 포함되어 있으리라는 보장도 없다. 특정한 분야에 따라서 혹은 특정 소비자에 따라서 이익을 주는 기업과 손해를 끼치는 기업이 바뀌게 된다. 굳이 아군과 적군을 나눠야 한다면, 이익을 기준으로 정해져야지 출신 성분을 기준으로 정해지는 것은 아니다. 이처럼 사회현상이란 것이 복잡하지만 사람들은 이런 복잡함을 단순화하여 적과 아군을 나누는데 너무나 익숙하다.

적과 아군을 나누는 일은 이처럼 경제 문제에만 한정되는 일은 아니다. 사회계층 나누기를 좋아하는 사람들은 ‘오큐파이 월스트리트(Occupy Wallstreet 월가를 점령하라)’‘1퍼센트에 대한 99퍼센트’의 대결 구도로 세상을 바라봐야 한다고 주장한다. 심지어 제프리 삭스처럼 지명도가 있는 교수가 시위대 앞에 서서 시위대를 선동하는 분노의 목소리를 높이는 것을 보면서 참으로 놀라움을 금할 수 없었다.

이 역시 옳고 그름을 제쳐놓더라도 사람들의 원시본능에 호소하는 주장이다. 그 결과는 1퍼센트가 99퍼센트를 갈취한다는 주장이 등장하게 되고 이를 막기 위해서 1퍼센트에게 더 많은 세금을 물려야 한다는 주장이 설득력을 얻게 된다. 이런 주장이 설득력을 얻어 가고 있을 무렵 한 국내의 공영방송은 미국의 실상과 '1퍼센트에 대한 99퍼센트'의 실상을 전하는 특집 프로그램을 방영한 적이 있다. 프로그램 전편을 흐르는 내용은 1퍼센트가 99퍼센트의 부를 빼앗아 가졌기 때문에 당연히 세금을 올려야 한다는 것이었다. 그런데 이 프로그램의 처음부터 끝까지 클린턴 행정부 당시 노동부장관을 지냈던 로버트 라이시 교수가 등장하여 자신이 가진 진부한 주장을 전하고 있었다.

프로그램을 보는 내내 문제점들이 눈에 들어왔지만 감성적인 주장들은 시청자의 가슴을 파고들 수밖에 없다는 생각이 들었다. 프로그램을 만든 제작진들은 처음부터 보수와 진보 양쪽의 의견을 균형감 있게 소개할 의도는 없었을 것이다. 그들 역시 적과 아군으로 나누는데 익숙했을 것이다. 그리고 신념은 정의감으로 포장되어 자신이 영향력을 발휘할 수 있는 프로그램을 통해서 사회의 변화에 이바지해야 한다고 믿었을 것이다.

일단 적과 아군이란 신념 체계가 작동하면 어떤 의견이나 주장이 침투할 여지가 거의 없다. 적과 아군으로 나누는 신념의 힘은 강하고 사람들의 감정에 호소한다. 우리 편을 적의 외침으로부터 지켜야 한다는 신념은 다른 어떤 주장이나 사례도 거부하게 된다. 잘못된 신념은 판단을 잘못되게 하고 그 판단은 행동을 잘못되게 함으로써 잘못된 제도와 정책을 낳게 된다.

～ 즉각적 판단이 고비용을 낳는다

사냥을 떠난 원시인류의 모습을 한번 상상해보자. 이따금 그들의 삶을 이상향으로 묘사하는 지식인들도 있다. 하지만 그들에게 삶은 먹이를 구하는 일이 거의 전부였다. 초원에서 혹은 숲에서 조심스럽게 나아가는 그들에게 예상치 못한 적들이 기다리고 있었을 것이다. 사냥감을 찾는 중에는 한시라도 안심할 수 없었을 것이다. 갑자기 바스락거리는 소리가 났다. 그들은 순간적으로 판단을 내려야 한다. 자신을 노리는 사자나 호랑이와 같은 맹수의 접근인지 아니면 바람에 키가 큰 풀이 눕는 소리인지를 판단해야 한다. 전자라면 즉시 줄행랑을 쳐야 한다.

'이게 뭘까?'라고 곰곰이 생각하게 되면 맹수에게 잡아먹히게 된다. 살아남은 자들은 이것저것 따져보지 않고 즉각적으로 반응한 자들이다. 원시인류는 '즉각적으로 판단하는 것을 선호하는 신념'을 갖게 되었다.[2] 즉각적인 판단에 대비되는 개념은 숙고이다.

이런 특성은 현대인에게도 고스란히 전해온다. 이렇게 물려받은 신념은 학교생활을 거치면서 더욱 확실한 자리를 잡게 된다. 교육 대부분은 시험을 준비하기 위한 것이었고 이런 교육에 필수적인 것이 바로 문제 풀기형 공부이자 시험준비형 공부이다. 이런 공부의 특징은 짧은 시간 안에 누가 누가 더 많은 문제를 빨리 풀어내느냐가 중요했다. 다른 나라라고 해서 크게 다를 바는 없다. 우리의 수능 시험이나 미국의 SAT도 짧은 시간 안의 문제 풀이에 주안점을 둔다. 한 시간 안에 40개의 수학문제를 풀어내는 학생들에게 숙고가 얼마나 필요할까? '이런 문제는 이렇게, 저런 문제는 저렇게'라는 도식이 정해져 있을 것이다. 그래서 학원들은 대단한 경쟁력을 갖고 날로 성업 중이다.

그런데 원시사회나 수학 문제 속의 질문과 해답과는 달리 세상은 복잡하다. 그런 복잡한 세상을 살아가게 된 현대인들도 원시인류로부터 물려받은 신념에서 벗어나지 못한다. 그 신념은 두 가지로 구성되는데 어떤 문제든지 재빨리 판단하고 해답을 구하는 것이다. 그런 다음 대응방법을 찾아서 즉각 실행에 옮기는 것이다.

서두르다 보면 또 하나의 구조적인 문제가 등장하게 된다. 지나치게 문제를 단순화해서 자신이 직면하고 있는 문제를 큰 그림 속에서 보지 못한다. 그러니까 눈앞의 문제가 전부라고 생각하고 즉각 해답을 구해버린다. 일찍이 극작가인 조지 버나드 쇼는 "과학은 어떤 문제 하나를 해결할 때마다 10가지가 넘은 또 다른 문제를 발생시킨다."고 이야기한 바 있다.

'즉각적으로 판단해 버리기를 선호하는 신념'은 우선은 마음을 편하게 해준다. 이것저것 따져봐야 하는 고통과 비용에서 해방해 준다. 또 어떤 현상에 대해 명쾌한 해답이 가능할 것 같은 환상을 심어 준다. 하지만 이런 선택이 가져오는 현실 왜곡은 결국 큰 비용을 치러야 하는 결과를 낳게 된다. 세상살이에서 '그냥 넘어가는 것이 없다'는 말처럼 말이다.

∼ 선지자는 없다

나는 멋있는 풍경이 펼쳐진 곳에서 멀고 먼 그 옛날의 풍경을 생각해 본다. 지금처럼 길과 건물과 농경지가 없고 온 땅이 울창한 밀림이나 초원으로 뒤덮여 있었던 시절로 잠시 상상의 나래를 펼쳐본다. 그 멀고 먼 옛날의 상황을 정확하게 그릴 수는 없다. 하지만 그 시절 사람들의 삶이 얼마나 척박했을까를 상상하는 일은 어렵지 않다. 원시인류는 대형 동물에 의한 공격뿐만 아니라 식량을 구하는 문제를 두고 늘 고심하였을 것이다. 식량을 저장하거나 저축을 할 수 없었기에 식량을 구하지 못하는 상황이 며칠 동안 계속되면 극심한 불안감에 떨었을 것이다.

그들은 자연의 법칙을 주관하는 절대자들이 있다고 믿었다. 그들에게 복을 구하는 일도 서슴지 않았다. 그 과정에서 오늘날 신앙의 원형이 탄생하였을 것이다. 샤머니즘과 토테미즘은 원시인류에게 세상이 변화하는 이치를 이해시켜주고 더 나은 사냥을 위해 해야 할 일과 하지 말아야 할 일을 가르쳐주는 역할을 맡았다. 또 그들의 염원을 대신해서 달성해 주는 역할을 맡은 여러 신들이 등장했다. 어느 문명을 막론하고 온 세상이 신들로 가득 차 있음을 신화라는 형태로 후손들에게 전해 주었다.

문명이 꽃을 피우기 시작하던 고대 그리스 시대만 하더라도 사람들은 제우스를 중심으로 하는 올림푸스산에 사는 신들이 인간사를 주관하고 있다고 믿었다. 물론 이런 믿음에 의심의 눈초리를 보내는 사람들이 있었지만 당시의 사람들은 제우스라는 신의 존재를 믿었다. 그가 주관하는 세상의 질서를 기꺼이 받아들였다. 신이 지배하는 세상을 의심의 눈초리로 본 자들은 이단아로 취급받았다. 그들 가운데 한 사람이 철학자 프로타고라스이다. 그가 남긴 책인 『신에 관하여』는 첫 문장을 제외한 나머지가 소실되고 말았다. 그 첫 문장에서 신에 대한 의심을 노골적으로 표현한다.

"나는 신이 존재한다, 안 한다 말할 수 없다. 어떤 모습인지도 말할 수 없다. 그 앎을 가로막는 요인들이 너무 많은데, 그중에는 논의 대상이 불분명하고 인간 삶이 너무 짧다는 사실도 포함된다."[3]

그는 이 책 때문에 신성모독으로 기소되어 재판 전에 바다 건너 시칠리아로 도망가다가 익사했다고 전해진다.

절대적인 힘을 가진 자가 자신이 당면하고 있는 문제들을 척척 해결해 주었으면 하는 믿음은 원시인류로부터 현대인에게 고스란히 전달되었다. 선지자에 대한 그리움과 갈망은 원시인류뿐만 아니라 현대인의 심성에도 뿌리 깊게 자리 잡고 있다. 이를 흥미롭게 분석한 사람은 『컬처코드』의 저자인 클로테르 라파이유이다. 그는 컬처코드를 "우리가 속한 문화를 통해 일정한 대상에 부여하는 무의식적인 의미"라고 말한다.

그는 우리에게 묻는다. 미국 대통령의 코드는 무엇이냐고 말이다. 그는 미국인에게 대통령은 곧바로 모세로 이해된다고 얘기한다. 그들이 모세처럼 역경을 뚫고 선지자로서 민족을 구원하는 절대자로 지도자를 받아들이지만 실제로 그런 역할을 한 지도자는 극소수이다. 그런 명백한 사실에도 현안 과제들을 척척 해결해줄 수 있는 선지자를 기다리는 신념은 원시인류로부터 지금까지 크게 변함이 없다.

어떤 시점에서 특정 인물이 등장하여 민족이나 나라의 진로를 바꾸는 데 성공한 사람들이 있다. 하지만 그들은 손에 꼽을 정도로 드물다. 대부분 선지자는 대중들의 기대감과 함께 등장하지만 복잡한 문제를 단칼에 해결할 수 있는 능력을 갖추기란 어렵다. 문제를 즉시 그리고 쉽게 해결하기가 애당초 불가능한 일이다.

현대인은 과거와 비교할 수 없을 정도로 복잡한 세계에 살고 있다. 복잡한 만큼 현대인들이 당면 과제들을 단칼에 효율적으로 해결할 수 있는 사람은 더욱 존재하기 어렵다. 그럼에도 선지자가 등장하여 손쉽게 문제를 해결해주기를 기대하는 신념은 여전히 위력을 발휘한다.

집권하는 과정에서 모든 대통령 후보자는 자기를 뽑아주면 문제를 모두 해결할 수 있다고 장담한다. 미국의 오바마 대통령도 그런 기대감을 심어주고 집권에 성공하지만 기대만큼 결실을 거두지 못한 채 고민한다. 단언하건대 그 어떤 지도자도 모든 문제를 척척 해결하는 선지자가 될 수는 없다. 그러나 선지자를 기대하는 뿌리 깊은 신념은 쉽게 사라지기 어려울 것으로 보인다.

개인적으로 기복신앙을 갖고 살아가는 것은 큰 문제가 없다. 오히려 미래에 대한 확신과 희망을 심어준다는 점에서 바람직하다. 그러나 선지자를 기다리는 신념이 사회현상의 하나로 자리 잡게 되면 예상치 못한 부작용이 발생한다. 정치인들에게서 단시간 내 현안 과제의 해결책을 요구하게 된다.

한 나라의 국민이 이성, 논리, 합리로부터 멀어지고 선지자를 기다리는 신념이 강할수록 민중주의로 무장한 정치인을 지도자로 선택할 수 있다. 그들은 단기간에 걸쳐 대중들의 요구를 충족시켜야 하고 이를 위해서 중장기적인 이익을 희생하는 조치들을 취하게 된다. 결국 현실을 왜곡한 신념이 악영향을 끼치게 된다. 구원을 기다리는 일은 철저히 개인의 삶에 국한하는 것이 바람직하다. 한 사회의 구원은 참으로 힘들다.

∿ 막연한 감보다 통찰력을 키워라

감感이 자기 역할을 다하는 경우는 두 가지일 것이다. 하나는 단순한 세계이고 다른 하나는 자신의 생업에서다. 원시인류가 살았던 시절의 세계는 단순한 세계였다. 그들의 이동수단은 발이었을 것이고 이동 거리는 무척 제한적이었다. 사냥 밴드의 구성원들은 어느 곳에 가면 채집할 거리가 많은지 그리고 어느 곳에서 기다리면 사냥감을 만날 가능성이 높은지를 알고 있었을 것이다. 더욱이 사냥 밴드의 연장자들은 오랜 경험을 바탕으로 공동의 문제를 해결하는 데 큰 성과를 거두고 있었을 것이다. 그들이 활용하는 지식은 문자나 말로 서로 교환할 수 있는 것이라기보다는 감이라는 표현으로 더 정확하게 묘사할 수 있는 그런 지식이었다.

한편 감이 맞아떨어질 가능성이 높은 경우는 자신의 생업과 관련된 일이다. 원시인류나 현대인 모두 자신이 오랫동안 해온 일에서는 굳이 말로 표현하지 않더라도 감만으로 자신의 일을 척척 잘해낸다. 자신의 먹거리를 해결하는 문제인 한 원시인류나 현대인 모두 많은 시간을 투자하였을 것이고 그런 결과로 전문가라는 호칭을 붙여도 손색이 없을 정도로 제대로 수행하고 있을 것이다. 아이를 키우는 일, 손도끼를 다듬는 일, 가까운 곳에 가서 독초와 먹을 수 있는 푸성귀를 구분하는 일 등은 모두 생업과 관련된 일이다. 이런 일은 원시인류나 현대인 모두 특별한 교육을 받지 않더라도 제대로 수행할 수 있는 것들이다.

그러나 현대인들이 살아가는 세상은 복잡하다. 현대사회가 이렇게 복잡하다면 더더욱 복잡하고 이해하기 어려운 것들은 생업을 벗어난 분야에서 일어나는 사건이나 현상들이다. 사회에서 일어나는 사건들을 보통 사람들이 속속들이 알기는 무척 어렵다. 공부를 생업으로 하는 지식인들조차 학문 분야가 너무 세분되어서 자신의 분야를 벗어난 분야에서 일어나는 현상들을 제대로 이해하는 일은 참으로 어렵다. 그러나 최근에는 자신의 분야가 아닌 일에 대해서도 강력한 주장이나 의견을 내놓는 사람들을 만나게 된다.

때로는 당혹감을 느낄 정도로 확신하고 있다. 좀처럼 다른 사람들의 의견에 경청할 자세를 갖지 않는다. 그들은 어디에 기초해서 그렇게 확신하는 것일까? .

아마도 그들에게는 '막연히 이럴 것 같다는 신념'이 큰 역할을 하고 있을 것이다. 그러나 현대인들이 막연하게 그런 느낌이 든다는 판단에서 오는 신념을 따르는 것의 옳고 그름을 따져볼 필요가 있다. '왠지 모르게 이렇게 하고 싶다'는 감에 따라 행동하는 것은 이따금 위험한 일을 일으킨다.

예를 들어 4대강 사업이 한참 공격을 받을 때의 일이다. 치수나 토목에 대해 해박한 지식을 갖고 있지 않은 나는 한 번도 그 사업의 타당성에 대해 의견을 드러낸 적이 없다. 다만 지나치게 많은 사람이 결사적으로 그 사업을 반대하는 것을 두고 정말 그렇게 반대할 만한 충분한 이유가 있는지 그리고 그런 이유를 찾아내는 데 충분한 지적 투자가 있었는지에 대해 생각해 볼 것을 권하였다. 물론 부작용이 있을 수도 있는 토목공사를 한꺼번에 전면전을 치르듯이 할 필요가 있는가 의문을 가졌다.

반면에 행정도시인 행복도시의 경우엔 나는 반대 의사를 분명히 표현했다. 비교적 사업의 인과관계를 명확히 구분할 수 있었기 때문에 논리나 사실에 바탕을 두고 세종시 건설에 대해 이견을 표명했다. 그러나 결국 민주주의에서는 다수가 원하는 방향대로 그리고 집권층의 의지대로 정책이 흘러갈 수밖에 없다. 그래서 나의 반대에도 세종시 건설은 원안대로 추진하게 되었다.

사실 감이란 대단히 즉흥적이고 주관적이다. 따라서 우리는 감에 의존하는 것이 불가피하더라도 끊임없이 감이 자칫 잘못된 신념으로 바뀌지 않도록 검증하는 일을 게을리하지 말아야 한다. 이때 필요한 것은 아무런 이유 없이 막연하게 싫다거나 좋다거나 하는 감정이

드는 모든 것에 대해서 다시 한번 의심을 해보는 것이다. 우리 편이니까, 막연히 그게 좋은 것으로 보이니까로 단순화해서는 안 된다.

개인적인 문제에서 감을 따르는 것이 잘못되면 피해는 고스란히 자신의 책임으로 떨어진다. 그러나 사회적인 이슈에 대해 감을 무작정 따르는 것은 정책 선택에서 큰 잘못을 낳게 한다. 올바른 시민이 취할 도리가 아니라고 생각한다.

언젠가 사업가들과의 아침 조찬에서 '통찰력을 키우는 방법'에 대한 강의를 한 적이 있다. 내가 강조한 것은 직관은 직관 나름대로 큰 가치가 있다. 하지만 직관을 다듬고 보조하고 직관이 낳을 수 있는 실수를 막기 위해서는 이성의 힘으로 검증할 필요가 있다는 점이다.

⟿ 모든 것을 알 수 없음을 인정하라

원시인류는 두 가지 종류의 지식을 갖고 있었다. 하나는 '생계를 해결하는 데 도움이 되는 지식'이고 다른 하나는 '세상을 이해하는 데 도움이 되는 지식'이다. 전자는 사냥하는 지식, 사냥 도구를 만드는 지식, 부족들 사이에 연대감을 높이는 지식, 임시 주거지를 만드는 지식 등 생존에 필요한 대부분의 지식이다. 후자는 삼라만상의 변화를 이해하거나 설명하는 지식, 주술이나 기도하는 지식 등을 일컫는다.

전자의 지식은 경험을 통해서 정교하게 다듬어지게 된다. 또한 이런 지식은 시행착오를 통해서 더 정확한 것으로 바뀌어 간다.

그러나 생업을 떠난 삼라만상을 이해하는 데는 경험을 통한 지식의 축적이 쉽지 않다. 원시인류의 입장에선 오늘날과 같은 과학 지식을 알 수 없었기 때문에 우기가 지나치게 길어서 생활에 위협을 받거나 천둥 번개가 쳐서 두려움을 느끼는 일 등에 대해서 정확히 알기가 어려웠다. 원시인류는 신화나 신앙과 같은 것을 통해서 세상의 변화를 이해하려고 노력했을 것이다. 이런 과정에서 그들은 신념이라 불리는 후천적 자동반응기를 선택하였을 것이다. 이런 신념은 검증받을 길이 없었다. 다만 신념은 그럴듯한 방법으로 세상을 설명함으로써 원시인류에게 불안감을 줄이고 세상을 살아가는 힘과 용기를 심어주었을 것이다.

그러면 현대인은 어떤가? 현대인들의 지식 종류는 원시인류와 다른가? 그렇지 않다. 지식의 종류라는 면에서 보면 현대인 역시 원시인류와 조금도 다를 바가 없다. 현대인들 역시 생업에 활용하는 지식은 매일매일의 검증 과정을 거치면서 더욱더 정교하게 만들어갈 수 있지만 세상을 이해하는 지식과 관련해서는 검증 과정을 수행할 수 없게 된다. 현대인이라고 해서 자신의 생업뿐만 아니라 삼라만상에 대해서 해박한 지식을 갖기가 어렵다는 점이다.

원시인류이건 현대인이건 간에 지식과 관련해서 뚜렷한 한 가지 공통점을 갖고 있다. 구조적으로 무지하다는 사실이다. 이 점을 정확히 지적했던 사람이 하이에크 교수다. 그의 사회철학은 인간의 유식함이 아니라 인간의 무식함에 기초하고 있다. 구조적으로 무지한 인간들이 모여서 자유로운 사회를 만드는 과제가 주요한 연구였다.

우리가 모든 분야에 대해 두루두루 잘 알 수 없다. 의사, 변호사, 펀드 매니저, 기업가 등은 자신의 분야에서 전문가일지는 모르지만 공공정책에 대해 정확한 지식을 가질 가능성은 낮다. 따라서 그들과 같은 대표적인 시민은 '합리적 무지' 상태에 있다고 할 수 있다. 여기서 합리적 무지는 피상적인 이해나 지식도 포함한다.

예를 들어 어떤 소설가가 대중적인 인기를 끌어왔다고 해보자. 그는 독자들의 취향을 읽고 이야기를 구성하고 독자들에게 유쾌함을 가져다주는 점에서 뛰어난 능력을 발휘하는 전문가임에 틀림없다. 하지만 그가 다른 분야에 대해서 그런 권위를 가지려면 이에 합당한 노력을 하고 난 다음에야 가능하다. 그렇지 않다면 보통 시민과 크게 다르지 않다. 그러나 보통 독자들은 훌륭한 소설가라면 소설 분야뿐만 아니라 세상만사에 대해서도 해박할 것이라는 기대를 하게 된다.

자신의 생업만이 아니라 다른 분야에까지 두루두루 잘 알기는 쉽지 않다. 이런 근본적인 문제 속에서 보통의 시민이 선택할 수 있는 차선책은 '자신이 모든 분야에서 전문가가 될 수 없다'는 사실을 겸허하게 받아들이는 것이다. 그리고 발언하고 싶고 알고 싶은 분야에 대해서는 지적 투자를 감행할 필요가 있다. 또한 전문가들의 주장에도 주의를 기울일 필요가 있다. 자신이 얼마든지 오류를 범할 수 있다는 한계를 인정하고 살아간다면 한층 현명한 시민의 역할을 다할 수 있을 것이다.

≈ 튀는 자가 문명을 꽃피운다

연대감과 결속력은 원시인류에게 무척 중요한 생존의 덕목이었다. 대형 동물들의 사냥에서 연장자와 같은 리더들의 명령이나 지시를 어기는 것은 사냥감을 놓치는 일은 물론이고 사냥에 참가한 사람들의 생명을 위태롭게 하는 일이었다. 또한 무리 생활에서 상대방을 이해하고 상대방이 싫어하는 행동은 될 수 있는 대로 하지 않는 것 또한 사냥 밴드의 일원으로 행동하는 데 중요한 생존의 덕목이었다.

원시인류는 끊임없이 내가 이렇게 하면 상대방이 어떻게 생각하고 반응할까라는 질문을 던져봄으로써 자신의 행동이 상대방에게 불쾌감을 주지 않도록 주의하였을 것이다. 따라서 원시인류는 명시적이건 묵시적이건 간에 조직이 원하는 규율을 맞추는 것이 필요했다.

이런 환경에 적응해 오면서 원시인류에게는 '튀는 행동은 나쁘다는 신념'이 굳게 자리 잡았을 것이다. 이런 잔재를 확인해볼 수 있는 역사적 증거는 풍부하다. 튀는 사람들을 조직적으로 박해하는 사례를 역사에서 숱하게 확인할 수 있다. 이는 인간의 뿌리 깊은 본성인 시기심이 한 몫을 담당했을 수도 있고 튀는 행동이 나쁘다는 신념이 한 몫을 담당했을 수도 있다.

애플의 성공 신화를 만들어낸 스티브 잡스의 경우를 보자. 만일 그가 중세에 태어났다면 세상을 어지럽힌 죄로 죽음을 당하였을 수도 있다. 그 시대라면 그런 혁신가를 결코 수용할 수 없었을 것이다. 그러나 오늘날 튀는 사람은 혁신과 창조의 주역이 된다. 혁신과 창조의 주역들은 상품이나 서비스 그리고 기술이나 지식을 새롭게 만들어냄으로써 자신뿐만 아니라 세상 사람들을 널리 이롭게 만든다.

오래전에 아프리카의 에티오피아에 기근이 만연하였을 때 실제로 남부와 북부를 경계로 한쪽은 식량이 남아돌고 또 다른 쪽은 극심한 식량 부족으로 아사자가 속출하였다. 사회주의 정권에서 유통업자들은 폭리를 취하는 사악한 무리였음이 틀림없다. 그러나 유능한 유통업자들이 그 사회에 존재했더라면 얼마든지 아사자의 수를 줄일 수 있었을 것이다.

현대 문명은 튀는 극소수의 사람들과 그런 상품이나 서비스를 사서 사용하는 다수 사람으로 구성된다. 문명화된 국가에서 소수 사람에 대해 내놓고 조직적인 박해를 전개하는 사례는 이성과 논리의 힘에 따라 많이 줄어들었다. 그러나 여전히 조직생활이나 사회생활을 하는 사람들 가운데는 튀는 행위에 대해 시기심을 갖고 잘못된 신념으로 재단한다. '문제는 튀는 자들 때문이야, 혹은 튀는 자들이 문제의 뿌리야'라는 신념과 시기심이 결합되어 직접적인 폭력이나 간접적인 폭력으로 튀는 자들을 박해한다. 그런 사회는 발전이 없다. 반면에 기분은 나쁘지만 튀는 자를 용인해야 한다는 신념이 득세할 때 비로소 문명이 꽃을 피웠다.

우리가 물려받은 '튀는 자는 나쁘다는 신념'은 현대 문명에는 적합하지 않다. 그래서 우리는 튀는 자에 대해 나쁜 기분이 생길 때마다 억제할 수 있어야 한다. 이것은 도덕의 문제이자 지식의 문제이기 때문에 그나마 쉬운 편이다. 문제를 심각하게 악화시키는 것은 무리를 지어서 조직적으로 튀는 사람들 박해하고 음해하고 괴롭힐 때이다. 이때는 생산성이 뒤처지고 문명의 진보가 주춤거린다는 것을 인정할 수 있어야 한다. 튀는 자는 조직이나 사회가 귀하게 여겨야 할 희소한 자원임을 잊지 않도록 해야 한다.

≈ 조직의 규칙과 시장의 규칙을 구분하라

원시인류의 삶이 30여 명 규모의 사냥 밴드에 기초하는 것처럼 현대인의 삶 역시 가족과 친구 그리고 친인척들로 이루어진 삶을 살아가고 있다. 소규모의 집단생활에 필요하기도 하고 유익하기도 한 연대감이나 이타심 그리고 평등주의 등과 같은 생활의 규칙들은 현대인에게도 고스란히 전해져 내려왔다.

원시인류에 비해 현대인은 보다 다양한 소규모 집단생활을 경험하게 된다. 가족과 친인척으로 이루어진 혈연 집단을 벗어나게 되면 일단 학교라는 집단에서 16~18년 정도의 생활을 하게 된다. 규모가 커졌다는 점을 빼고 나면 학교생활 역시 가족과 같은 조직 생활에서 요구되는 삶의 규율과 도덕을 요구한다는 점에서 큰 차이는 없다. 여전히 친구들을 대할 때 필요한 것은 가족들을 대하였던 것처럼 연대감과 이타심이다. 가족을 대하는 것이나 친구를 대하는 것이나 정도의 차이가 있을 뿐 기본적인 삶의 규칙에는 근본적인 변화가 없다.

학교를 마치고 30여 년 동안은 크고 작은 조직에서 보내게 된다.

물론 스스로 사업을 일으켜서 생활하는 사람들도 있지만 대부분은 조직에 몸을 담게 된다. 예를 들어 여러분이 대기업이나 중소기업에 입사하였다고 해보자. 그 조직의 외관은 가족이나 학교와 차이가 있다. 이익을 만들려는 공동의 목표를 가지고 이런 목표에 동의하는 사람들이 모인 결사체가 기업이다. 기업의 구성원들은 서로 연대감을 갖고 공동의 목표를 이루기 위해 노력해야 한다.

기업의 구성원들이 연대감이나 이타심 그리고 평등주의라는 면에서 가족이나 학교와는 상당한 차이가 있음에도 조직이란 면에서는 공통점을 갖고 있다. 조직은 특별한 형식의 자원배분 기제이며 명령과 통제를 통해 자원을 배분한다. 조직에는 CEO가 있고 가족에서는 가장이 있고 학교에서는 교장 선생님과 같은 리더들이 있다. 그리고 모든 조직은 정도의 차이가 있다. 하지만 위계질서를 기초로 한다. 원시인들보다 보통의 현대인들은 훨씬 오랜 세월을 조직에서 보낸다.

현대인 역시 원시인류가 그랬던 것처럼 소규모 무리와 집단에 익숙하고 이런 생활에 적합한 행동규칙들은 원시본능에 깊이 자리 잡게 된다. 가족 구성원들에 대해 친애감을 갖고 사랑으로 대하는 것들은 현대인들이 물려받은 유산에 속한다.

하이에크 교수는 소규모의 무리와 집단생활을 소우주로 표현하고 시장을 중심으로 하는 넓은 문명 세계를 대우주로 표현하기도 했다. 눈으로 확인할 수 있는 것은 이해하기 쉽지만 눈으로 확인할 수 없는 세상은 불안감을 가져다준다. 따라서 이런 불안감을 없앨 수 있어야 하고 새로운 세계를 이해하고 진단하고 행동하기 위해서는 신념이 필요하게 된다. 그런데 이런 신념을 선택하면서 다른 경우와 마찬가지로 새로운 세계에 적합한 신념을 선택하는 것이 아니라 이미 자신이 오랫동안 익숙하게 알고 있는 원시본능의 특성을 담은 신념을 채택하게 된다. 사람이란 본래 익숙한 것을 더 편안하게 생각하고 좋아하게 된다.

두 세계의 특성이 달라서 현대인은 두 세계를 구분해서 각각에 요구되는 행동 규칙을 적용하는 일이 반드시 필요하다. 그런데 소규모 집단에 적용해야 할 규칙을 익명 사회에 적용함으로써 문제가 발생하게 된다. 새로운 세계를 이해하고 판단하고 행동하면서 소규모 집단생활에서 적합했던 규칙들을 그대로 적용하는 것이 올바르다고 생각하고 그렇게 행동하게 된다. 두 개의 다른 세계에 살아가는 방법을 익혀야 할 필요성과 이것을 제대로 배우지 못하였을 때 발생할 수 있는 문제점에 대한 하이에크의 경고에 주목할 필요가 있다.

"더욱이 확장된 질서의 구조는 개체로 이루어져 있을 뿐만 아니라 때때로 중복되는 많은 하위질서로 이루어져 있다. 하위질서 안에서 연대와 이타주의 같은 낡은 본능적 반응은 비록 혼자 힘으로는 확장된 질서의 토대를 만들어낼 수 없지만, 자발적 협력을 조장함으로써 계속해서 중요성을 지니게 된다.

현재 우리가 직면하고 있는 어려움 가운데 하나는 서로 다른 규칙에 따라 다른 질서 안에서 함께 살기 위해, 우리의 삶과 생각과 감정을 끊임없이 조정해야만 한다는 사실이다. 만일 우리가 적절하게 조정하지 않고, 제어되지 않은 소우주(예를 들면 소규모의 무리와 집단 혹은 우리의 가족)의 규칙들을 적용하였다면, 우리는 대우주를 파괴하였을 것이다. 그러나 만일 우리가 항상 확장된 질서를 친밀한 집단에 적용하였다면, 그 집단을 파괴했을 것이다. 따라서 우리는 두 종류의 세계에서 동시에 사는 법을 배워야 한다."[4]

현대인들이 아무런 교육과정을 거치지 않더라도 확장된 질서 속에서 잘 살아갈 수는 없다. 이에 대해 하이에크는 '확장된 질서와 어울리지 않는 자연인'이라는 표현을 사용하기도 한다. 그는 확장된 질서에 대해 "인간의 생물학적 체질과 들어맞지 않는다는 일반적인 의미에서 비자연적이다." 하고 말하기도 한다. 그는 여기서 한 걸음 나아가 "우리의 생물학적 구조에 유전적으로 새겨져 있는 것은 아니다. 그렇지만 다른 의미에서 확장된 질서는 완전히 자연적이다." 하고 말하기도 한다.

우리가 또 다른 세계인 익명사회를 제대로 살아가기 위해서라면 어떻게 이해하고 해석하고 행동할 것인가에 대해 적절한 교육을 받아야 한다. 그런 교육이 올바른 신념을 갖도록 도움을 줄 수 있을 것이다. 조직 생활에서 뛰어난 성과를 만들어내는 사람들 가운데서도 뜻밖에 확장된 질서에 대해 까닭없는 편견을 드러내는 경우를 자주 발견할 수 있다. 익숙하지 않은 세계를 바라보는 창이 잘못되어 있기 때문이다.

스스로 교육의 필요성을 갖고 적극 노력하지 않는다면 오랜 조직 생활을 해온 사람일지라도 확장된 질서에 대한 편견과 반감을 드러낼 수 있다. 그래서 하이에크는 일찍이 어떤 사회에서 조직에 몸담는 사람들의 비중이 커지면 커질수록 확장된 질서에 대한 편견을 드러내는 사람들의 숫자가 증가할 것이라고 말하기도 한다.

그러면 여기서 말하는 편견은 무엇을 이야기하는 것일까? 소규모 무리에 적합한 신념을 채택한 다음 이를 그대로 확장된 질서에 적용하는 것을 말한다. 역사적으로 이런 사례 가운데 대표적인 경우가 바로 사회주의라는 실험이었다. 소규모 집단에서나 통할 법한 제도나 규칙들을 익명의 다수로 이루어진 확장된 질서에 적용함으로써 엄청난 피해를 발생시킨 사례에 속한다.

확장된 질서에 대한 이해는 제대로 된 공부를 했을 때만 가능하다. 이를테면 경제학만 하더라도 대학 대부분에서 가르치는 신고전파 경제학과 수리경제학조차 확장된 질서에 대한 이해를 돕는 데는 역부족일 경우가 발생하곤 한다. 이런 점에서 보면 오히려 정규 교육 과정이 자신의 잘못된 신념을 더욱 강화하기도 한다.

이런 면에서 보면 오늘날 한국에서 대학 교육을 받은 사람들의 숫자가 늘어난다고 해서 올바른 신념을 갖고 소규모 집단에 적용해야 할 규칙과 확장된 질서에 적용해야 할 규칙을 제대로 구분할 수 있을 것으로 기대하지 않는다. 오히려 조각난 정보나 지식을 근거로 자신의 주장이나 의견을 굽히지 않고 더욱 열을 올리는 경우를 목격하는 것은 드문 일이 아니기 때문이다.

〜 변화에 대처하라

　시간의 흐름은 상대적이다. 현대인들은 시간 부족에 시달리지만 원시인류는 그렇지 않았을 것으로 보인다. 그들에게 삶은 오늘날과 비교할 수 없을 정도로 천천히 흘러갔을 것이다. 현대인과 마찬가지로 그들에게도 낮이 가면 밤이 오고 밤이 가면 낮이 왔다. 그렇지만 현대인처럼 허겁지겁 질주하듯이 살아가지는 않았을 것이다. 시간이 천천히 흐르는 것과 같이 그들의 삶에 큰 변화는 없었을 것이다. 이를 확인해볼 수 있는 대목은 생산성 증가 자료를 살펴보면 된다. 인구 증가는 결국 생산성 증가에 의해 뒷받침되는데 기원후가 시작되는 AD 1세기만 하더라도 전 세계 인구는 2억 명에 지나지 않았다. 그러다가 1750년에는 8억 명으로 늘어나고 21세기를 넘어설 무렵에 50억 명이 되었다. 공식 통계에 따르면 2011년 10월 31일에 세계 인구는 70억 명을 돌파하였다.

　또 하나의 흥미로운 자료는 영국 상인 소득의 변화에 관한 내용이다. 전형적인 영국 상인 소득은 1215년부터 1798년까지 6세기 동안 거의 변함이 없었다. 다시 말하면 그 이전의 6,000년 동안도 별다른 생산성의 변화가 없었음을 짐작하게 해주고도 남는다. 오늘날처럼 엄청난 생산성의 향상은 기껏해야 지난 300여 년 정도 안에 이루어진 기적과 같은 일이다. 지난 300년간 생산성 증가는 과거와 비교할 수 없을 정도로 폭발적인 인구 증가를 가져왔다. 1980년 10억, 1930년 20억, 1960년 60억 명으로 늘어났으며 2050년에는 100억 명에 달할 전망이다.

농경문화가 개막된 이후가 이 정도라면 그 이전의 수렵채집 생활이 주를 이루던 시기는 어땠을까? 현대를 기준으로 하면 상당히 정체된 시기였을 것이다. 오늘 못하면 내일 하면 되고 내일 못하면 모레 하면 된다는 식으로 삶은 한없이 천천히 흘러갔을 것이다. 원시인류의 삶이 어떠했는지는 쉽게 상상할 수 있다. 임시 주거지를 중심으로 주변을 옮겨 다녔다고는 하지만 거의 비슷비슷한 지역에서 비슷비슷한 일을 반복하면서 삶을 영위하였을 것이다. 참고로 고릴라는 하루 1킬로미터, 침팬지는 5~6킬로미터, 원시인류는 30킬로미터 이상을 걸어 다녔다.

이런 환경에 인간은 오랜 세월 적응해왔다. 그들의 원시 두뇌는 물론이고 그들이 채택한 신념 역시 변화 친화적인 모습은 결코 아닐 것이다. 오히려 변화 친화적이기보다는 변화에 대해 저항하는 그런 신념을 갖게 되었을 것이다.

그러나 알다시피 현대는 어떤가? 변화와 관련되어서 원시인류와 정반대의 삶이 펼쳐지고 있다. 삶은 끊임없이 변화한다. 개인이든 조직이든 국가든 변화에서 벗어날 수는 없다. 더욱이 변화 영역과 속도는 더 넓어지고 더 빨라지고 있다. 정보 유통 속도는 날로 빨라지고 혁신 속도가 가속화되면서 승리하는 자와 패배하는 자들이 쉼 없이 생겨나고 있다.

현대인들 가운데 크든 작든 간에 자기 사업을 하는 사람들에게 변화는 삶 그 자체로 받아들여진다. 그래서 그들은 원시본능에 적합한 신념을 채택하였다고 하더라도 치열한 삶을 영위하면서 변화에 관련된 신념으로 바꾸게 된다. 그러니까 변화를 중심으로 보면 올바르지 못한 신념이 새로운 경험을 하면서 올바른 신념으로 바뀌게 된다.

조직 생활을 하더라도 현장의 치열함을 바로 접하는 세일즈맨들은 비교적 자신의 신념을 현실에 맞게 조정하게 된다. 사실 삶의 본질은 변화 그 자체이다. 다만 그 변화를 인지할 수 있는가 아닌가는 차이가 나겠지만 변화가 삶 그 자체임은 틀림없다.

그런데 변화는 필연적으로 무엇과 동의어인가? 변화는 불안감, 불확실성과 동전의 양면 관계에 있다. 따라서 올바른 신념을 지닌 사람이라면 불확실성과 불안정감에 대해 더욱 개방적인 태도를 보인다. 그러니까 불안감과 불확실성을 좋아하지 않지만 이를 불가피한 것으로 받아들일 수밖에 없음을 잘 안다. 잘못된 신념을 지닌 사람은 불안감과 불확실성을 두려워한다. 그리고 이를 잘못된 것으로 생각한다.

언젠가 선거가 끝났을 때 젊은 세대가 특정 후보에 표를 던지게 된 이유를 분석한 한 조사는 "젊은 세대가 가진 미래에 대한 불확실성이 이번 선거의 결과를 결정지었다."고 이야기한다. 나는 이런 사실을 접하였을 때 불안감과 불확실성을 통제해달라고 요구하는 것도 문제가 있지만 이런 요구가 정치적으로 표출되게 되면 결국 정부의 강도 높은 개입으로 누군가에게 무엇인가를 보조하는 정책을 낳게 된다는 생각을 하였다. 정치인들은 불안감을 줄여달라고 요구하는 사람들을 위해 각종 차별 입법을 만들어내게 된다.

차별 입법은 포장을 근사하게 하더라도 결국 한 단어로 요약할 수 있다. 그것은 세금이나 빚을 내서라도 불안을 느끼는 계층을 돕는 정책을 실행하는 일이다. 이렇게 해서 불안을 느끼는 세대와 계층에 대한 특별한 지원정책이 생겨나고 이런 것들이 모여지면서 경직성 예산들이 눈 덩어리처럼 늘어나게 된다.

『생각의 함정』의 저자인 자카리 쇼어Zachary Shore는 이처럼 과거에 머문 채 새로운 것을 받아들이지 않는 것을 두고 '정태적 집착'이란 표현을 사용한다. 그는 정태적 집착에 빠진 사람이 가진 문제점을 이렇게 말한다.

"그들은 세계가 근본적으로 유동적이라는 점을 받아들이지 못한다. 그래서 주변의 변화에 진지하게 접근하고 적응하는 대신 변화에 저항한다. 사물이 언제나 예전 그대로 남아 있기를 바라는 갈망으로 번영과 평화, 성공에서 멀어진다."⁵

인생관, 행복관, 직업관 등과 더불어 한 인간이 가진 변화관은 대단히 중요하다. 변화를 어떻게 바라보는가에 따라서 현재 자신이 처한 체제에 대해 긍정하거나 부정할 수 있기 때문이다. 역동적으로 바뀌어가는 세상을 긍정으로 받아들이는 신념을 지닌 사람인지 아니면 정체된 세상을 긍정으로 받아들이는 신념을 지닌 사람인지에 따라서 세상은 밝은 세상과 어두운 세상으로 나뉘게 된다. 사실 자본주의에서 자유를 갖고 살아간다는 것은 늘 좋은 것만을 의미하는 것은 아니다. 자유 속에는 비참해질 수 있는 자유도 포함됨을 잊지 말아야 한다. 변화는 누군가에게 비참함을 안겨다 줄 수도 있다. 우리는 그런 두려움과 맞서 싸우면서 살아가게 된다. 이것은 이상한 일이 아니라 삶이 갖는 구조적인 특성이다.

〜 원인결과의 오류에서 벗어나라

복잡성이란 면에서 원시인류의 활동은 단순했을 것이다. 예를 들어 그들은 사냥할 때도 단순한 원인과 결과 관계에 의존하였을 것이다. 고대 로마 시대에 일어났던 한 가지 사건은 원인결과의 파악에서 의미심장한 메시지를 던진다. 신종 인플루엔자와 같은 원인을 제대로 알 수 없는 질병이 로마의 한 마을을 휩쓸었다.[6] 열이 급속히 올라간 환자들은 대부분 몸이 크게 쇠약해지고 급기야는 죽음에 처했다.

사람들은 환자에게서 한 가지 공통점을 발견하게 된다. 그들은 병이 발발하기 전에 모두 근처의 늪을 다녀왔다. 그래서 사람들은 늪이 병을 만들어냈을 것으로 추측하고 늪에서 원인을 찾기 시작한다. 마침내 그들이 찾아낸 원인은 늪의 악취였다. 늪의 나쁜 공기가 발병의 원인이었다는 결론을 내린 마을 사람들은 다시 그 병이 발병하였을 때 늪의 물을 모두 빼버리는 결정을 내게 된다.

우리가 흔히 말라리아라 부르는 병의 이름은 이탈리아어로 나쁜 공기를 말한다. 우연히도 물을 전부 빼내버리자 말라리아가 사라지기 시작했다. 그럼 사람들은 말라리아는 병의 원인이 늪지대의 악취라는 관계가 있다고 믿게 된다.

이렇게 믿게 된 로마인들은 말라리아를 퇴치하기 위해 늪의 물을 빼버림으로써 갑자기 닥친 가뭄으로 발생하는 것과 같은 비용을 치렀다. 생태계의 혼란도 일어났다. 그런데 더 심각한 점은 이런 잘못된 방법으로 말라리아의 진짜 원인의 발견을 방해했다는 것이다. 그 때문에 수많은 사람의 인명 피해를 가져왔다. 훗날 의학의 발전에 힘입어서 말라리아의 원인은 부패하게 고인 물 그 자체가 아니라 부패한 물에서 생기는 악질 모기라는 사실이 밝혀진다.

물론 고대 로마인들이 원인에 근사하게 접근한 것은 사실이다. 하지만 오늘날까지 그런 믿음이 전해져 내려왔다면 말라리아의 퇴치는 불가능하였을 것이다. 원시인류도 자신들이 당면한 문제를 해결해 감에 있어서 원인결과의 문제를 늘 잘 파악하지는 못하였을 것이다. 하지만 당시의 세상은 비교적 단순세계였고 잘못된 판단이 가져오는 부정적인 파급효과도 적었다. 인과관계의 혼란 즉 원인혼란 cause-fusion은 복잡한 사건의 원인을 오인하는 것을 뜻한다. 이것이 가져오는 부정적인 효과는 과도한 단순화를 낳는다는 사실이다.

인간의 본성은 어떤 상황에서든 단순화를 꾀해서 두뇌 활동에 들어가는 에너지의 소모를 줄이려고 한다. 오늘날처럼 복잡한 세계를 살아가면서도 인간은 원인결과의 상관관계를 단순화하는 특성을 고스란히 물려받았다. 신념은 기본적으로 단순화를 중요한 특성으로 삼는다. 이것저것 복잡하게 생각하지 않고 어떤 결과에 대해 간단명료한 원인을 찾아내려고 한다. 심리학자들은 이를 인간이 지닌 인지함정이라고 말한다.

그런데 이런 신념이 왜 문제가 되는 것일까? 원시인류에게 가장 큰일이라고 해봐야 사냥감을 놓치거나 대형 동물의 주거지에 접근함으로써 생명을 위협받는 수준이었을 것이다. 그러나 현대인은 두 가지의 어려움을 안게 되었다. 하나는 복잡한 세계를 살아가게 된 사실이다. 그들의 인지 능력이나 지식만으로 전체나 부분을 제대로 파악하기 어려운 일들이 너무 많아졌다. 또 원인결과라는 면에서 오류를 범하게 될 가능성이 크게 높아졌다.

글로벌 금융위기가 터졌을 때 많은 사람이 위기의 원인을 딱 한 단어로 요약했다. 신자유주의 때문에 문제가 발생하게 되었다고 원인과 결과를 이끌어낸다. 규제 완화, 작은 정부, 세계화 등과 같은 제도의 조합으로 신자유주의를 이해하는 사람들은 신자유주의를 철폐하면 더 나은 세상이 펼쳐질 것으로 믿어 의심치 않는다. 이런 원인결과에 바탕을 두고 사회가 다시 예전으로 돌아간다면 과연 불황을 해결할 수 있을까? 내가 보기에는 규제를 대폭 강화하고, 공공부문의 인력을 늘리고, 교역을 억제하는 조치들을 취한다면 다시 1980년대 이전으로 돌아가는 상황이 발생할 것이다. 현실적으로 이런 조치들을 취하기는 쉽지 않겠지만 만일 이런 원인결과를 믿는 사람들이라면 자신이 지나치게 원인결과를 단순화하는 오류를 범하고 있지는 않은지 점검해 봐야 한다.

원인결과의 오류를 피하기 위한 왕도는 없다. 다만 자신의 이익과 크게 관련이 없는 분야에서 일어나는 일들, 특히 제도와 정책에 관해서는 제동을 걸 필요가 있다. 많은 사람과 관련이 있는 사안일 때 그 원인이 절대 단순하지 않다는 사실을 인정하면 오류에 빠질 가능성을 줄일 수 있다.

우리는 언제 어디서나 현상의 근본 원인이라 지목된 것에 대해서 불확실함을 받아들이고 의심해볼 용기를 갖고 있어야 한다. 더욱이 특정 분야의 권위자가 이야기하는 것에도 의문을 제기할 수 있어야 한다. 우리가 할 수 있는 차선책은 마음의 문을 활짝 열고 반대편에 있는 사람들의 의견을 겸허하게 들어보는 일이다. 다른 가능성에 문을 열어놓고 검증해 간다는 자세로 임하는 것이 좋다.

≈ 현재와 미래 사이에 균형을 유지하라

원시인류의 삶은 하루살이였다. 그들은 잉여 식량을 저축할 수 없었기 때문에 하루 벌이 인생과 같았다. 그들의 하루하루는 식량을 구하는 일과 생명을 노리는 포식자들로부터 자신을 보호하는 데 온 신경이 집중되어 있었다. 따라서 그들은 '바로 지금, 여기'에 집중하는데 너무나 익숙하고 자연스러웠다. 오랜 세월 동안 이 같은 환경에 적응해 왔던 원시인류의 모습은 오늘날까지 면면히 이어져 내려오고 있다고 할 수 있다.

잉여 식량을 저축하기 시작한 것은 1만 년 전에 농경 생활이 시작되고부터이다. 인류가 현재와 미래를 동시에 생각하게 된 것은 그다지 오래되지 않았다. 현대인들이 물려받은 신념은 '미래보다는 현재를 중시하는 신념'이다. 이런 신념 때문에 미래의 어느 날 치러야 할 막대한 비용보다도 현재의 작은 이익에 사람들이 더 큰 비중을 두게 된다. 오늘날 재정 위기를 경험하는 국가들의 경험을 비교해 보면 일반적으로 하나의 뚜렷한 공통점이 있다. 대다수 사람이 더 나은 미래를 생각하기보다는 지금의 이익을 약속하는 호소에 귀를 기울인다는 점이다.

어떤 의사결정을 내리는 데 있어서 현재뿐만 아니라 미래까지 균형 있게 고려하는 사람은 조상으로부터 물려받은 '미래보다는 현재를 중시하는 신념'에 의존하기보다 이성과 논리로 현재와 미래 사이에 균형을 유지하는 사람들이다. 하지만 그들이 다수를 차지할 수는 없다. 이 같은 현상에 대해 비키 쿤켈Vicki Kunkel은 『본능의 경제학』에서 현재를 중시하는 인간의 본성에 대해 이렇게 말한다.

"장기적 목표를 세울 수는 있지만 원초적 본능은 '생존모드'로 맞춰져 있어 우리로 하여금 사실상 그날그날의 생존에 집중하게 한다. 오랜 관습과 행동양식이 우리에게 안전한 이유는 그렇게 행동했을 때 무슨 일이 일어날지 예측할 수 있기 때문이다. 반면 변화는 미지의 세계이며 우리의 원초적 본능과 대치된다. 따라서 우리는 현재를 위해 미래를 등한시한다."[7]

그러나 여기서 한 가지 분명히 구분해야 한다. 그것은 어떤 의사결정이든지 간에 개인적인 이익이 크게 걸려 있을 때 사람들은 현재와 미래를 더 균형 있게 고려한다. 이유는 자신이 잘못 내린 의사결정이 곧바로 손해로 연결되기 때문이다. 따라서 대다수 사람은 자신의 생업과 관련해서는 상당히 현명하다. 이따금 미래에 명백한 손실이 예상되어도 단기적인 선택으로 자신을 몰락으로 이끄는 사람들이 있지만 말이다.

그러나 어떤 의사결정에 대해 자신이 부담해야 할 몫이 작거나 다른 사람들과 함께 십시일반으로 부담해야 하는 경우라면 사람들은 미래를 경시한다. 오늘날 선진국들은 대부분 재정 위기 때문에 곤욕을 치르고 있다. 그리스, 포르투갈, 스페인, 이탈리아 같은 나라뿐만 아니라 대부분 선진국의 국가채무는 위험 수준에 도달해 있다. 하루아침에 생긴 일이 아니라 오랜 기간에 걸쳐서 다양한 정치집단들이 등장하면서 차곡차곡 쌓여온 셈이다.

정권을 잡는 사람마다 미래에 상당한 비용 부담으로 곤욕을 치를 수 있음이 확연한데도 불구하고 당장 이익을 나누어주는 정책을 선호하게 된다. 그래서 어느 나라 할 것 없이 미래의 부담인 빚을 늘려가면서 계속해서 현재의 이익을 탐하게 되고 그 결과 재정위기에 처하게 된다.

사람들은 당장 해법을 제시할 수 있다고 자신감 있게 이야기하는 사람들에게 표를 주지 시간을 두고 차근차근 해결해 갈 것이다고 약속하는 사람에게 표를 주지 않는다. 이따금 이런 신념에 정면으로 반기를 드는 사람들이 있다. 그들은 한편으로 어리석은 사람이라는 평을 받지만 역사적으로 이름을 남긴다. 남부 유럽을 중심으로 글로벌 재정위기가 번져갈 때 유럽 국가들은 튼실한 독일 경제가 구원투수로 나서기를 요청했다.

독일은 전 세계의 불황 속에서도 나 홀로 성장을 계속하고 있다. 그 이유는 독일의 한 정치인이 10여 년 전에 정치 생명을 걸고 미래의 이익을 위해 현재의 이익을 포기하는 결단을 내렸기 때문이다. 물론 그는 선거에 패배해서 정치 무대를 떠나고 말았다. 그는 현재의 메르켈 총리(재임 2005~현재)의 전임자였던 슈뢰더 총리(재임 1998~2005년)였다. 슈뢰더 총리는 재임 동안 이런 상태로 독일의 씀씀이가 계속된다면 얼마 가지 못해서 재정위기에 당면하게 될 것으로 판단했다. 그래서 2003년 10월 무렵 정치 생명을 건 연금개혁을 단행하게 된다. 그가 실시한 개혁 조치를 두고 사람들은 '슈뢰더의 정치적 자산'이라고까지 부른다.[8]

그가 제시하였던 '독일 경제 재생 계획 10개항' 가운데서 핵심 내용은 도저히 유권자들이 받아들일 수 없을 만큼 현재의 이익을 희생시키는 조치였다. 은퇴자 연금을 현재 상태로 동결하는 조치, 노인 양로 부담 개인 분담 2배 인상, 실업수당 지급기간 32개월에서 12개월로 축소, 건강보험 대상 축소 등이었다.

해마다 100억 달러씩 쌓여가는 연금 적자로 독일 경제가 얼마 가지 못할 것이라는 미래의 전망은 유권자들의 귀에 들어올 수 없었다. 은퇴자 협회의 대변인은 "오늘의 독일을 있게 한 것이 누구고, 다음 세대가 유복하게 살 수 있도록 길을 간 게 누구인데 배은망덕하기 짝이 없다."고 분노하기도 했다. 발표 직후 실시한 TV 여론조사에서 22퍼센트나 추락한 지지도는 끝내 회복되지 못하고 권력을 넘겨주고 말았다. 그런 정치인을 만나는 일은 행운 가운데 행운이지만 절대 흔치 않다는 점에서 독일은 운이 좋은 나라이다.

한편 당장 누군가를 도와주기 위해 돈을 쓰는 일은 표가 나고 적극적인 지지층을 모을 수 있다. 그러나 시간을 두고 익명의 다수에게 혜택을 주면서 오래오래 혜택을 만들어내는 지출 즉, 투자성 지출은 인기를 끌기 어렵다. 그래서 근래에 우리나라에는 투자성 지출을 줄이고 소비성 지출을 크게 늘려가는 일이 메마른 들판의 불꽃처럼 번져가고 있다. 이것 역시 미래라는 먼 시간까지 기다리기보다는 지금의 혜택과 즐거움을 누리는 것을 환영하는 보통 사람들의 신념을 반영하는 조치들이다.

잘못된 다른 신념들과 마찬가지로 현재를 지나치게 중시하는 신념을 고치는 방법은 어렵거나 복잡하지 않다. 당장 자신의 이해관계에 밀접하게 연결되지 않는 사회 현안에 대해서도 늘 현재와 미래의 균형감각을 보고 판단한다는 생각으로 접근하면 된다. 자극이 주어지면 즉각적으로 반응하는 것을 벗어나서 조금 더 깊게 생각하고 현재의 이익과 비용뿐만 아니라 미래의 이익과 비용을 한 번 더 점검하는 것만으로도 효과를 거둘 수 있다. 게다가 모든 조치는 반드시 비용이 필요하다는 사실을 알아야 한다. 따라서 사회 현안은 당장 해결책을 제시할 수 있다고 호언장담하는 사람들을 액면 그대로 믿기보다는 의심해야 한다. 그래야 단기적인 이익에 휘둘리지 않을 것이다.

또 현재의 이익에만 초점을 맞추고 다른 여타의 것들에 귀와 눈을 닫아버리는 것은 대단히 동물적인 반응임을 알아야 한다. 우리가 동물과 분명히 다른 점은 전후좌우를 따져보는 힘을 갖고 있다는 사실이다.

〜 온정주의 정책에도 폐해가 있다

원시인류는 서로서로 돕는 사회였다. 훈훈한 온정이 넘치는 사회였을 것이다. 30여 명의 사냥 밴드들은 서로가 생사를 함께 나누는 운명공동체였다. 물론 서로 돕는 것이 주고받는 원칙을 바탕으로 하고 있다 하더라도 연대감과 이타심은 인간이 물려받은 가장 강력한 본성 가운데 하나임이 틀림없다.

현대인의 신념 중에서도 타인을 도와야 한다는 신념 또한 빼놓을 수 없다. 그래서 우리는 누가 타인에게 도움을 주었다는 소식을 접할 때마다 본능에 따라 훈훈한 마음을 느낀다. 그리고 누구든지 곤경에 처한 사람을 도와야 한다는 주장에 대해서 감히 반대 의사를 내놓을 수 있을 정도로 용감한 사람은 없다. 그래서 어느 사회건 온정주의적 성격이 강한 정책은 인기를 끈다. 그러나 온정주의적 정책은 대개가 누군가를 돕는 차별적인 입법이 대부분이다. 어려운 상황에 놓여 있거나 그런 상황에 놓일 가능성이 있는 사람들을 십시일반으로 돕자는 그런 정책들이다. 부잣집 아이들이나 가난한 집 아이들이나 식사 한 끼를 먹이자는데 무슨 반대냐는 주장은 이미 시작 단계부터 도덕적인 우위를 점한다.

등록금 때문에 고생하는 학생들의 딱한 사정이 방송으로 나가거나 보도가 되면 그것만으로 사람들은 공감하게 되고 이를 위해서 세금을 모아 그들을 돕는 일은 성스러운 과제가 되고 만다. 농어민들을 돕는 일, 비정규직 직원들을 돕는 일, 병을 앓는 어린아이들을 돕는 일 등은 온정주의에 뿌리를 둔다. 그런 온정주의적 조치들이 한시적인 것이 아니라 제도화될 때의 부정적인 파급효과를 꼼꼼히 따져봐야 한다.

일단 무임승차 문제를 들지 않을 수 없다. 30여 명의 사람이 자신의 의무를 다하지 않고 농땡이를 부리는 무임승차 문제를 감시 감독하는 일은 쉽다. 이런 무리에서는 잠시 꾀병으로 임무 수행을 등한히 할 수 있지만 계속해서 그렇게 하기는 거의 불가능하다. 그런데 이런 환경에서도 계속해서 무임승차를 해서 급기야 동료에 의해 죽임을 당하는 일도 있었다.

원시 부족에게 자주 발생했던 무임승차 문제는 대상이 30여 명이 아니라 하나의 국가로 확대되면 감당할 수 없을 정도의 비효율 문제가 발생하게 된다. 우리나라도 복지 혜택이 늘어나면서 자격이 없는 사람들의 부정 수급 문제가 심심찮게 터지곤 한다. 그런데 엄청난 행정비용을 들여서 감시 감독하더라도 이 문제를 완전히 해결하기는 어렵다. 어떻게 수천, 수만 명의 행위를 일일이 감시할 수 있겠는가? 또 온정주의가 대규모 집단을 상대로 적용될 때는 자원의 낭비 문제도 만만치 않다.

마지막으로 온정주의 정책이 가져오는 폐해는 의타심 만연이다.

사실 인간이 가진 모든 문제는 자신의 의지력 없이는 해결될 수 없다. 어떤 문제도 지원만으로 해결될 수는 없는 일이다. 제2차 세계대전이 끝난 이후 엄청난 돈이 아프리카에 지원되었다. 하지만 대부분은 흐지부지되고 말았다. 1992년 이후 우리는 농업 경쟁력을 높이기 위해 천문학적인 자금을 쏟아부었다. 김영삼 정부, 김대중 정부, 노무현 정부, 그리고 이명박 정부 동안 거금을 쏟아부었지만 농업 경쟁력이 돈을 투입한 만큼 향상되었다는 증거는 그 어디에서도 찾을 수 없다. 결국 문제는 당면한 당사자가 절실함과 절박감을 갖고 해결을 위해 매달릴 때 실마리를 찾을 수 있다.

온정주의 정책은 대부분 혜택을 받는 사람의 심성에 보이지 않는 상처를 남기게 된다. 그것은 누군가 나를 도와줄 것이라는 의타심과 자활 의지의 상실이다. 이런 부작용은 두 눈으로 확인할 수 없지만 치유가 힘들 정도로 큰 부작용을 낳게 된다. 스스로 일어서기보다 주어진 보조금을 갖고 몸과 마음을 망치는 사례들이 빈번히 일어난다. 더욱이 보조금을 주는 것에 고마워하는 사람은 거의 없고 더 많은 보조금을 주지 않는 것에 대한 불평불만은 늘어난다.

소규모 집단에 적용 가능한 온정주의가 익명의 거대 집단에 비판 없이 적용됨으로써 가져올 수 있는 폐해에 대해 주의해야 한다.

〜 통제 가능하다는 신념의 약점

인간은 안정감을 원한다. 원시인류가 살았던 시절로 되돌아가보자. 그들 역시 세상을 일정한 규칙에 따라서 돌아가는 곳으로 받아들였을 것이다. 물론 지금의 기준으로 보면 그 규칙들 가운데 터무니없는 것들도 많지만 말이다. 그러니까 그들에게 세상이 일정한 규칙에 따라 움직인다는 것은 삼라만상에 일정한 인과관계가 성립한다는 것을 이야기한다. 원인결과의 관계를 정확하게 이해할 수 있다면 그들은 어떤 결과에 대해 정확히 예측하고 통제할 수 있을 것이다.

통제할 수 있다는 자신감을 갖는 것은 설령 인과관계가 틀렸다 하더라도 심리적으로 대단한 안정감을 제공해 준다. 세상이 뒤죽박죽인 혼란으로 인식하는 원시인류와 인과관계로 인식하는 원시인류 가운데 누가 살아남았을까? 당연히 후자일 가능성이 높다.

따라서 현대인에게도 '세상을 통제할 수 있다는 신념'이 전해져 내려온다. 오늘날 우리들 삶의 이모저모를 찬찬히 살펴보더라도 통제감이 중요한 역할을 담당하고 있음을 알 수 있다. 가족 사이에서 일어나는 일들 가운데 정말 많은 것들은 통제감을 바탕으로 이뤄진다. 아이를 낳아서 기르는 일, 수입에 맞춰서 지출을 조절하는 일, 건강을 유지하기 위해서 운동을 하는 일, 친인척들과 좋은 관계를 유지하는 일 등은 대부분 단순한 인과관계에 바탕을 두고 있다. 그리고 우리들 대부분은 이를 통제할 수 있다고 생각한다. 또한 일터에서 매출을 올리는 일, 신규 고객을 확보하는 일, 비용을 줄이는 일, 좋은 평판을 유지하는 일들도 대부분 통제감을 기초로 한다.

그런데 수많은 사람이 참여해서 만들어내는 일들은 복잡한 상호작용 때문에 통제감을 확보할 수 없을 때가 잦다. 현대에 올수록 점점 더 복잡한 관계들이 생긴다. 사람들 사이에 분업이 훨씬 더 발달하고 거래관계가 범세계적으로 이루어지고 있다. 이처럼 상호관계가 복잡해질수록 통제감을 갖기가 점점 어렵다. 이런 변화에도 현대인들이 물려받은 '세상을 통제할 수 있다는 신념'은 변함이 없다. 그래서 끊임없이 새로운 제도나 정책에 대한 수요가 생겨난다. 마치 여름날의 잡풀이 생겨나듯이 돌아서고 나면 규제가 생기고 또 돌아서고 나면 규제가 생겨난다. 어떤 정권이 등장하더라도 경제를 활성화시키기 위해 규제를 철폐해야 한다고 주장하지만 힘들게 없애는 속도보다 새로 만들어지는 속도가 훨씬 더 빠르다.

그래서 사회 문제에 대해 정부를 욕하고 대통령을 욕하는 일들이 일상화된다. 특히 우리나라는 정도가 좀 더 심한 것 같다. 예를 들어 젊은이들의 일자리가 없어서 야단이다. 그렇다면 정부가 혹은 대통령이 제대로 일을 하면 일자리가 생겨날 수 있을까? 약간은 도움을 줄 수 있을 것이다. 이에 정부가 내놓는 정책이란 것은 대부분 미봉책일 수밖에 없다. 정책은 나라가 돈을 투입할 때까지만 반짝하고 효과를 내는 일들이다. 그런 상태에서 이런저런 정책을 마구잡이로 양산하는 것은 그 정책을 사용하면 아마도 이런 효과가 나올 것이라는 막연한 믿음에 바탕을 두고 있을 뿐이다.

그러나 '세상을 통제하려는 신념'을 이용하는 사람들이 대거 등장하고 있다. 그들은 통제감을 이용해서 정치권력을 얻게 된다. 경기 불황이 왔을 때 경기 부양책을 사용하는 일은 더 큰 비용을 치르게 한다. 2008년 글로벌 경제 위기까지 정치인들은 짧은 경기 침체를 막기 위해 계속해서 돈을 풀었다. 글로벌 금융위기의 근본적인 원인을 두고 이런저런 말들이 많지만 나는 신자유주의의 몰락이 아니라 오히려 그 반대에 해당하는 것 때문이라고 생각한다. 즉 인위적인 통화팽창과 정치적인 목적을 띤 주택 대출에 더 큰 원인이 있다고 본다. 경기가 침체가 되기 시작하면 이곳저곳에서 경기를 살려내라는 아우성이 빗발치게 된다. 그리고 그런 역할을 정부가 충분히 수행할 수 있다고 믿는 사람들이 다수이다. 이런 상황에서 누가 경기 부양책을 수시로 사용하지 않겠는가? 일부 정치인들은 자신의 양심에 따라서 현재와 같은 불황은 과잉 설비 등이 해소되면 해결되기 때문에 당분간 고통을 감내해야 한다고 주장한다. 과연 그가 당선될 수 있을까? 정치인이 스스로 생명을 걸지 않는 한 사람들에게 참고 기다리자고 이야기할 수는 없다. 그래서 어떤 정책이 장기적으로 상당한 해악을 끼침에도 통제감에 대한 욕구를 채워주기 위해서 단기적인 반짝 효과를 낳는 정책들은 계속해서 나올 수밖에 없다.

또 한 가지의 심각한 문제는 해결책을 위해서 특정인이나 특정 계층 혹은 특정 집단을 문제를 일으키는 주모자로 몰고 가는 일이다. 서구 역사의 어두운 면은 항상 경제난이 발생하게 되면 유대인들을 속죄양으로 삼아서 그들을 박해하는 일이다.

복잡한 경제나 사회 문제일수록 단기간에 속 시원히 해결할 수 있는 문제가 드물다. 우리가 일정한 고통을 감내해야만 해결될 수 있다는 사실을 받아들일 수 있다면 통제감으로 인한 신념의 문제점을 어느 정도는 극복할 수 있을 것이다. 지나치게 정부나 정치인에게 큰 기대를 갖지 않도록 노력하고 아울러 명백하지 않은 불명확한 인과관계에 기초해서 신속한 해법을 요구하지 않도록 주의해야 한다.

≈ 보고 싶은 것만 보는 것은 아닌지 점검하라

원시인류가 걸어온 길고 긴 진화의 과정에서 그들이 옳고 그름을 따지는 이성이나 논리를 본격적으로 활용한 것은 짧은 시간에 지나지 않는다. 그들은 막연하게 자신이 편안하게 느끼는 것들이나 기분이 좋아지는 것을 추구하며 생각하고 행동해왔을 것이다. 사람들은 일단 자신에게 익숙하고 편안한 것을 찾는다. 그리고 자신이 좋아하는 것을 다른 것으로 대체하려면 엄청난 노력이 필요하다.

원시인류는 우기와 건기 그리고 밤과 낮 등을 주관하는 신과 같은 존재가 있다고 믿는 것이 편안했다. 또한 작은 무리 속에서 살았던 원시인류는 누군가를 보살펴주고 싶은 욕구를 가짐과 동시에 자신 또한 누군가로부터 보살핌을 받고 싶은 욕구가 있다. 이처럼 편안함을 제공하는 감정들은 환경이 바뀌더라도 오랫동안 계속된다.

원시인류가 편안하게 느꼈던 감정들이 현대인에게까지 전해오지만 그들이 살았던 환경과 현대인이 사는 환경의 차이로 갈등이 발생하게 된다. 현대인들 또한 특별한 경우가 아니라면 자신이 편안하게 느끼는 것과 기분 좋게 느끼는 것을 받아들이면서 이런 것들에 대해 더 강한 확신을 하고 싶어한다. 자신의 의견, 믿음, 행동에 확신을 더해주는 방법은 여러 가지가 있다. 자신이 이미 가진 것을 비판하거나 비난하면 의식적으로 무시해 버리게 된다. 그리고 자신의 것을 강하게 옹호하는 정보나 지식을 선택적으로 받아들인다. 본능에 의해서건 아니면 선택에 의해서건 일단 자신의 것으로 받아들이고 나면 다음부터는 사람들은 보고 싶은 것만을 보려는 강한 특성이 있게 된다.

『생각의 오류』의 저자인 토머스 키다Thomas Kida는 "자신의 믿음을 굳건히 하려는 성향은 우리의 인식구조 안에 강하게 각인되어 있다."고 말한다. 그래서 사람들은 자신의 믿음을 확인시켜주는 자료를 적극 찾아내서 자신이 가진 현재의 믿음에 확신을 더하려 한다.

"우리는 증거를 편향적으로 평가한다. 우리의 관점을 지지해 주는 증거에는 특별히 주의를 기울이지만, 우리의 믿음과 상충하는 증거들은 무시하거나 외면해 버린다. 실제로 자신의 믿음을 지키려는 욕망으로 상충적인 증거와 직면해야 하는 상황을 피하는 경우도 흔하다. 자신과 생각이 같은 사람들하고만 관계를 맺거나 지향점이 비슷한 잡지와 책만 찾아 읽는 것이다. 예컨대 진보적인 사람이든 보수주의적인 사람이든 상대편의 견해를 이해하기 위해 반대성향의 잡지를 찾아 읽는 일은 거의 없다."[9]

이런 인간의 본성에 대해 마키아벨리는 자신의 저서 『군주론』에서 "자신이 보고 싶은 것만을 보고 자신이 봐야 할 것을 보지 않는 자는 생존은커녕 고생을 면하지 못할 것이다."는 강력한 발언을 한 바 있다. 토머스 키다는 가진 것에 대한 믿음에 집착하는 인간의 본성에 대해 이런 이야기를 더하기도 한다.

"기대는 우리의 인식에 영향을 미친다. 하지만 인식에 더욱 강력한 영향을 미치는 것은 우리의 욕망일 것이다. 왜 그럴까? 우리에게는 믿음을 견고하게 유지하기 위해서 보고 싶은 것만 보려는 강력한 욕구가 있다. 세계가 우리의 믿음에 들어맞는다는 것을 확인할수록, 우리 믿음이 진실이라는 생각도 더욱 강해지기 때문이다."[10]

설령 자신의 믿음이 현실에서 맞아떨어지지 않더라도 인간은 자신을 합리화할 수 있는 존재이다. 그러니까 현실을 자신의 믿음대로 돌아가는 곳으로 합리화를 하게 된다. 하지만 기대와 욕망은 계속 존재하고 현실은 현실대로 존재하기 때문에 격차가 커지면 커질수록 개인이나 조직 그리고 국가는 큰 비용을 부담하게 된다.

일찍이 심리학자 로버트 아벨슨Robert Abelson 은 믿음은 소유물과 같다고 이야기한 바 있다.[11] 우리가 물건을 사는 것은 그것이 유용하기 때문인데 믿음도 그러하다. 우리가 특정 믿음을 갖는 것은 그것이 올바르기 때문이 아니라 편안하기 때문이다. 문제는 그런 편안함의 대가가 크다면 어떻게 될까? 세계에 대한 자신의 잘못된 인식에서 나온 믿음이라면 어떤 결과가 발생하게 될까? 그 비용은 무척 클 것이다.

봐야 할 것이 아니라 보고 싶은 것만을 볼 때는 어떤 일이 일어나게 될까? 보고 싶은 대로 현실이 바뀌지는 않을 테니까 반드시 오판에 대한 비용은 행위 주체가 부담해야 한다. 유로존 창설의 이론적 기반을 제공하였던 노벨경제학상 수상자인 로버트 먼델Robert Alexander Mundell 교수는 중국을 방문했을 때 한 잡지와 인터뷰에서 이렇게 말했다.

"유럽의 정치인들은 당선을 위해 유권자들에게 끊임없이 더 많은 퇴직연금과 더 싼 의료보험을 약속했다. 지구상에서 가장 부유한 나라라 해도, 이런 식의 아낌없는 지출을 감당할 수 없을 것이다."[12]

인간은 단기 이익에 민감하게 반응을 한다. 어떤 선택이 중장기적으로 큰 비용을 치르더라도 당장 이익이 된다면 이를 선택하는 것이 본성에 가깝다. 미래를 생각해서 행동하는 것은 이성과 논리의 영역에 속하기 때문에 일단은 본능을 억누를 수 있어야 한다.

언젠가 희망퇴직에 관한 밝은 면과 어두운 면을 함께 조망하는 글을 쓴 적이 있다. 한 기업 근로자의 정리해고를 둘러싸고 사회적인 이슈가 되던 시점이었다. 조직에서 사람을 내보내는 것에 대해 사람들이 민감하게 반응을 하던 시점이었다. 개인적으로는 가슴이 아픈 일이지만 사회라는 전체를 보면 결국 들어오고 나감이 있어야 하지 않겠느냐는 취지를 담고 있었다.

한 젊은 분이 "그래도 나는 희망퇴직의 대상이 되지 않았으면 해요. 나는 직장에 오래 있고 싶습니다."라는 댓글을 남겼다. 이런 글에 대해 내가 정리한 글은 이런 내용을 담고 있었다.

"우리가 무엇을 하고 싶다는 욕구는 얼마든지 표현할 수 있어요. 하지만 무엇을 하고 싶다와 무엇을 할 수 있다는 것은 엄연히 구분해야 합니다. 어른이 되어간다는 것은 난 당신이 좋아 혹은 싫어 혹은 무엇을 하고 싶다는 것으로부터 그것이 좋은 일이든 싫은 일이든 혹은 무엇을 하고 싶다는 것과 관계없이 세상은 세상 그 나름의 규칙에 따라 돌아간다는 사실을 기꺼이 받아들이는 것부터 시작됩니다."

이런 글이 전달하려는 메시지를 딱 한 문장으로 정리하면 '당신이 선호를 표시할 수는 있지만 보고 싶은 것만을 보는 사람이 아니라 봐야 할 것을 직시할 수 있는 사람이 되어야 한다'는 메시지이다.

열렬한 신앙처럼 원시본능에 의해 강하게 채색된 신념이나 믿음을 현실에 맞추어서 조정해가는 일은 어렵다. 게다가 그런 믿음을 갖고 계속해서 살아가는 것이 멋진 삶이라고 부추기는 사람들도 주변에 꽤 많다. 카지노에서 돈을 딸 수 있다는 믿음이나 주식시장과 맞서서 다른 사람들은 몰라도 자신은 이길 수 있다고 믿는 것은 모두 보고 싶은 것만 보는 신념의 전형적인 사례들이다. 이따금 기대나 바람 그리고 욕구가 우리 자신의 믿음을 편향되게 만들지는 않는지 자문할 수 있어야 한다. 그리고 내가 가진 신념이 어떤 권위를 가진 사람이나 내가 좋아하는 사람의 믿음을 그대로 따르고 있는지는 아닌지도 점검해 봐야 한다.

≈ 불편함과 책임감 사이에서 심사숙고하라

"어른이 된다는 것은 책임을 지는 것이다."

사람이 성숙해 간다는 것은 책임을 짊어지는 것을 말한다. 원시인류의 삶에서 책임감은 어떤 비중을 차지하였을까? 그들에게 주요한 과제는 먹고사는 문제였을 것이다. 이런 먹고사는 문제를 제대로 해결하기 위해서 협업이 불가피하였을 것이다. 정도의 차이가 있을지 모르지만 원시인류 역시 현대인과 비슷한 모습의 책임감을 갖고 있었을 것이다. 사냥을 나가는 일은 고된 업무였을 것이다. 그들 역시 편안하게 살고 싶었을 것이다. 그렇지만 사냥이란 고된 일과를 수행했던 것은 가족들의 생계라는 책임감이 존재했기 때문일 것이다.

책임감은 편안한 감정과는 거리가 멀다. 편안함과 불편함 두 가지 가운데 한 가지를 선택해야 하는 위치에 서 있다면 당연히 사람들은 본능적으로 편안함을 취한다. 이처럼 편안함을 추구하는 인간의 본성에 대해 비키 쿤켈은 인간의 사고와 행동을 지배하는 중요한 원칙 가운데 하나인 '최소 노력의 원칙principal of least effort'를 든다. 그는 이것을 가필드 법칙Garfield Rule이라 부른다.

사람은 무슨 일을 해야 할 때면 고양이를 연상시키는 행동을 흔하게 보인다. 이는 가능한 일을 적게 그리고 요령껏 하고 싶은 본능을 일컫는 말이다. 그래서 최소한의 노력만으로 성과를 거둘 수 있도록 돕는 상품이나 서비스 그리고 기술 등이 사람들에게 인기를 얻고 있다. 그 가운데 하나가 전 세계적으로 큰 히트를 한 『시크릿』과 같은 책이다. 그냥 머릿속으로 상상하는 것만으로도 원하는 꿈을 이룰 수 있다는 주장은 얼마나 편리한 것인가? 시크릿의 성공에 대해 저자는 다음과 같이 말한다.

"성공의 과정을 단지 긍정적으로 생각하고 믿기만 하면 된다는 말은 중독성 강한 미끼다. 이 미끼는 에너지의 최소량만을 소비해서 원하는 결과를 얻으려는 우리의 원초적 본능을 자극한다."

가능한 불편함을 피하는 멋진 방법 가운데 하나가 내가 책임지기보다는 타인에게 그 책임을 돌려버리는 것이다. 책임의 대상은 세상일 수도 있고, 다른 사람일 수도 있고, 다른 집단일 수도 있다. 일단 누군가를 선택해서 자신의 불행이나 역경의 원인을 돌려버리고 나면 당장은 심리적으로 편안한 상태에 놓이게 된다. 그래서 남 탓, 나라 탓, 대통령 탓, 조상 탓, 부자 탓, 상사 탓, 직장 탓 등으로 책임감을 벗어던지고 책임을 떠넘긴다.

하지만 성공한 사업가는 책임을 타인에게 돌리는 신념을 극히 경계한다. 누군가에게 책임을 떠넘긴다고 해서 자신이 치러야 할 비용이 줄어든다고 생각하지 않기 때문이다. 그러나 공공정책의 경우라면 책임 떠넘기기는 완전히 다른 모습으로 그 영향을 발휘하게 된다. 공공정책과 같이 모두가 책임을 져야 하지만 비용을 골고루 나누게 되는 경우라면 책임 떠넘기기는 더욱 성행하게 된다.

한 신문사가 자영업자들의 어려움을 파악하기 위해 전국에서 20개를 선정해서 심층 인터뷰 조사를 했고 그 결과를 기사화했다.[13] 좁은 시장에 지나치게 많은 자영업자는 세금 부담, 카드 수수료 부담, 매출 축소 부담, 인건비 부담으로 어려워했다.

"지금처럼 자영업 기반이 뿌리째 흔들리는 데는 정부의 책임이 크다. 세금은 득달같이 걷어가면서 실질적인 지원은 눈 씻고 찾아봐도 없다."

물론 정부가 어느 정도 도움을 주는 방법도 있을 것이다. 하지만 자영업의 위기에는 시장에서 만들어지는 다양한 요인들이 크게 작용한다. 정부가 대안을 찾을 수 없는 요인들이 큰 역할을 하고 있다. 정부만의 잘못은 아니다.

습관적으로 어려움의 원인을 남 탓으로 돌리는 것은 결국 여론이란 이름으로 잘못된 정책의 선택에 큰 몫을 담당하게 된다. 잘못된 인식은 인식 그 자체로 끝나고 마는 것이 아니라 비용으로 연결된다. 그래서 성급하게 누구의 탓으로 돌리는 일은 잘못된 일이지만 인간의 인지구조에는 오히려 이를 반기는 특성이 있다.

～ 배가 아파도 인내심을 길러라

원시인류가 살던 시대에는 축적이 없었다. 원시사회는 공산주의자들이 비판했던 불평등이 전혀 존재하지 않았다. 공동 생산과 공동 분배, 특히 평등한 분배의 특성은 인간의 유전자에 깊이 각인되어 있다.

그러나 농경 문명이 시작되고 인간은 새로운 과제를 안게 되었다. 그 과제는 과거와 비교할 수 없을 정도로 많은 다수 인구를 먹여 살려야 하는 문제였다. 그러기 위해서는 생산성의 향상이 불가피했다. 인류의 역사를 여러 관점에서 이해할 수도 있다. 하지만 생산성의 발전과 이를 가능하게 한 새로운 지식 발전의 역사로 볼 수 있다.

이때 지식과 기술은 특정인이나 조직에서 만든 다음에 일정한 시간을 두고 주변으로 확산하면서 사람들과 공유하게 된다. 새로운 지식과 기술이 만든 성과가 나타나면 그 결과가 주변으로 퍼져 나간다. 종이의 사용이 그랬고 비단의 사용이 그랬고 전기와 철도의 사용이 그랬다. 그러한 획기적인 기술과 지식은 때로는 훔치는 방법으로 전파되기도 한다. 인간이 가진 불평등은 숙명적일 수밖에 없다. 다시 말하면 지식과 기술의 불평등이 존재할 수밖에 없다.

미국의 근현대사를 살펴보면 기술과 생활 방식에서 폭발적인 변화의 시대는 산업화가 시작된 1870년부터 대공황을 향해 가던 1920년 사이에 이루어졌다. 미국은 불과 50년 만에 재정적으로 매우 취약한 국가에서 세계 최대의 산업 경제를 보유한 국가가 되었다. 앤드류 카네기, 존 D. 록펠러, 토마스 앨바 에디슨 등이 활발하게 활동한 시기였으며, 이 시기 동안 미국은 거의 세 배 이상의 인구 증가를 경험하였다(1860년의 인구는 3,100만에서 1920년의 인구는 1억 600만 명이었다). 하지만 모두가 승자가 된 것은 아니었다. 산업화와 기계화가 급격하게 추진되면서 수백만 명의 사람들은 희생자로 전락하고 말았다. 그들 중에 한 부류가 오랫동안 숙련된 노동에 익숙하였던 장인들이었다. 많은 노동자들은 수십 년을 이어 내려온 장인체제의 종말을 슬퍼하지 않을 수 없었다. 특히 숙련된 목수들의 경우에는 더는 자영업자로 한 몫을 챙길 수 있는 성공을 기대할 수는 없었다. 목공에 필요한 모든 기술은 적은 시간을 투자하기만 해도 배울 수 있는 범용기술로 바뀌고 말았다. 이처럼 모든 변화는 승자와 패자를 낳게 된다. 『미국 기술의 사회사』에서 루스 슈워츠Ruth Schwartz Cowan는 당시 미국인과 미국 사회를 크게 변화시켰던 1870년부터 1920년을 이렇게 묘사한다.

"산업화는 일견 비인격적 과정처럼 보인다. 그러나 실상 이는 인간사의 위대한 드라마 중 하나로 희극과 비극 또는 온화함과 잔인함—인간이 지닌 온갖 종류의 열정과 가능성들—으로 가득 차 있다. (…중략…) 어떤 사람은 현명했지만 다른 어떤 사람은 무모했고, 어떤 사람은 땡전 한 푼 없이 죽었지만 다른 어떤 사람은 엄청난 부를 쌓았다."[14]

이런 변화는 정도의 차이가 있을지라도 지금 이 순간에도 계속되고 있다. 자본주의에 참여하는 사람들은 일종의 게임에 참여하는 사람들이다. 이기는 사람과 지는 사람 사이에 격차는 자연스럽게 만들어지게 된다.

또 인간은 남과 자신을 비교하는 존재다. 그래서 남보다 더 많은 것을 가지려는 속성은 완전히 제거할 수 없다. 계급제가 엄연히 존재하였던 고대 사회로 되돌아 가보면 그 당시에도 반란이 끊이질 않았다. 집권층은 자신의 지배를 합리화하기 위해 통치 철학을 만들어서 백성을 세뇌하고자 노력했다. 그런데 현대는 계급제 사회가 아니고 모두에게 평등함이 인정되는 자본주의 사회다. 이러한 자본주

사회에서 빈부격차 문제는 현대의 어느 사회를 가더라도 많은 사람이 관심을 두는 초미의 관심사이다. 근래에 우리 사회에서 일고 있는 분노라는 단어도 안을 들여다보면 빈부격차 문제가 나온다.

격차가 어느 정도가 심한지 그리고 어느 정도가 덜한지를 판단할 수 있는 명확한 기준은 없다. 다만 사람들은 격차가 완전히 없어지더라도 결코 만족할 수 없는 존재다. 왜냐하면 내가 남보다 더 나아야 하기 때문이다. 이러한 인간의 본성 때문에 새로운 제도들이 도입된다. 민주주의는 다양한 제도를 통해서 형평을 강제한다. 다양한 격차를 줄이기 위해 국가가 개입하게 된다. 국가가 국민의 형평을 위해 어느 정도 개입해야 하는지는 여전히 고민거리이다. 다만 이상적인 수준의 격차 축소라는 목표를 두고 국가가 깊숙이 개입하면 할수록 성공할 가능성은 그다지 높지 않고 의도하지 않은 부작용이 생겨난다는 점을 알고 있어야 한다. 선의를 갖고 시작한 격차 축소 정책들이 낳는 부작용도 정책을 실시할 때 충분히 고려해야 한다.

옳고 그름을 떠나서 민주주의는 다수가 힘을 가진 체제이다. 격차 확대를 부정의 하다고 여기는 다수는 부작용을 고려치 않고 극적인 조치를 요구할 수 있다. 질투, 시기, 분노 등과 같은 감정이 크게 생겨나지 않도록 배려하는 일은 다수의 부러움을 사는 소수에 속한 사람들의 의무이자 책임이다.

지금까지 원시인류로부터 물려받은 현대인의 15가지 잘못된 신념과 이를 극복하는 방법을 살펴보았다. 대부분 자신의 생업을 벗어난 분야인 국가 정책, 사회적 통념, 정치적 판단과 행동에 미치는 개인의 신념들이다. 그러한 신념들은 현재에도 강력한 영향을 행사하고 있지만 앞으로도 계속 힘이 세질 것이다. 우리는 미래를 내다보는 데 있어 잘못된 신념의 영향력을 과소평가해서는 안 된다.

이성적이고 합리적인
신념을 가져라

6장

"150년이 넘는 세월 동안, 서구 지식인들은 자본주의와 전투를 벌여왔다. 전투의 결과가 당사자 모두에게 재앙을 안겨준 적도 종종 있었다. 이제 우리가 모두 지식인들과 자본주의 사이에 전쟁이 존재했다는 사실을 깨달아야 할 때이다. 진작 둘 사이의 휴전을 도모했어야 했다."[1]

우리는 누군가로부터 영향을 받는다. 특히 세상에 대한 이해는 해당 분야의 전문가들로부터 영향을 받는다. 때로는 유명인으로부터 영향을 받기도 한다. 누군가로부터 영향을 받는다는 것은 상대방에게 영향을 발휘할 만한 권위를 부여하는 일일 수 있다. 또는 상대방에 대해 믿음을 갖는다는 이야기일 수도 있다. 전자는 주로 공부를 많이 하고 한 분야에서 오랫동안 연구를 해온 교수나 소설가 혹은 특정 분야의 전문가와 같은 지식인들에 해당한다. 후자는 배우나 가수 그리고 개그맨 등과 같은 연예인일 수 있다.

그런데 우리나라만 그런 것 같지는 않다. 서울을 들렀던 프랑스 소설가 베르나르 베르베르는 프랑스에서 코미디언들의 막강한 영향력에 관해 이야기했다. 그는 코미디언이 막강한 영향력을 행사한다고 말하면서 돈도 많이 버는 새로운 권력이라고 말했다. 오늘날 우리 사회에서도 유행어가 되는 폴리테이너(politainer, 정치연예인)를 말하고 있다.

노암 촘스키의 책을 읽고 있는 분이 "그는 어떤 분인가요?"라고 트위터로 문의하였다. 나는 다음과 같이 대답했다.

"아인슈타인도 물리학자로서 걸출한 인물이었지만 그가 한 정치사회이슈에 대한 발언 가운데는 올바른 것보다 틀린 것이 훨씬 많았다는 사실과 아울러 노암 촘스키는 노벨상을 수상할 정도로 걸출한 언어학자이긴 하지만 그가 자신의 전문 분야를 넘어서 다른 분야에까지 전문가인가라는 점에 대해서는 회의적이다."

세상에는 옳고 그름의 문제를 떠나서 엄연히 존재하는 것이 있다. 그들 가운데 하나가 지식인이 보통 사람들의 신념이나 생각에 미치는 영향력이다. 또한 이들 못지않게 보통 사람에게 영향을 행사하는 사람들이 유명인들이다. 그들은 지식인과 또 다른 영향력을 발휘하는데 배우, 가수, 개그맨 등과 같이 유명세를 갖고 살아가는 사람들의 영향력이다.

한국의 미래에도 그들의 영향력이 계속될 것이다. 그래서 나는 그들의 영향력이 과연 어떤 과정을 통해 만들어지는지를 살펴보겠다. 그리고 그들의 미래에 대해서도 생각해보려고 한다.

〰 지식인의 신념이 위험한 이유

인류 역사를 되돌아보면 지식인이라 불리는 일군의 사람들이 역사 전면에 등장하게 된 것은 그다지 오래되지 않았다. 대략 18세기 후반부터 지식인은 그 이전 사회를 지배했던 성직자나 율법학자 그리고 예언자의 자리를 대신해서 도덕적 스승이자 비평가로 나서기 시작하였다. 따라서 지식인의 역사는 길게 잡아도 200여 년이 채 되지 않는다.

나는 지금껏 3분의 2는 지식인의 세계에 3분의 1은 사업가의 세계에 몸을 담고 살아왔다. 운 좋게도 두 세계를 모두 경험할 수 있었다. 지식인들 가운데 다수는 자본주의 체제에 대해서 우호적인 시각을 갖기가 쉽지 않다. 체제로부터 이득을 보면서도 어색함과 불편함을 절실하게 느낀다. 서구의 역사를 보더라도 지식인들이 가졌던 자본주의 체제에 대한 적대감은 오래된 것이다. 물론 예외적으로 아주 짧은 시기 동안 마치 한 줄기 햇살이 비치는 것처럼 특별한 지식인들이 등장해서 사업가와 이익을 추구하는 행위에 대해 우호적인 시각으로 격려한 바가 있긴 하다. 하지만 정신의 세계와 돈의 세계 사이에는 갈등과 적대감이 존재해 왔던 것이 사실이다. 이처럼 지식인과 사업가 사이의 갈등의 역사에 대해서 『지식인과 자본주의』의 저자인 앨런 S. 케이헌은 이렇게 이야기한 바가 있다.

"지난 150년 동안 수많은 서구 지식인들이 자본주의와 자본가에 대한 경멸을 노골적으로 표현해왔다. 지식인들은 자신이 몸담은 경제체제의 해악을 널리 전파하기 위해 소설, 연극, 선언서를 발표했다. 저명한 서구 작가들과 예술가들 사이에 자본가계급, 중산층, 공업과 상업에 대한 혐오와 경멸이 두드러졌다. 플로베르와 칼 마르크스, T. S. 엘리엇과 프리드리히 니체, 에즈라 파운드와 파블로 피카소 등의 예에서 볼 수 있듯 다양한 인물들이 그런 감정을 표현했다. 매튜 아놀드나 에밀 졸라를 비롯하여, 그 목록에 유명한 사람의 이름을 100명 정도 더 올리는 것은 문제도 아니다."[2]

모든 지식인이 반자본주의 감정을 가진 것은 아니지만 자신이 몸담은 체제를 긍정적으로 보는 저작을 만나는 일은 흔치 않다. 내가 이 책에서 특별히 별도 장을 할애해서 지식인에 관해 이야기하는 이유는 지식인이 책, 소설, 그림, 연극 그리고 강연 등을 통해서 자신이 세상을 바라보는 관점을 영향력 있게 표출하기 때문이다. 그러나 일찍이 케인즈는 지식인의 영향력을 이렇게 지적했다.

"사람들이 자신을 스스로 독립적인 사고를 한다고 이야기할 수 있을지 모르지만 그들의 생각은 오래 전에 죽었던 어떤 지식인의 신념을 빌려 사용한 것이다."

지식인들이 그렇다면 하물며 일반인들은 더더욱 그럴 것이다. 일반인들은 똑똑하지 못해서 자신의 신념을 독자적으로 선택하지 못하는 것은 아니다. 그들은 무척 바쁘게 살아간다. 그래서 혼자서 자신의 신념이나 신념 체계를 스스로 구축할 만큼 충분한 시간을 확보하기 힘들다. 그리고 그런 노력을 기울일 만큼 에너지를 투입해야 할 인센티브가 없다. 그러나 일부 지식인들이 신념을 만들고 이를 전파하는 것은 자신의 본업에 가깝다고 할 수 있다.

지식인이 책을 쓴다는 것은 무엇을 뜻하는 것일까? 그것은 자신의 분야에 대한 정보와 지식을 체계화하는 과정이다. 더욱 중요한 것은 책을 통해서 알게 모르게 자신의 신념을 더욱 정교하게 만든다는 점이다. 책보다 강연에서는 이런 효과가 더더욱 크다. 지식인이 갖는 신념은 일반인의 신념보다 훨씬 중요하다. 수많은 사람에게 영향력을 행사하기 때문이다. 따라서 지식인의 신념은 일종의 공공재로서 엄정한 검증이 필요하다. 그들의 잘못된 신념이 많은 사람을 불행의 길 혹은 가난의 길로 이끌어갈 수 있기 때문이다.

≋ 위대한 인물의 위대한 실수

일본에서 제작된 한 방송을 본 적이 있다. 1989년 크리스마스 무렵을 배경으로 22년간 독재를 일삼았던 루마니아 차우세스쿠 정권의 몰락 과정이었다. 의로운 두 명의 시민이 보낸 일주일을 기록한 생생한 비디오는 차우세스쿠가 해외 순방에서 돌아와 한 연설로부터 시작한다. 그는 11만 명의 대중을 향하여 TV 생중계로 연설을 시작한다.

그의 연설은 밀집한 대중들의 조소와 야유로 멈추게 된다. 그의 실정과 독재에 분노한 시민혁명의 불길이 댕겨지고 만다. 차우체스쿠는 마지막 순간까지 자신이 이 나라의 대통령이라고 주장한다. 그는 자신이 비밀경찰을 동원해서 국민의 일거수일투족을 감시하고 유럽의 최빈국으로 내몰았던 사실에 조금도 후회하는 기미가 보이지 않았다.

나는 여기서 한 가지 질문을 던져보았다. 그의 행동을 정당화한 것은 무엇이었을까? 그 배후에는 지식인들이 있었다고 생각한다. 마르크스를 비롯한 집단주의 이념을 정교하게 정당화하였던 지식인들의 사상과 이념 토대를 기꺼이 받아들였을 것이기 때문에 신념을 갖고 자신의 행위를 추진하였다고 생각한다.

우리 사회에도 평생을 진보주의자와 평화주의자를 자처한 나이든 지식인들이 있다. 그들은 사회주의가 몰락하고, 북한의 상황이 낱낱이 밝혀지고, 북한이 핵무기 개발을 목전에 둔 상황에서도 자신들의 주장을 철회하지 않는다. 늘 상황에 맞춰 자신의 주장이나 이론을 합리화하기 바쁘다. 이런 지식인의 영향력이 미치는 부정적인 효과는 얼마나 크겠는가?

지식인이 세상을 바라보는 태도의 원형은 플라톤의 저서에서 찾을 수 있다. 플라톤에게 이상적인 사회는 질서 잡힌 세계였다. 그러나 실제 세계는 혼잡스럽고 복잡한 '무질서' 세계이다. 플라톤의 저서 곳곳에 무질서를 바로 잡기 위한 철학자의 고민과 조언과 충고가

가득하다.

플라톤 철학이 가진 위험성을 낱낱이 파헤쳤던 칼 포퍼는 1943년의 『열린사회와 그 적들』이란 저서의 서문에서 이렇게 말한다. "내가 책을 쓴 의도는 우리의 문명이 살아남으려면 위대한 인물에 맹종하는 습관을 타파해야 한다는 확신에서 나온 것이다." 그리고 그는 "위대한 인물들은 위대한 실수를 저지를 수 있다."면서 "과거의 몇몇 위대한 지도자들은 자유와 이성에 대해 끊임없이 가해지는 공격을 지지했다."고 평가한다.[3]

플라톤의 지적 유산이 남긴 가장 큰 해악은 지식인들에게 유토피아에 대한 로망을 남겼다는 것이다. 지성과 이성을 바탕으로 사회 체제를 전면적으로 고칠 수 있다는 그의 주장은 오늘날까지도 지식인 사회에 그 영향력을 행사하고 있다.

"유토피아주의는 돌멩이 하나도 그대로 두지 않고 사회를 전체적으로 다루고자 하는 시도이다. 그것은 사회악을 뿌리째 뽑아버려야 한다고 확신한다. 세상에 어떤 품위 있는 것을 실현하기 위해서는 비위에 거슬리는 사회제도를 완전히 근절해버려야 한다고 주장한다. 그것은 비타협적인 급진주의이며 탐미주의이며 완전주의이다. 말하자면 그것은 지금보다 좀 더 낫고 좀 더 합리적일 뿐만 아니라 추함이 전혀 없는 세계, 참으로 아름다운 새 세계를 건설하고자 하는 욕망과 관련이 있다."[4]

훗날 유토피아주의나 유토피아적 사회공학은 프랑스 계몽주의로 이어지게 되는데 프랑스 계몽주의는 구성주의적 합리주의로 화려하게 꽃을 피우게 된다. 인간 이성을 통해 사회를 재구성할 수 있다고 믿는 사상과 이념으로 발전하게 된다.[5]

이런 사상은 20세기에 계획경제와 같은 다양한 사회적 실험을 낳는다. 이런 사상은 사라진 것이 아니라 지금도 좌파적 색채가 강한 지식인들의 사상적 토대를 형성하고 있다고 생각한다. 그들은 자본주의가 호황과 불황을 반복하면서 더 나아지는 것을 받아들이기가 힘들다. 그들은 자본주의가 가질 수밖에 없는 다소의 무질서함과 혼란스러움 그리고 지저분함을 깔끔하게 재단장해서 정교한 질서의 확립에 강한 갈증을 갖고 있다. 그들은 말과 글을 통해서 끊임없이 이런 사회의 건설을 주장하고 설득하려는 노력을 멈추지 않는다. 그들이 악의를 가진 것은 아니다. 그들의 선의는 잘못된 신념 위에 구축되어 있기에 처음부터 파괴적인 결과가 예고되어 있을 뿐이다.

≈ 지식인 신념의 특성

지식인이 세상을 바라보는 창에는 어떤 특징이 있을까? 우선 지식인의 신념은 원시본능으로부터 벗어날 수 없다. 지식인도 인간이란 종에 속하는 사람들이다. 그들 역시 수백만 년의 진화의 길을 걸어온 사람들이다. 따라서 그들의 신념 역시 원시본능의 영향을 많이 받는다.

예를 들어 유명한 소설가가 한 사람이 있다고 가정해 보자. 소설가가 타인과 뚜렷하게 구분되는 점은 이야기를 만드는 능력이다. 픽션이든 논픽션이든 이야기를 만드는 재주를 가졌다. 그리고 자연스럽게 소설가의 이야기 속에는 세상에 대한 신념과 믿음이 투영된다.

한편 날로 세분되는 학문의 추세를 고려하면 지식인이 통합적인 세계관을 갖기 어렵다. 최신의 학문적 트렌드를 따라가기도 벅차다. 예외적인 경우도 있겠지만 지식인은 자신의 분야를 크게 벗어나기가 어렵다.

전에 과학 전공자들과 대담을 한 적이 있다. 과학 분야에서는 다들 일가견이 있었지만 다른 분야에서는 자신감 있게 의견을 피력하지 못했다. 과학자도 명성을 얻게 되면 과학을 벗어난 주제에 대해서도 자신의 의견을 말해야 할 때가 잦다. 이때 과학자들은 자신의 분야를 바라보는 시각으로 세상을 바라보기가 쉽다.

예를 들어 아인슈타인은 현실 세계의 제반 문제에 대해 자신의 물리학적 세계관을 여과 없이 확대 적용하였던 인물이다. 아인슈타인은 물리학의 세계를 다루듯이 인간의 세계 또한 정교한 목표와 계획에 따라 얼마든지 더 나은 사회로 만들어갈 수 있다는 신념이 있었다.

"인간 이성이 효과적으로 생산하는 방법을 발견했듯이 효과적으로 분배하는 방법을 발견해야 한다."

이러한 주장은 구성주의적 합리주의의 신념을 갖고 있었음을 알수 있다. 한 철학자는 자신의 능력을 벗어나는 대상에 대해서도 자신이 똑똑한 사람임을 과시하는 아인슈타인의 분별없음에 대해 조

롱하기도 한다.[6] 지식인들이 자신의 분야를 넘어서는 분야에 대해 발언을 할 때는 특히 신중해야 한다.

🦢 지식인의 뼛속 깊은 열등감

학문은 대개 닫힌 세계를 가정하며 닫힌 세계를 일정한 모델로 가정하고 가설로 만든 다음 검증 과정을 거쳐서 진리를 발견해 나간다. 시장에서 일어나는 일들을 제대로 이해할 수 있는 유리한 위치에 서 있는 경제학자들조차 지적 트레이닝 과정에서 정교한 모델로 훈련을 받게 된다. 주류경제학이라 불리는 신고전파경제학에서도 현실 세계를 움직이는 기업가나 기업가정신 그리고 경쟁과 같은 개념들이 들어설 공간이 거의 없다.

수학의 세계와 마찬가지로 정교한 모델의 세계도 모든 것이 예상 가능한 세계이다. 따라서 역설적이게도 사회공학 훈련을 잘 받은 지식인에 경제학자들이 포함된다. 비교적 세상에 대한 이해를 잘할 수 있는 경제학자도 사회를 계층이나 집단으로 나눈다. 현실 세계에서 존재 여부가 모호한 계층을 인위적으로 만들고 1퍼센트 대 99퍼센트의 대결 구도로 세상을 이해하는 사람들이 있다. 그들은 유산계급과 무산계급으로 세상을 나누는 지식인들과 다를 바가 없다.

결국 보통 사람들이 만들어 가는 가치가 있는 질서를 제대로 이해하지 못한다. 그러니까 화학의 세계든, 물리의 세계든, 사회학의 세계든, 정치학의 세계든 자신들에게 익숙한 모델링을 사용한다. 그리고 그것을 세상에서 일어나는 일을 해석하고 이해하고 진단하려고 노력한다.

한편 지식인들은 옳고 그름을 따지는 일에 더 큰 비중을 둔다. 일반 시민은 세상이 처음부터 흑과 백이 뚜렷이 나누어지는 것이 아니라 회색지대가 많은 부분을 차지하고 있음을 안다. 그래서 시민의 마음에는 이상향이란 별로 중요치 않다. 그러나 지식인들은 시시비비를 가리는 것에 익숙하고 세상을 흑과 백으로 나누는 것을 좋아한다. 세상이 가능한 이상향을 향하게 하려고 다양한 아이디어를 제시한다. 어쩌면 지식인들은 숙명적으로 불합리한 세상을 이상향에 가깝게 만들어 가야 한다는 도덕적 책무를 가졌는지도 모른다.

20세기를 암울하게 했던 전체주의와 폭력은 천년왕국이란 이상향을 신봉하는 지식인들의 사상적 실험 과정에서 만들어진 경우이다. 이를 두고 폴 존슨은 "루소는 사회공학을 개척했고, 마르크스는 체계화시켰으며, 레닌은 제도화했다."고 말한다.[7]

이상향에 대한 염원은 나이가 젊을수록, 생업의 현장과 거리가 멀수록, 공부를 많이 할수록 더 강해진다. 지식인들은 이들 세 가지 요소 가운데 적어도 두 가지 점에서는 확실한 조건을 갖추고 있다.

한편 사람들은 누구나 자기가 하는 일을 소중히 여긴다. 이런 점에서 지식인들도 예외가 아니다. 지식인들은 주로 정신세계에서 많은 일을 한다. 이성이나 지성에 대해서 큰 비중을 두는 사람이다. 그래서 지성이나 이성이 더 귀한 역할을 맡는다고 믿는다. 급기야 지적인 교만에 빠질 수 있다.

교만이 사회적인 차원으로 발전하게 되면 이성과 지성이 다른 지식을 압도한다는 확신을 낳을 수 있다. 이런 점은 지식인 스스로 경계하지 않으면 빠지기 쉬운 맹점이다. 사람들은 모두 자기 분야에서 일가를 갖춘 전문가들이라는 관점을 유지한다면 그러한 폐해를 줄여나갈 수 있을 것이다.

한편 지식인 신념의 또 하나의 특성은 유연성이 없다는 점이다. 사업가나 일반 시민에게는 유연함이 경쟁력이다. 세상의 변화에 발맞춰서 변화시켜 나갈 수 있는 능력은 시민이나 사업가가 갖춰야 할 생존의 조건이다. 반대로 지식인들은 일관성 자체가 강점이다. 그들은 일관성을 보강하는 방법을 잘 알고 있는 사람들이기도 하다. 자신의 신념을 강화하는 데 필요한 정보를 취할 때 큰 능력을 발휘한다. 그래서 자신의 신념이 거짓임을 밝히는 대형 사건을 만날 때까지 신념의 포기를 주저한다. 때로는 신념이 잘못된 것으로 판정되었음에도 오랜 시간 동안 합리화를 계속하면서 받아들이기를 주저할 때도 있다.

1980년에 창설되어 1990년대에 전성기를 구가했던 페루의 공산 반군 '빛나는 길'의 소식을 AP통신이 전한 적이 있다. 이 단체를 이끄는 두 명의 지도자 중 한 명인 아르테미오는 정글 은신처에서 "공산주의 이념을 버리지는 않지만 정부군과의 전쟁은 이제 선택이 될 수 없다."며 "협상을 통한 정치적 해결을 원한다."고 사실상 투쟁 종식을 선언한 바 있다.

중국이 개방 개혁 정책을 편지 30여 년이 넘었다. 하지만 그들의 공산주의에 대한 염원은 사라지지 않았다. 이 단체를 처음 만든 최고 지도자는 안데스 산맥의 고산도시인 아야쿠초의 우아망가대학교에서 1962년부터 1978년까지 철학과 교수를 지낸 아비마엘 구스만Abimael Guzman이었다. 그는 1992년에 체포되어 현재 감옥에 갇혀 있다. 그는 출범 당시 한 모임에서 "공산혁명이 성공하면 지주 등 반혁명 분자 100만 명이 죽어야 할 것이다."고 공언한 바 있다. 이 단체는 구스만 등을 포함한 반군들이 석방되면 총을 내려놓겠다고 이야기하지만 지식인 출신인 구스만은 여전히 감옥에서도 혁명을 꿈꾸고 있을 것이다. 한번 만들어진 지식인의 신념은 이처럼 바뀌기 어렵다.

지식인이 시장경제에 그다지 우호적이지 않은 것은 개인적인 동기도 있을 것이다. 자본주의에서는 자본을 가진 사람이 중요한 역할을 맡는다. 자본은 처음부터 그냥 물려받은 사람들도 있지만 대부분 자신의 가치를 소비자에게 제공하거나 다른 사람보다 먼저 기회를 포착함으로써 돈을 벌고 이를 자본으로 축적하는 데 성공하는 경우가 많다. 그런데 지식인은 돈을 버는 데 능한 사람이 아니라 주로 공부를 하는 데 능한 사람이다.

지식인들은 돈을 가진 사람들을 만났을 때 불편한 감정을 종종 경험하게 된다. 지식이 최고라고 생각했는데 자본주의에서는 돈을 가진 사람들이 더 우대를 받는다. 무의식적으로 가진 사람들과 그들이 주도할 수밖에 없는 세상에 대해 분노와 기분 나쁜 감정이 쌓이게 된다.

사실 돈이라는 것은 물건을 살 수 있는 구매력 이상의 심리적 파급 효과가 있다. 돈을 갖지 않은 사람이 돈을 가진 사람에게 미묘한 열등감을 갖게 된다. 언젠가 미국에서 맨 손으로 사업을 일구어낸 70대의 사업가와 함께 잘 만든 김포공항 근처의 쇼핑몰에 서 있었다.

"사업하는 사람이 밥을 두 그릇 먹는 사람은 아니에요. 나도 작은 사업을 하는 사람이지만 내가 이렇게 노력한다고 해서 얼마나 잘 먹고 잘살 수 있겠어요. 이렇게 멋진 쇼핑몰은 사업가가 자신이 몸담고 있는 세상에 제공할 수 있는 일종의 기념물이자 선물이라고 생각해요. 이걸 그 사람이 가지고 저 세상으로 갈 수는 없어요. 부를 축적하는 사람들이 실수도 하지만 부의 축적을 잘 이해하는 것도 꼭 필요합니다."

그분이 정규 교육을 통해서 많은 공부를 한 사람은 아니다. 사업 경험을 통해서 몸으로 체득한 이야기를 한 것이다. 개인의 이익과 생존 그리고 성장을 추구하는 과정에서 자의반 타의반으로 세상에 많은 것을 제공하는 것이 사업가이자 자본가이다.

우리 사회에는 경제민주화가 절대 진리로 받아들여지고 있다. 그 내용이 모호한 점도 있지만 그런 정책을 이슈화시키는 데 성공한 사람들은 대체로 재벌의 지배구조 개혁을 그렇게 묘사하지 않았을까 싶다. 그들은 탐욕을 대단히 싫어한다. 그러나 자본주의라는 체제를 움직이는 연료는 욕심과 탐욕이다. 경영의 신이라 불리는 마쓰시타 고노스케가 평생을 통해 일군 기업이 파나소닉(구 마쓰시타 전기)

이다.

그런데 연속 10조 원대에 이르는 적자로 충격을 주었다. 원인에 대해 분석한 여러 자료를 보면서 내가 주목한 부분은 바로 일본 대기업의 지배구조에 관한 부분이다. 파나소닉만 하더라도 일본마스타트러스트신탁은행이 5.42퍼센트, 일본생명보험상호회사 등 10개 금융회사가 1.5퍼센트 정도씩 나눠가지고 있었다. 결론적으로 말하자면 안전 지향형 경영이 불가피하다는 사실이다. 금융권은 대규모 위험이 따르는 투자 결정에 소극적이라는 사실이다.

"일본 대기업들이 하나의 사안을 결정하기 위해서는 수개월이 걸린다는 게 일본 내부의 평가이다. 또한 책임자는 일을 절대 하지 않으려 든다는 것 등 우리의 채권단과 비슷한 구조로 되어 있다. 일본 와세다대 교수인 후카가와 유키코 씨는 일본 전자산업이 위기에 몰린 것은 '정치적 리더십 부재 → 메가뱅크의 임무 방기 → 기업들의 내수시장안주 → CEO들의 기술맹신'이 복합적으로 묶인 결과라고 분석했다."[8]

나는 이런 지적을 읽으면서 일본 전자 기업의 회생이 쉽지는 않겠구나라는 생각이 들었다. 기업의 지배구조는 기업 구성원의 생각과 행동 등에 지대한 영향을 미치기 때문이다.

내가 이야기하고 싶은 점은 경제민주화를 추진하는 사람들이 깊이 새겨야 할 것은 '경제하려는 의지' '위험을 감당하려는 의지' 때로는 '더 성장하려는 탐욕'이 대단히 중요한 자산이라는 사실이다. 이처럼 한 사회가 갖는 눈에 보이지 않는 자산을 소중히 여겨야 한다는 점이다. 경제민주화는 거래의 공정함과 우월적 지위의 남용을 방지하는데 이바지해야지 탐욕을 제거하는 식으로 이루어지지 않아야 한다.

근래에 젊은 날을 고스란히 재벌 연구에 바친 사람들이 대거 국회에 입성하는 데 성공하였다. 그들이 앞으로 어떤 일을 추진할지 주의 깊게 지켜보고 있다. 지식인들은 세상에서 가장 안정적인 일로 평생을 보낸다. 그것은 공부를 하는 것이다. 물론 공부를 하는 것이 쉬운 일은 아니지만 모든 것이 알려진 세계에서 활동하는 것을 뜻한다.

그들이 공부를 마친 다음에 주로 활동하는 공간은 대학이다. 세상에 수없이 많은 직업 중 가장 안정적인 직업이 대학교수이다. 이론으로 위험을 감당하는 일을 그들이 배웠을지 모르지만 실제로 현실에서 살아 움직이는 리스크를 알 수 있는 기회는 거의 없다. 그래서 말로는 위험을 부담한 과감한 투자를 외치지만 이를 체득할 수 있었던 지식인들은 흔치 않다. 이런 지식인이 만들어내기 쉬운 정책이 안정된 질서일지 모르지만 그런 질서는 야성이 제거된 질서이자 새로운 부와 일자리를 만들어내는 질서와 동떨어질 가능성이 높다.

≈ 폴리테이너의 탄생

자본주의가 고도화될수록 오락, 유희, 웃음, 재미가 삶의 중요한 부분을 차지한다. 다수가 주인이 되는 사회이기 때문에 그 어느 때보다 유명인의 영향력이 커지게 된다. 사람들은 유명인이 어떤 옷을 입는지, 무엇을 먹는지, 어떤 일들을 겪는지 등과 같이 시시콜콜한 일들에 관심이 있다.

연예인들은 과거의 지식인보다 더 막강한 영향력을 가지게 되었다. 게다가 그들의 일거수일투족은 트위터나 페이스북 그리고 간편한 인터넷 방송 등 폭넓은 매체를 통해 대중들에게 알려진다. 그래서 스스로 두각을 나타내고 싶으면 얼마든지 세일즈할 수 있게 되었다.

근래에 우리 사회에서도 개그맨, 배우, 가수 등에서 일부 인사들이 튀는 행동으로 대중의 눈길을 끌곤 한다. 자신의 분야를 넘어서 정치, 사회 등의 영역까지 넘나들고 있다. 이런 점에서 최근에 폴리테이너(정치 연예인)라 불리는 일군의 사람들이 급부상하는 것은 흥미로운 사회 현상이다.

튀고 싶은 것은 너무나 인간적인 본능이다. 또 인간은 누군가로부터 인정받고 싶고 존경받고 싶은 욕구가 있다. 정치에 대한 욕구도 원초적으로 이런 욕구에 바탕을 두고 있다. 연예인들 또한 인기나 명성을 바탕으로 공공 이슈에 대해서도 자신의 영향력을 행사하고 싶어한다. 타인들로부터 공감과 격려 그리고 존경을 받고 싶은 욕구에서 벗어날 수 없다. 더욱이 연예인들은 인기를 유지하기 위해 어떻게 해야 하는지를 본능적으로 잘 아는 사람들이다. 또 그런 자리에서 밀려나게 되었을 때 자신이 얼마나 딱한 상황에 부닥치게 되는지도 잘 안다.

과거에는 그런 활동을 하려면 누군가의 도움을 받아야 했다. 제도권 언론의 누군가가 그들을 도와주어야 했다. 그러나 이제는 상황이 완전히 바뀌었다. 제도권 언론의 도움을 받지 않더라도 얼마든지 다수 사람과 직거래할 방법이 생겨났다. 자신이 무엇을 하고 있는지, 어떻게 생각하는지, 무엇을 좋아하는지, 무엇을 싫어하는지 등의 모든 것을 직접 다수 사람에게 표현할 수 있게 되었다. 일종의 혁명에 해당한다. 제도권 언론이란 거대한 벽을 뛰어넘어서 스스로 인기를 관리해 나갈 수 있고 자신을 세일즈할 수 있다는 점에서 정말 대단한 시대가 열린 셈이다.

연예인들의 신념은 어떻게 만들어지는 것일까? 지식인보다 보통의 시민들과 훨씬 비슷할 것이다. 대부분 상식 수준, 그러니까 원시 본능의 세례를 받아서 만들어지게 된다. 개그맨의 경우 경쟁력은 두 가지 점에서 생긴다. 하나는 대본을 잘 외우는 것이다. 또 하나는 상황에 맞춰 적절하게 임기응변을 하는 능력이다.

로널드 레이건의 사례는 시사하는 바가 크다. 그는 그다지 유명한 배우는 아니었다. 처음에는 민주당 소속이었지만 훗날 공화당으로 바꾸고 마거릿 대처와 함께 보수주의 이념을 확산하는 데 크게 이바지한 대통령으로 손꼽히게 된다. 물론 대학교육을 받았지만 배우를 할 때까지만 하더라도 특별하게 신념을 지녔던 것은 아니다. 그저 보통 사람들처럼 세상이 좀 더 따뜻한 곳으로 바뀌기를 소망하였을 뿐이다.

로널드 레이건이 자신의 신념을 재정립하는 데는 독특한 두 가지의 경험이 있었다. 1940년대 할리우드에서는 좌익운동이 극성을 부렸다. 그 운동을 극복해 가는 과정에서 레이건은 신념을 새롭게 다지게 된다. 또 10여 년 정도 GM의 홍보담당 임원으로 재직하게 된다. 거기서 그는 GM의 전국 사업장을 방문해서 근로자들을 만나 자본주의 체제와 기업에 대해 우호적인 시각을 가질 수 있도록 강연도 하고 담소를 나누는 일을 맡게 된다. 이런 과정에서 그는 다른 배우들과 달리 자본주의 체제의 운용 원리나 법칙 등에 대해 지적 투자를 할 수 있는 시간을 가졌다. 이 점이 로널드 레이건이란 배우와 다른 배우의 차이다.

오늘날 우리 사회에서 폴리테이너로 왕성하게 활동하는 사람들 가운데서 이런 지적 투자를 할 기회가 있었던 사람들이 얼마나 될지 알 수 없다. 대부분은 예술계 대학을 나왔을 것이고 치열한 경쟁을 뚫고 자신의 분야에 입성할 수 있었을 것이다. 그리고 치열하기 이를 데 없는 예능 분야에서 더 나은 성과를 얻기 위해서 촌음을 다퉈 활동했을 것이다. 그들은 생업 현장에서 분주하게 활동하는 다른 보통의 시민처럼 자신의 신념이 옳은지 그른지를 따져보고 이를 수정하고 개선할 기회를 잡지는 못했을 것이다.

또 폴리테이너의 경우 대중의 취향이나 바람에 민감할 수밖에 없다. 그들은 직업의 특성상 매출액과 같은 지표를 추구하는 것이 아니라 인기를 추구하기 때문이다. 따라서 그들의 신념은 일반인보다도 훨씬 대중의 취향에 초점이 맞춰져 있다. 이것저것 따지기보다단 몇 문장으로 상대방의 가슴이 찡할 정도로 감동을 줄 수 있기를 원한다. 전부는 아니겠지만 특정 연예인을 좋아하게 되면 그의 모든 것을 좋아하게 된다. 특히 젊은이일수록 열광하는 경향이 강하다. 그의 전공 분야를 벗어난 발언조차도 맹목적으로 좋아하게 된다.

∾ 대중에게 아부하는 지식인

자본주의는 무엇인가를 팔아야 유지된다. 장사하는 사람이나 연구를 하는 사람이나 예술을 하는 사람이나 웃음을 다루는 사람이나 '팔아야 산다'. 우리 사회는 민주주의 사회이며 평등한 사회이다. 부자라고 해서 혹은 지식을 많이 갖고 있다고 해서 더 우월한 지위를 가진 것은 아니다. 모두가 1인 1표의 원칙에 따라 살아간다. 왕후장상의 씨앗이 있을 수 없다. 너나 나나 평등함이 보장되어 있다.

물론 실질적인 평등에 대해서는 논란이 분분하다. 하지만 최소한 정치적인 면에서는 평등이 보장되어 있다. 오늘날은 SNS의 활성화로 인류 역사상 최고로 표현의 자유가 허락되어 있다. 누구나 자신의 이야기를 공개적으로 내놓을 수 있다. 이런 추세는 앞으로 점점 더 강해질 것이다.

지식인과 연예인은 공통의 과제를 안고 있다. 지식인은 지식을 팔아야 하고 연예인은 자신의 이미지를 팔아야 한다. 배우는 인기를 받아야 살 수 있다. 그것은 마치 선거에서 표를 받는 것과 같다. 정치인이나 연예인이나 대중이 듣고 싶어하는 이야기를 하는 것이 자신의 앞날에 도움이 된다.

　트위터에 들어가 보면 재미있는 사실을 발견하게 된다. 트위터의 전문가 코너를 차지하는 사람들 가운데 다수가 진보적인 색채를 가지고 있다. 이유는 무엇일까? 진보에 서 있는 사람들은 대부분 다수가 듣고 싶어하는 이야기를 한다. 다수가 듣고 싶어하는 이야기를 공급하지 않는 사람들은 미움을 받거나 욕을 먹기 쉽다. 그래서 웬만큼 용기나 주관이 없는 사람이라면 다수가 듣기 싫어하는 이야기를 하지 않는다.

　그런 맥락에서 보면 지식인이라고 해서 특별한 사람은 아니다. 지식인도 인정을 받고 싶은 욕망이 있다. 그에게 인정은 주로 두 가지다. 하나는 자신의 논문이 학회지에 발표되거나 동료 학자들로부터 인정받는 것이다. 다른 하나는 다수 사람의 지지를 얻는 것이다. 근래 우리나라에서 현실 정치에 적극 참여하는 교수라는 뜻의 폴리페서$_{polifessor}$가 유행하는 것 또한 이런 측면에서 이해하고 싶다. 인간은 모두가 정치적인 욕구가 있다. 다수에게 칭찬과 격려 그리고 존경을 받는 것은 정치행위를 하는 것과 같다. 그래서 많은 사람이 어느 정도 자신의 분야에서 지위를 얻고 나면 다들 정치를 하겠다고 나서는 것이 아니겠는가?

　이런 활동은 기분을 좋게도 하지만 물질적인 이익을 주는 데도 큰 역할을 담당한다. 일종의 마케팅 활동이기 때문에 지식인이라면 책을 더 팔 수 있고 배우라면 자신이 만든 영화에 더 많은 사람이 몰릴 수 있다. 소설가라면 자신의 소설을 더 많은 사람이 사줄 수 있다.

여기서 매우 중요한 현상이 나타난다. 대중에게 아부하는 지식인과 연예인이 대거 등장하게 된다. 다수에게 인기를 끄는 지식인과 연예인은 원시본능에 호소한다. 짧은 문장만으로 다수 사람의 심금을 울리게 된다. 원시본능을 자극하는 짧은 문장만으로도 얼마든지 사람들의 심금을 울릴 수 있다. 이성과 논리보다는 일단은 감정이 먼저 앞서기 때문이다.

대중에게 아부하는 지식인과 연예인은 이렇게 물을 수 있다. 자신에게는 인기와 돈이 주어지고 다수에게는 기쁨과 위안이 주어지는데 무슨 문제가 있는가? 표면적으로 그들 모두는 윈윈 관계이다. 지식인들은 올바르지 않은 신념을 지닌 사람들에게 확신을 주고, 신념을 만들어가는 젊은이들에게 잘못된 신념을 갖도록 유도한다. 잘못된 신념은 현실을 있는 그대로 바라보는 것이 아니라 왜곡시켜서 바라보도록 한다. 이런 왜곡은 당사자를 포함해서 한 사회의 모든 구성원에게 큰 사회적 비용을 낳게 한다. 필요 이상으로 시기심과 분노를 조장하는 지식인의 말이 아무런 비용을 낳지 않기를 기대하는 것은 잘못되었다. 시기심과 분노는 잘못된 정책을 선택하게 한다. 그런 정책은 사회적 비용으로 직결된다. 그래서 현실을 있는 그대로 바라보는 신념의 힘이 중요하다.

〰 원시본능 신념이 당분간 지속한다

한 사회의 구성원들이 무엇을 기준으로 옳고 그름을 판단하는가도 중요하다. 한국 사회는 표현의 자유를 극대화하는 것이 옳다고 믿는 사람들이 많아지고 있다. 그런 한국을 걱정하는 어떤 분은 표현의 방임이라는 표현까지 사용했다. 표현의 자유를 주장하는 사람들에게 날개를 달아주는 것은 자신이 하고 싶은 말을 여과 없이 쏟아내고 전파시킬 수 있는 다양한 SNS 매체들이다.

한국 사회에서 정치적인 의도를 가진 지식인이나 연예인들의 활동은 앞으로 더 많아질 것이다. 그들의 신념이 좌와 우 사이에서 적절한 균형을 유지하면 별문제가 없다. 그러나 압도적인 다수가 진보의 색채를 띤 사람들이다. 따라서 그들이 다수 시민, 특히 젊은 층에 미치는 영향은 막강할 것이다. 젊은 층 가운데서도 자신의 주관이 뚜렷하지 않은 사람들은 현혹되기 쉽다. 더구나 경제문제에서 진보 진영에 손을 들어주는 사람들이 양산될 것이다. 이미 연예인들 가운데 그런 성향이 있는 사람들의 약진은 상당 기간 동안 거친 파도와 같이 우리 사회를 휘저을 것이다.

세상은 신중, 사리분별, 절제, 겸손과 같은 단어보다는 익살, 해학, 유머, 냉소, 조롱과 같은 단어와 분위기가 지배할 것이다. 어떤 사람이 사용하는 언어는 그냥 언어로만 끝나지 않는다. 그 사람의 사유구조를 반영하고 동시에 그 사유구조를 강화하기도 한다. 일찍이 민경국 교수는 이렇게 말했다.

"언어는 세계에 관한 특정한 시각을 포함하고 있을 뿐만 아니라 인간의 인식에 큰 영향을 미친다. 그것은 이론적 및 사고의 디딤돌이라는 것 이외에도 특정한 정치적 귀결을 하고 있다. 말은 행동의 길잡이이기 때문이다. (…중략…) 언어가 더럽혀지면 언어가 길잡이 역할을 제대로 할 수가 없다. 결국 우리를 노예의 길로 인도해 주느냐 아니면 자유의 길로 인도해 주느냐 하는 것은 언어의 남용, 이에 비롯해서 생겨난 잘못된 신념의 남용과 사회에 대한 오해 여부에 달려 있다."[9]

혼탁한 언어를 만들어내는 사람들은 더욱 열성적으로 활동할 것이다. 그들의 영향력은 더욱 커지게 될 것이다. 그들은 인간의 감성에 호소하는 문장들로 사람들이 이미 가지고 있는 신념을 자극할 것이다. 그러한 신념은 원시본능의 압도적인 영향력에 놓이게 된다.

앞으로 젊은 층을 중심으로 이원화된 세계관이 팽배해질 것이다. 자본주의 사회가 주는 편리한 기술이나 제품들을 누리면서도 사회적으로나 정치적으로는 진보적인 정책이나 제도를 따르는 사람들이 많아질 것이다. 이를 방어하는 지식인들과 연예인들이 대항마로서 등장할 가능성은 얼마나 높을까? 상황이 상당히 심각해지기 전까지 그런 사람들이 등장할 가능성은 낮다. 그것은 공공재의 비극과 같은 의미로 해석할 수 있다. 한국은 보수주의자로 행동하기에 상당이 열악하다. 연예인일 경우에는 상당한 비용을 내야 한다. 따라서 아마도 조용히 침묵할 것이다.

그렇다면 지식인 사회는 어떨까? 한국 사회는 독특하게 재벌이란 기업군을 갖고 있다. 보수주의자는 재벌과 기득권에 빌붙어 사는 사람들이라고 손가락질을 받는다. 따라서 소수의 용기 있는 사람들을 제외하면 역시 침묵할 것이다.

이런 맥락을 고려하면 한국 사회는 경제 위기와 같은 최악의 상황이 벌어지기 전까지는 지식인과 연예인 분야에서 특히 진보의 시대가 열릴 것으로 보인다. 원시본능을 강화하는 제도와 정책에 손을 들어주는 유권자들을 양산하는데 진보진영의 지식인과 연예인들의 역할이 활발하게 이루어질 것이다.

『소셜 정치혁명 세대의 탄생』을 쓴 한종우 박사는 "광범위하고 집중적인 신 네트워크 정보 기술 사용으로 영향력이 커진 청년 세력은 어느 한 분파 또는 응집력 있는 소수 집단의 정치적 목적에 이용될 수 있다."고 지적할 뿐만 아니라 "신네트워크 정보 기술의 엄청난 위력을 등에 업은 세력이 실제로 정치 위기를 조작하고 고조시킬 가능성이 있다."고 말한다.[10]

원시본능을 자극하는 호소력이 큰 주장이나 의견이 신속하게 영향력을 발휘하기가 매우 좋은 환경이 만들어졌다. 이런 환경은 우리 사회의 앞날에 큰 영향력을 행사할 것이다.

미래를 위해
생각해야 할 것들

7장

"집단행동을 위해 결성된 조직은 좀 더 큰 몫을 차지하기 위해 끼친 사회적 손실이나 '공공해公共害'를 줄이기 위해서는 아무 노력도 하지 않는다."

— 맨슈어 올슨[1]

인간은 무리 짓기를 좋아한다. 무리를 지어서 얻을 수 있는 이익이 있다면 이를 마다치 않는다. 현대 민주주의 사회에서 누가 큰 이익을 제공할 수 있을까? 그것은 바로 정부라는 경제 주체이다. 정부는 국가를 구성하는 사람들로부터 세금을 거둬들이고 이런저런 명목으로 예산을 나누어준다. 현대 국가는 국방, 치안, 교육, 사회 인프라 등과 같이 전통적인 공공재 이외에 더 많은 자원을 배분해 줄 수 있는 것을 계속해서 찾아왔다. 정부가 공공재 확충을 위해 자발적으로 나서기도 하지만 끝없이 더 많은 자원을 달라고 요구하는 사람들과 단체들의 요구에 응해왔다고 할 수 있다.

◈ 국가채무의 증가와 이익집단의 관계

우리나라의 경우 중앙정부의 총지출 규모는 2004년의 197조 원에서 2009년 285조 원까지 가파르게 상승해 왔다. 중앙정보통합 재정 규모 역시 2001년 137조 원(GDP의 22퍼센트)에서 2009년 258조 원(GDP의 25.1퍼센트)으로 증가했다. 두 개의 상승률은 같은 기간의 경제성장률을 웃도는 수치이다. 정부는 현재의 납세자에게 세금을 부과해서 사용하는 것이 정치적 부담이 될 때 아직 투표권을 갖지 않은 미래의 유권자들에게 부담을 지우는 조치도 어렵지 않게 행한다.

개인의 의사결정은 혜택과 비용이 뚜렷이 드러난다. 하지만 집단의 의사결정은 비용이 분담되기 때문에 적극적으로 반대하지 않는다. 따라서 현대 국가들은 국가의 지출 규모를 늘리는 데 열심이다.[2] 그래서 최근에 재정위기를 겪는 남부 유럽 국가들과 대부분의 선진국도 신흥국과 비교할 수 없을 정도로 국가채무가 GDP에서 차지하는 비중이 높은 편이다.

우리나라의 국가채무도 가파른 속도로 증가하고 있다. IMF와 같이 좁은 의미의 국가부채 기준을 동원하더라도 한국의 국가채무는

1997년 60조 3,000억 원(GDP 대비 12.3퍼센트)에서 2007년 298조 9,000억 원(33.2퍼센트)으로 10년 동안만 하더라도 3배가량이 늘었다.[3] 참고로 2011년 국가채무는 총 446조 7,000억 원(37.6퍼센트)까지 증가하였다. 국가채무를 증가시키는 방법은 세금 인상과 같이 조세 저항이 따르는 방법보다 국채 발행처럼 손쉬운 방법을 사용했다. 아예 공공기관으로 하여금 채권을 발행하게 함으로써 국가채무에 잡히지 않는 방법을 사용하기도 했다.[4] 따라서 실질적으로 국가가 책임을 져야 할 채무의 크기는 훨씬 클 것으로 보인다.[5]

재단법인 자유기업원은 '이 시각 대한민국 국가채무' 정보를 실시간으로 제공하고 있다. 2012년 12월 25일, 7시를 기준으로 대한민국 1가구가 책임져야 할 국가채무액은 2,763만 6,191원. 그리고 한 개인이 책임져야 할 1인당 국가채무는 999만 3,419원이라고 말해준다. 이 수치는 지금 이 순간에도 계속해서 늘어나고 있다. 사기업의 부채는 누군가 걱정하는 사람이 있지만 나라 부채는 누구도 걱정하지 않는다.

나는 일찍부터 대의민주주의 체제를 채택하고 있는 나라들이 어떤 경로를 밟아가는가에 대해 깊은 관심이 있었다. 어떤 나라든지 민주주의 체제를 가진 나라들이 계속해서 승승장구할 수는 없다. 대부분 나라는 성장이 어느 정도 수준에 도달하고 나면 성장 속도는 느려지고 쇠락의 길을 걷는다. 물론 독일처럼 예외적으로 체제를 쇄신하는 예도 있지만 대부분 국가에서는 쉽지 않다.

민주주의 국가들은 왜 시간의 흐름과 함께 쇠락하는 것일까에 대해 고민한 책이 10여 년 전에 펴낸『시장경제와 민주주의』이다. 그 책에는 1996년 9월 자유주의자들의 세계적인 모임인 몽 페를랭 소사이티에서 발표된 번호츠P. Bernholz 교수의「활력 있는 민주주의를 위한 필요충분조건들」이란 논문의 주요 내용이 소개되어 있다. 오랜 민주주의 역사를 가진 나라들을 관찰하고 살아가면서 번호츠 교수가 가진 생각은 여전히 의미가 있다.

"사적 재산권에 바탕을 두는 자유시장경제는 복잡한 사회에서 안정된 민주주의의 존재에 대한 충분조건이 아니라 필요조건일 뿐이다. 단순히 다수라는 이유만으로 거의 무한정한 법적 권한을 주는 민주주의는 재산권의 안정성과 '법의 지배'를 침해하는 경향이 있을 뿐만 아니라 점진적으로 정부활동을 증가시키는 경향이 있다. 시간이 흘러감에 따라 이것은 효율성, 저축, 투자에 대한 확신을 감소시키게 된다. 결과적으로 사회구성원들 사이에 인지되는 위기감을 낳는다.

위기가 증가하는 동안 정치적으로 경제적인 이론을 포함하는 다양한 이데올로기나 아이디어가 환상을 가진 유권자의 지지를 얻기 위해 경합하게 된다. 이 기간에 만약 어느 정도 정확한 이론이나 이데올로기가 승리한다면, 정부의 영향력을 제약하고 정부 활동을 제한하는 개혁이 시작될 수 있을 것이다. 그렇지 않으면 우선 당장 손쉬운 해결책을 약속하는 이데올로기가 승리를 거두게 되고, 그 이데올로기가 제시하는 목표와 방향에 맞춰 그 사회는 경제적이고 정치적인 체제를 재편하게 될 것이다.

이때 민주주의는 사라지고 민주주의 기반은 침식될 것이다. 민주주의의 기반이 되는 자유시장경제는 더욱더 계획경제로 이행되어 나갈 것이다. 유일한 해결책인 '헌법적이고 제도적으로 제한된 민주주의'만이 장기적으로 한 사회의 활력을 유지할 수 있을 것이다."[6]

그렇다면 '무제한적 민주주의'를 움직이는 실질적인 파워 그룹은 누구일까? 나라가 성장하면서 서서히 등장하기 시작하는 다양한 이익집단들이다. 이익집단은 공동의 목표와 가치를 가진 개인들의 결사체이다. 구성원들의 공동 목표와 이익을 공공정책의 결정과 집행에 반영시키기 위해 정치과정에 압력을 행사하여 공동이익을 추구하는 정치적 결사체를 말한다. 그들은 다양한 명분을 내세우지만 거의 대부분이 정치 혹은 사회원리에 따라 자원을 더 많이 배분받으려는 성격으로부터 자유롭지 않다.

내가 주목하는 것은 그들의 본격적인 움직임이 이미 우리 사회에 큰 영향을 끼치고 있고 앞으로 이런 경향은 더욱 강해질 것이라는 점이다. 다양한 이익집단들에 의한 집단행동이 우리에게 미칠 파급효과는 크게 두 가지로 나누어 이해할 필요가 있다.

하나는 우리에게 이미 친숙한 각종 사용자단체, 노동단체, 전문가단체처럼 이해관계자들의 모임인 특수이익집단이다. 또 하나는 전통적인 의미에서의 이익집단과는 다르지만 넓은 의미에서 이익집단의 성향을 강하게 지니는 관료그룹, 노인그룹, 청년그룹, 육아그룹 등과 같은 포괄적인 그룹들이다. 이를 잠재이익집단이라고 부른다.[7] 기존의 이익집단에 관한 연구들은 대부분 특수이익집단을 중심으로 이루어져 왔다. 우리나라의 경우 시간이 갈수록 잠재이익집단의 활동에서 심각한 문제가 생길 것이다.

∽ 이익집단의 성장과 국가의 부침

1960년대와 1970년대에 걸쳐 한국이 고도성장을 이룰 수 있었던 원인은 여러 가지다. 우선 냉전체제에서 자유진영에 속함으로써 개인의 자유와 사유 재산권이 인정된 점을 들 수 있다. 자신이 노력한 대가를 자신의 것으로 만들 수 있는 체제가 고도성장을 가능하게 했다. 또 당시 신생 독립국가들이 대부분 선택했던 수입대체형 산업 육성, 유치산업 보호 등을 통한 국가재건이 아니라 대외지향형 수출산업 육성을 전략적으로 선택했던 점이다. 정치 사회적으로 부작용이 있었지만 경제 성장이란 면에서는 일정 기간 권위주의 정권으로 정치적 안정을 도모할 수 있었던 점도 들 수 있다.

간과할 수 없는 것은 일제 치하와 해방 그리고 6·25 전쟁을 거치면서 인위적으로 자원을 빼돌릴 수 있는 이익집단이 존재하지 않았던 사실이다. 일제 치하에서도 1920년대부터 농민조합이 결성되어 노동쟁의가 조직화되기 시작했다. 특히 1927년 조선농민총동맹이 결성되어 소작료를 낮추기 위한 쟁의 횟수도 많이 증가했다. 또한 1927년에는 조선노동총연맹이 결성되어 노동쟁의가 발생했지만 일제 치하에서 결사나 집단행동은 식민통치 차원에서 억제되었다.

해방 무렵 한국에는 실질적인 의미에서 이익집단다운 조직이 존재하기 어려웠다. 게다가 6·25 전쟁은 그나마 갖고 있던 물적 기반을 파괴함으로써 이익집단의 성장 가능성마저 철저히 부숴버리고 말았다.『국가의 흥망성쇠』를 쓴 맨슈어 올슨 교수도 홍콩, 한국, 대만, 싱가포르가 1960년대부터 고속 성장을 할 수 있었던 중요한 요인으로 분배를 목적으로 하는 이익집단들이 존재하지 않았을 뿐만 아니라 비교적 자유로운 무역 정책을 사용해 왔기 때문이라고 말한다.

"한국과 대만의 경우는 일본의 식민지 지배하에 있을 때 독자적인 이익집단을 발전시키기 위한 자유권을 갖고 있지 못했고 싱가포르도 역시 영국 치하에서 로비활동을 통한 이득을 얻지 못했으면 홍콩과 마찬가지로 19세기 이래 지금까지도 영국 자유무역체제의 식민지나 다름없었을 것이다."[8]

홍콩의 사례는 인상적이다. 홍콩은 1945년 영국 식민지가 된 이후 보기 드물게 자유시장경제 원리에 따라 운영되어온 나라이다.[9] 이것이 가능하게 된 것은 1945년 영국정부에 의해 홍콩에 파견된 한 인물이 역할을 담당하게 되면서부터이다. 1961년부터 1971년까지 홍콩의 재무장관을 지낸 카우퍼스웨이터가 바로 그 사람이다. 그는 제한된 정부기능이 개인의 창의성을 발휘하는 데 최선의 정책임을 깊이 인식하고 자신의 신념인 '적극적 비개입주의positive non-interventionism'를 홍콩에 실천한다.

그의 기대에 부응이라도 하듯이 홍콩은 1960년에 영국의 28퍼센트에 불과한 1인당 국민소득으로 출발하였지만 1996년이 되면서 영국보다 3분 1이나 더 버는 국가로 자리를 잡게 된다. 홍콩은 이익집단의 성장과 경제성장이란 면에서도 흥미로운 역사적 경험을 보여준다. 홍콩은 1948년에 제정된 노동관계법에 따라 정치적 목적을 가진 모든 파업을 법으로 엄격하게 금지했다. 그리고 산업 간의 노동연맹 결성도 금지하였다. 노사 갈등을 경험하지 않은 이례적인 사례에 속한다.

홍콩의 근현대사를 살펴보면 또 하나의 예외적인 사실에 주목하게 된다. 대부분 국가가 성장하면서 이익집단도 성장하게 된다. 그런데 홍콩은 이런 현상으로부터 자유로웠다. 그 이유에 대해 나는 『한국, 번영의 길』이란 책에서 이렇게 진단한 바가 있다.

"홍콩인들은 대부분이 중국의 한 귀퉁이에 위치한 홍콩이란 곳에서 안정을 보장받지 못한 채 끊임없이 생존 문제를 고민해야 하는 절박한 상황에 놓여 있었던 것도 이유가 될 수 있다. 중국인들이 전통적으로 가족이나 관계를 중시하고 돈을 숭배하는 실리주의자란 면에서 노조 활동이 활발하지 않았다. 이것이 홍콩 체제의 역동성을 유지하는 데 상당한 역할을 했을 것으로 추측도 해볼 수 있다. 그러나 무엇보다도 중요한 것은 경제적인 성취에도 '벼랑 끝에 선 심리적 상태'를 환기해주는 지정학적 위치가 그들로 하여금 배가 불러도 엉뚱한 생각을 하지 못하도록 막아주었다고 생각한다."[10]

홍콩의 성공의 원인은 확실히 자유무역, 낮은 세금, 자유로운 임금 결정 메커니즘 등에 더하여 이익집단이 출현하지 않았기 때문이라는 올슨 교수의 지적은 적절하다.

한편 한국은 일본 식민지배의 종식과 함께 이익집단을 결성할 가능성이 가장 높았던 사람들이 대규모 농지를 소유하고 있던 지주들이었다. 그러나 이승만 정권 때 토지개혁이 일어났다. 소작농과 지주 사이에 절충점을 찾아서 전체 농지의 70~80퍼센트를 농민들에게 분배하는 데 성공하게 된다. 다행스러운 점은 좌파의 '무상 몰수 분배' 방식이 아니었다. 지주에게 일정한 보상이 돌아갔다. 상환액 150퍼센트를 5년 분활 상환한다는 골자의 농지개혁법 개정안이 1950년 2월 국회에서 통과되어 3월에 공포되기에 이르렀다.[11]

이런 조치가 취해지지 않았더라면 무상 몰수 방식에 의한 토지 재분배를 내건 북한의 호소가 농민들에게 먹혀들어갔을 것이다. 연약한 신생 독립국가인 대한민국으로서는 체제 안정을 위한 엄청난 행운이었다. 이는 이승만의 리더십이 돋보인 조치였다. 농지개혁법을 성사시킴으로써 이승만 전 대통령은 지주가 중심이 된 민국당의 경제적 기반을 허물어뜨렸다. 또 남로당 중심의 좌익 활동 공세를 방지했다. 또 자신의 정치적 기반을 확보하면서 세 가지 토끼를 모두 잡게 된다.[12]

물론 1960년대 이래 고도성장 과정에서 업종 진출 및 금융자원의 배분 등을 둘러싸고 정권과 재벌 기업가를 중심으로 유착 관계가 있었던 것은 사실이다. 하지만 정치권력과 개별 인물 사이의 협조관계였을 뿐 이익단체의 활성화를 의미한 것은 아니었다.[13]

1945년부터 대한상공회의소라는 소상인들 모임이 있긴 했지만 경제인단체의 중심축인 전국경제연합회(구 한국경제협의회)가 출범

한 때는 1961년 1월 10일이었다.[14] 그들이 처음부터 분배를 위한 이익집단으로 출범한 것은 아니었다. 경제개발을 추진하기 위한 정부의 협력기구나 연구 지원기관의 필요성으로 경제인 단체가 생겨났다.

한편 본격적으로 노동 문제가 사회 이슈로 등장한 것은 1987년 6월부터다. 노동단체들이 권리를 찾아가는 과정에서 이익단체로서 면모를 제대로 발휘하기 시작했다. 1987년 6월의 민주화 항쟁에 이어 노동운동은 폭발적인 성장을 하게 된다. 이후 1988년 올림픽을 전후하여 노동운동이 본격화되었다.[15]

당시 이익단체인 노동조합의 결성은 '봇물 터지듯'이라는 표현이 적절했다. 1987년 6월 2,725개였던 노동조합(단위 노조)은 그해 연말까지 불과 6개월 사이에 4,086개로 늘어났다. 다음 해에 추가로 1,500여 개, 1989년에는 2,000여 개가 늘어나 1989년 말에 이르면 7,961개에 이르게 된다.[16] 이는 불과 2년 만에 거의 세 배로 노동조합 조직이 확대되었음을 뜻한다. 결과적으로 노동조합에 속한 조합원 수도 105만 명에서 193만 명까지 늘어났다.

노동조합이 늘어나게 된 것은 과거의 억압적인 노동운동이 정상화되는 과정으로 이해할 수 있다. 개별 기업 차원의 노동운동은 노사 관계를 정상화하는 긍정적인 역할로 문제가 될 것이 없었다. 그러나 상급 노동단체를 중심으로 하는 노동운동의 부작용은 서서히 생겨나기 시작하였다. 특정 단체에 속하는 구성원들에게 경제적인 논리에서 정당화될 수 없는 특별한 이익이나 권리를 확보해주기 위해 결성되는 이익집단을 맨슈어 올슨은 '분배연합distributional coalition'이라고 불렀다.

분배연합은 특정 이익단체가 집단행동을 통해 이미 만들어진 가치(혹은 소득) 가운데서 더 많은 몫을 배분받기 위해 투쟁하는 조직을 말한다. 그들은 경제논리로 정당화될 수 없는 초과 이윤을 추구함으로써 사회적 낭비를 가져오는 활동 즉 지대추구rent seeking 활동을 조직적으로 추진하는 이익집단을 말한다.[17]

분배연합이 본격적으로 등장하기까지 상당한 시간이 소요되며 까다로운 조건도 필요하다. 구성원들의 숫자가 많고 각자에게 돌아가는 이익의 몫이 적을수록, 이익단체에 강제적으로 가입해야 하는 벌칙이나 제도가 없을수록, 그리고 규모가 커질수록 분배연합이 만들어질 가능성은 낮다.

그럼에도 한 가지 뚜렷한 경향이 생겨난다. 민주주의 체제를 선택한 사회는 시간이 가면서 분배를 목적으로 하는 이익집단들의 숫자가 늘어나게 된다. 처음에는 서서히 만들어지기 시작하다가 시간이 가면서 급속히 그 숫자가 늘어나 경제성장에 끼치는 이익집단들의 부정적인 영향이 커지게 된다. 이를 두고 올슨 교수는 "안정된 사회일수록 시간이 흐름에 따라 집단행동을 위한 조직과 공모가 더욱 집적되어 가는 경향이 있다."고 말한다.

일단 한번 만들어진 이익집단은 그 집단의 결성 목적이 사라지더라도 쉽게 해체되지 않는다. 이따금 전쟁, 정복, 경제 위기와 같은 매우 급한 상황이 발생해서 분배연합이 크게 타격을 입는 때도 있다.

매우 드문 경우지만 대표적인 사례로 제2차 세계대전 이후에 일본의 재벌이 해체되는 상황을 들 수 있다.

그렇다면 분배연합의 궁극적인 결성 목적은 무엇일까? 그것은 시장을 통해서 자신들이 이바지한 몫보다는 더 많은 몫을 정치원리에 따라 배분받기 위함이다. 배분이라는 표현을 사용했지만 실상은 다른 사람에게 돌아가야 할 몫을 빼앗아서 자신의 집단 구성원에게 나누어주는 것이다. 예를 들어 정치가들에게 표를 제공할 수 있다는 대가로 예산 가운데에서 우선으로 일부를 배정받는다. 또 보호 무역이나 진입 장벽 등을 설치해서 소비자가 가져야 할 이익의 상당한 부분을 가진다. 겉으로 어떤 멋진 명분을 내세우더라도 결국 하나로 모인다. 자신의 기여보다 훨씬 큰 이익을 얻어내는 것이다.

개인이 아니라 집단으로 이익을 추구하게 되면 맹목적이 되는 경우가 많다. 자신들이 누리는 혜택 때문에 사회의 다른 구성원들이 피해를 보거나 사업 경쟁력이 떨어져 어려움에 부닥치는 것에 관심을 두지 않는다. 나아가 다음 세대에 피해를 주는 것에도 아랑곳하지 않는다. 분배연합은 오로지 자신들이 지금 누리는 혜택에 초점을 맞출 뿐이다. 일단 집단화되고 나면 자신들의 집단 행위 때문에 발생하는 사회적 비용을 줄여야 할 특별한 유인을 찾지 못한다. 개인 차원에서 자기 이익에 대한 집착도 강하지만 집단 차원에서 추구하는 이익에 대한 집착은 더욱 강력하다. 따라서 분배연합 스스로 이익을 포기하는 사례를 찾기란 거의 불가능하다.

게다가 대부분의 분배연합이 조직에 더 많은 이익을 가져다줄 것을 약속하는 사람들이 권력을 쥐게 된다. 그래서 더 선명하게 이익집단의 이익을 극대화하려는 사람들이 인기를 끌게 된다. 잘 조직화된 소규모의 이익집단이 얼마든지 한 사회에서 분배연합으로 혁혁한 성과를 올릴 수 있다. 이러한 분배연합이 사회 전체에 악영향을 미치는 것에 대해 올슨 교수는 이런 결론을 제시한다.

"소집단의 구성원들은 집단행동을 위한 더 강력한 조직력을 갖게 되는데 이러한 조직력의 불균형은 시간이 경과함에 따라 감소할 뿐이지 소멸되지는 않는다. (…중략…) 전체로 보아 특수이익집단과 공모집단은 그들이 속한 사회의 효율성과 총소득을 감소시키고 정치적 생활을 더욱 분열시킨다."[18]

흥미로운 사실은 분배연합의 활동이 활성화될수록 한 나라의 자원 배분에서 정치가 차지하는 비중이 점점 더 커지게 된다는 것이다. 이익집단은 자신의 이익을 차지하기 위해서 적과 아군을 확연하게 나누고 적의를 자주 드러낸다. 결과적으로 권력을 사이에 두고 다투는 형국이 전개되면서 사회는 정치를 둘러싸고 더욱 분열되는 양상을 보이게 된다.

고객을 상대로 해서 이익을 얻는 것은 평화롭다. 물론 그곳에도 싸움이 있고 경쟁이 있지만 누가 누가 고객에게 덜 잘하는가를 둘러싼 게임이다. 그러나 정치를 이용해서 이익을 얻는 것은 제로섬이고 투쟁의 결과물을 가질 수 있기 때문에 네 편과 내 편으로 나누어서 다투는 일들이 일상으로 자리를 잡게 된다.[19]

분배연합들이 우후죽순 생겨나서 집단의 이익을 위한 활동을 적극 전개하면 대부분 사회는 역동적인 성장세를 잃어버리게 될 가능성이 높아진다. 사회 역시 유기체와 같아서 환경에 맞춰서 계속 변화를 해나가야 하는데 분배연합은 이런 흐름에 주요 걸림돌이 된다. 이를 인체의 노화와 질병에 비교하면 어떨까?

나이를 먹게 되면 심장질환을 앓는 사람들이 늘어나게 된다. 심장질환으로 사망에 이르게 되는 사람들은 대부분은 60대 중후반 이상의 고령자들이다. 나이를 먹게 되면 관상동맥 내부에 지방질이 증가하면서 동맥의 벽은 지방침전물로 둘러싸이게 되고 결과적으로 혈관이 좁아지고 자연스럽게 심장에 공급되는 혈액의 양이 줄어들게 된다.[20] 혈액공급이 원활하지 않으면 뇌경색, 뇌출혈, 그리고 최악에는 심장마비에 이르게 된다.

노년과 함께 오는 혈액순환 장애는 사회가 세월의 흐름과 함께 겪는 어려움을 떠올리게 한다. 어떤 사회에서 견고하게 자신의 자리를 굳히는 데 성공한 다양한 이익집단들은 마치 인체의 혈관 속에 축적된 지방침전물에 비유할 수 있다. 혈액순환을 방해하면 자원배분 또한 원활하게 이루어지지 않는다. 그렇게 되면 사회는 유연성을 잃어버리고 경직화된다. 그래서 시대에 맞지 않는 분야를 폐기하거나 구조조정을 해야 하는데도 계속해서 자원이 투입될 수밖에 없는 상황이 일어나게 된다.

〰 분배연합과 경제성장률 저하

분배연합에 대해 긍정적인 낙관론을 피력하는 사람도 있다. 그러나 일단 집단으로 구성되어 이익을 얻을 수 있는 조직이 완성되면 합리성보다는 집단의 이익을 극대화하는 쪽으로 나아갈 수밖에 없다. 우리는 결성 초기에 순수하고 좋은 취지를 갖고 출발하지만 결국 이익단체의 전형적인 특징을 보이는 단체로 변모하는 것을 자주 보게 된다. 어떤 단체는 설립 취지와 달리 아예 이익단체의 권력을 장악한 수뇌부의 의견이나 이념 그리고 이익을 옹호하는 단체로 변질하기도 한다.

사실 나는 분배연합이 집단행동을 통해서 사회에 긍정적인 역할을 끼칠 수 있는가에 대해서 회의적이다. 앞에서도 잠시 언급했듯이 모든 아버지는 아이들의 장래를 생각하지만 '아버지 세대'라는 집단은 아이들 세대를 걱정하기가 쉽지 않다. 모두가 책임을 져야 한다는 것은 누구도 책임지지 않아도 된다는 말과 크게 다르지 않다. 결과적으로 분배연합이 가져올 수 있는 최악의 사태인 경제 침체를 낳게 된다. 이에 대해 올슨 교수는 이렇게 말한다.

"분배연합은 경제가 변화에 적응하고 새로운 혁신을 창출하는 능력을 저하한다. 그럼으로써 성장률을 낮추게 된다. (…중략…) 특수이익집단들은 새로운 기술이나 환경의 변화에 부응하여 다른 활동 및 산업으로 재분배되는 속도를 감소시킴으로써 경제성장을 저해시킬 수도 있다. (…중략…) 분배연합은 한 사회가 신기술을 도입하고 적응하는 능력을 감소시킨다. 그리고 변화하는 환경에 대응하여 자원을 재분배할 수 있는 능력을 둔화시켜 경제성장률을 저하한다."[21]

분배연합이 극성을 이룬 상황을 이렇게 비유할 수 있다. 먹음직스러운 큼직한 수박 한 통에 갖가지 과일과 음료수를 섞어 만든 달짝지근한 과일주스가 가득 차 있다고 가정해 보자. 크고 작은 빨대를 하나씩 들고 있는 이익집단들은 빨대를 수박에 꽂은 채 저마다 수박속의 맛있는 음료들을 뽑아먹기 위해 혈안이 되어 있는 형국이다. 빨대를 꽂은 사람들은 단맛에 듬뿍 취한 채 마치 마르지 않는 샘처럼 생각할 수 있지만 얼마 못 가서 텅 빈 수박 한 통만 남게 된다. 대부분 이익집단은 저마다 무주공산처럼 생각되는 자원을 뽑아 먹기에 열을 올리게 된다. 그런 행동의 결과가 공동체 전체에 어떤 부정적인 영향을 미칠지에 대해서 어떤 단체도 깊이 생각하지 않는다.

올슨 교수는 이익집단의 성공이 끼치는 결과에 대해 이렇게 말한다. 영국이 산업혁명의 선두주자였음에도 전후에 경제 열등 국가로 전락하게 된 결정적인 요인은 각종 이익집단 탓에 변화에 신속히 대응하는 유연성을 잃어버렸기 때문이라도 말한다. 이에 대해 올슨은 다음과 같이 말한다.

"시대가 변함에 따라 영국 사회는 너무 많은 강력한 단체들과 연합체들이 생겨나서 변화하는 환경과 기술에 대한 적응을 지연시키는 '제도적 경화증institutional sclerosis'을 앓게 되었다."[22]

분배연합이 극도로 발전된 상태에서 영국 정치는 노동조합이란 이익단체에 의해 좌지우지되다가 결국 대처 혁명으로 어느 정도 수습되기까지 상당한 사회적 비용을 치르게 된다.

한편 제2차 세계대전이 끝난 이후 일본의 고도성장은 재벌 타도를 주장하는 거대한 이익단체들의 해체에 힘입은 바가 크다. 하지만 1990년대 버블 붕괴와 그 이후 일본 경제의 장기 침체는 이익집단의 성장과 밀접한 관련이 있다.[23] 일본의 지난 20여 년은 한편으로는 재정 및 금융정책의 실패에서 비롯되었다. 그리고 또 다른 한편으로는 한 사회 안에 뛰어난 수출기업과 다양한 보조금으로 운영되는 농어민을 비롯한 내수산업이 공존할 때 어떤 문제점이 발생하는가를 여실히 보여준다. 이는 보조금을 받기 위해 결성된 이익단체들이 한 사회를 어떻게 침체시키는가를 보여주는 사례이기도 하다.

마치 사람의 동맥 내에 각종 노폐물이 쌓여서 신진대사 장애가 일어나고 고혈압이나 뇌출혈 등과 같은 병으로 고통을 당하는 것과 마찬가지로 국가도 같은 증상을 앓게 된다. 지식, 정보, 아이디어, 사람, 돈 등이 마치 물이 흐르듯이 원활히 흘러야 하지만 세월과 함께 여기저기 웅덩이가 생기는 상황이 발생하게 된다. 이런 역할을 주도적으로 하는 것이 분배연합들이다.

∼ 특수이익집단과 잠재이익집단

이익집단의 성장이란 면에서 보면 한국은 어떤 상황에 놓여 있을까? 올림픽을 전후로 노동운동이 활발해지면서 우리 사회에 본격적으로 이익집단이 성장하게 된다. 당시의 이익단체들은 대부분 '특수

이익집단_{special interest group}'에 속한다. 전문직 직능단체, 노동조합 혹은 동업조합들이 주를 이루었다. 그들 가운데 노동조합을 제외하면 전반적인 규제 완화, 대외개방 추세로 영향력은 비교적 작았다. 하지만 농민단체나 노동조합 그리고 공적 성격 관련 단체들의 영향력은 여전히 굳건했다.

근래에 눈부시게 성장하고 있으며 앞으로 그 힘을 더해 갈 것으로 보이는 이익집단은 다수의 구성원들로 구성되는 '잠재이익집단'들이다.[24] 그들은 기존의 특수이익집단처럼 사무국과 같은 상설조직을 두지 않고 특정 사안에 따라서 이합집산을 거듭하는 특성이 있다. 주로 선거에 직접 영향력을 행사할 수 있는 유권자들의 움직임으로 조직된다. 특정 구성원들의 이익을 극대화하기 위하여 조직적인 활동을 펼치는 특수이익집단과 달리 특정한 조건을 추구하는 사람들의 모임이다. 무상급식으로 인하여 혜택을 보는 사람들의 모임, 보육지원으로 혜택을 보는 사람들의 모임, 실업급여로 혜택을 보는 사람들의 모임, 노령 연금으로 이익을 보는 사람들의 모임, 무상의료로 혜택을 보는 사람들의 모임 등이 잠재이익집단에 속한다. 그들은 특수이익집단처럼 조직은 없으나 표를 많이 갖고 있기 때문에 정치인들이 알아서 이익을 챙겨주게 된다.

그들은 기존의 특수이익집단처럼 스스로 부가가치를 만들어내는 사람들이 아니라 국가로부터 일정한 이전소득을 누리는 사람들이다. 특수이익집단들은 유리한 환경을 만들기 위해 로비스트나 정치자금 등을 동원해서 직간접 로비를 해야 한다. 그러나 잠재이익집단은 그렇게 할 필요가 전혀 없다. 그들은 표를 갖고 있기 때문에 그냥 존재하는 것만으로 정치인들에게 압력을 가할 수 있다. 또 정치권의 각 정파 사이에 치열한 경쟁을 유발할 수 있다. 게다가 누군가를 돕는다는 것은 그것 자체만으로도 설득력이 있기 때문에 손쉽게 이전소득을 받는 특혜를 누릴 수 있다.

이탈리아의 재정위기가 본격화되기 시작한 시점에 전임 총리에 이어 위기 수습을 위해 집권한 마리오 몬티 총리의 첫 작업은 나라의 형편에 비해 과도한 연금 혜택을 누리는 분배연합에 손을 대는 것이었다. 이때 분배연합은 특수이익집단이 아니라 잠재이익집단이었다.

얼마 전 마리오 몬티 총리 겸 재무장관의 명령에 따라 연금개혁안을 발표하던 복지장관 엘사포르네는 울음을 터뜨리고 만다. 은퇴를 앞두거나 은퇴해서 연금을 받는 노년들에게 고통을 줄 수밖에 없어서 슬펐던 것이다.

연금 혜택을 받는 나이를 점진적으로 높이고 연금 산정 기준을 근로 연수로 바꾸는 것을 골자로 한 개혁안으로 이태리 정부는 3년간 90억 유로(13조 6,000억 원)를 절약할 수 있게 되었다.[25] 그동안 정치인들은 권력을 유지하기 위해 연금 분배연합과 밀월관계를 유지해왔던 것이다.

～ 글로벌 금융위기의 분명한 원인

잠재이익집단은 다음 두 가지 조건에서 큰 힘을 얻게 된다. 하나는 경제 상황이 녹록지 않은 상황이 전개되어 사람들의 불만이 누적될 때이다. 이런 상황이 계속되면 정치인들은 특정 잠재이익집단들의 환심을 사기 위해 특별 조치나 입법을 추진하게 된다. 현재 우리 사회에서 이루어지는 무상 시리즈의 대부분은 이런 유형에 속한다.

다른 하나는 사회의 지배적인 믿음이나 신념 즉 시대정신이 변화할 때이다. 시대정신도 유행처럼 어떤 극적인 사건이 터지고 나면 변할 수 있다. 또 극적인 사건의 원인을 해석하는 지식인들 가운데 누가 더 인기가 있느냐에 따라 시대정신은 큰 영향을 받기도 한다.

제2차 세계대전 이후 탄생한 대부분의 신생 독립국가들은 계획경제에 따라 나라를 재건하는 국가 사회주의를 절대 진리로 받아들였다. 당시의 시대 분위기에 대해 『모던타임스』의 저자인 폴 존슨Paul Johnson은 "독립을 하거나 외국의 지배에서 벗어난 모든 국가가 사회 공학이라는 실험에 빠졌다."고 안타까워하면서 "정치, 특히 이데올로기적 정치는 인류에게 불행을 가져오는 주요 원인이 되었다."고 평가했다.[26]

선진국들도 예외는 아니었다. 영국을 비롯한 서유럽 국가들도 삶의 구석구석까지 개입하는 복지국가를 모델로 정부의 규모를 크게 키웠다. 당시 선진국의 분위기는 국가가 나서기만 하면 얼마든지 사회악을 제거할 수 있고, 정부 지출을 늘리는 것이 미덕이라는 믿음이 함께 자리를 잡았다. '위대한 사회' 건설을 기치로 내건 린든 존슨(1963~1969년) 행정부는 정부 지출을 많이 증가시킨 정권이었다. 결과적으로 연방정부 지출이 1949년부터 1979년까지 방위비는 10배, 복지비는 25배(106억 달러에서 2,590억 달러로 증가)나 늘어나게 된다.[27]

이런 정책들은 존슨이 대통령직을 물러날 시점부터 부담되기 시작했다. 세금 수입이 한계에 도달하자 미국 정부는 돈을 찍어내는 정책을 폈다. 군사비 증가와 복지비용 증가가 미국 경제에 큰 부담을 줄 것으로 우려하였던 아이젠하워(1952~1961년)가 집권하는 동안 미국의 정부지출이 GNP에서 차지하는 비중은 28.7퍼센트였다. 존슨이 대통령에서 물러났던 이후인 1971년이 되면 33.4퍼센트로 증가한다.

경제는 거짓이 없다는 말처럼 이후 미국을 비롯한 대부분 선진국은 저성장 고실업 상태가 계속되는 스태그플레이션을 경험하게 된다. 또한 1990년의 베를린 장벽 붕괴로 시대정신의 큰 변화를 경험하게 된다.

변화는 좌로부터 우로 크게 스윙하게 되는데 우측 정책은 오늘날 신자유주의로 분류되는 작은 정부, 민영화, 규제 완화 등을 중심으로 하는 정책으로 바뀌게 된다. 이후 글로벌 금융위기를 통해 신자유주의가 크게 비판을 받으면서 다시 정부개입을 강조하는 케인지언 정책으로 크게 선회하게 된다. 그러나 불과 3년이 지나지 않아 선진국의 재정적자 문제로 다시 반성의 분위기가 고조되고 있다. 사실 글로벌 금융위기의 발생 원인을 두고 여러 가지 의견이 많지만 사실상

인위적인 통화증발이 가장 크다. 그러나 신자유주의정책에 문제가 많았다는 주장들이 인기를 끌며 대세가 되었다.

사람들 가운데 역사적 경험으로부터 교훈을 얻기 위해 노력하는 사람이 몇이나 되겠는가? 대부분 지식인들이 주도하는 유행을 따라 새로운 트렌드로 갈아탄다. 현재 상황의 원인에 대해 옳고 그름을 따져보기 이전에 신자유주의에 대한 비판과 정부개입의 활성화에 무게의 중심이 가 있다. 이런 상황에서 사회 안전판 구축과 양극화 해소라는 과제가 가장 중심 주제로 자리 잡게 되었다. 결과적으로 잠재이익단체들이 큰 힘을 얻을 수 있는 환경이 제대로 갖춰진 셈이다.

나는 서울시의 무상급식 주민투표가 시대정신의 변화로 말미암은 정책 변화의 터닝포인트였다고 본다. 한국 사회의 시대정신이 크게 변곡점을 그리는 시점으로 이해한다. 아주 특별한 상황이 발생하지 않는 한 다양한 종류의 잠재이익집단들을 찾아서 이들에게 특별한 이익을 주는 정책에 대해 당분간은 제동을 걸 수 없을 것이다. 국가로부터 도움을 받는 일은 세 가지 특성을 갖고 있다. 하나는 수혜자가 점점 더 혜택을 요구하게 된다는 것, 어느 누구도 감사하지 않는 것, 그리고 이미 받고 있는 혜택은 받는 순간부터 천부인권처럼 당연한 권리가 되어버린다는 것이다. 국가로부터 제공되는 혜택을 어느 누구도 감사하지 않기 때문에 늘 '지금보다 우리에게 더 제공해야 해요'라는 주장으로 변하고 만다. 혜택이 권리가 되는 일은 순식간에 일어나고 만다.

학생들에게 밥을 먹이는 일, 육아비용을 지원하는 일, 노인들의 교통비를 지원하는 일, 노인들의 생활비를 지원하는 일, 대학생들에게 반값 등록금을 제공하는 일 등 그 어느 것 하나 반대할 수 있는 명목을 찾기 어렵다. 그러나 이들을 하나하나 더해보면 그 지출 비용이란 것이 만만치 않다. 이런 정책들을 찬성하는 사람들은 대부분 따뜻한 마음을 가진 시민이다. 모든 시민에게 공동체 전체를 염두에 두고 문제를 바라보라고 요구하기는 쉽지 않다

청춘콘서트라는 프로그램에서 한 참가자가 청년창업수당의 필요성을 주장하는 것을 보았다. 사회가 책임을 져야 할·범위와 대상에 대한 견해는 사람마다 차이가 있을 것이다. 그러나 스스로 자신을 도울 수 있는 사람까지 책임을 지는 것은 중장기적으로 사회가 지탱할 수 없게 한다. 또 청년창업수당의 지급이 과연 정의로운가? 그 비용을 서울시가 댈 수 있는 것은 아니다. 분명히 납세자가 부담하게 된다. 납세자에게 청년들이 생활비 일부를 보조해 달라고 요구하는 것이 과연 정의로운 일인가?

마지막으로 이런 혜택을 주게 된다면 그 과정에서 복잡한 행정절차와 비용이 뒤따르게 될 것이다. 심한 경우라면 이를 위해서 또 다른 공무원을 뽑아야 할지도 모른다. 특정 정책을 집행하기 위한 행정비용과 관련된 문제이다.

아무튼 창업하는 데 힘이 드니까 청년창업수당을 달라고 요구하는 한 청년의 요구나 노령수당도 있으니 청년창업수당도 생각해볼 수 있다고 답하는 박원순 시장의 발상 자체가 놀라웠다. 그런데 알 수 없는 일이다. 이런 뜻밖의 아이디어가 정치인들이 표를 끌어모으

는 데 도움이 된다면 청년창업수당이 신설될지도 모르겠다. 나중에는 취업이나 공부하는 것이 힘이 드니까 '청년취업수당'이나 '청년공부수당'이 생겨날지도 모르겠다.

✎ 현대 민주주의 국가의 발전 단계

현대 민주주의 사회에서 국가는 어떤 경로를 밟아가게 될까? 결정론적 시각을 갖는 것은 위험한 일이지만 현대 민주주의 체제에서 이익집단의 성장과 성장률과의 상호 관계를 살펴보면 일반적인 패턴을 추측할 수 있다. 사람들의 본성이 변화할 가능성이 없는 한 집단행동을 통해서 이익을 극대화하려는 사람들의 본래 모습도 크게 변화할 가능성이 없다. 또한 사람이 모여서 만드는 한 나라의 모습이나 변화의 방향도 일정한 패턴을 따를 것으로 본다.[28]

제1단계: 고성장기

잘 먹고 잘 입고 편안하게 자는 문제가 최대의 현안인 시기이다. 국가를 구성하는 개개인에게 가장 절실한 문제는 자신과 가족의 의식주 문제를 해결하는 일이다. 의식주 문제는 곧바로 경제문제를 뜻한다. 이 단계에서 거창한 경제문제는 개개인의 안중에 없다. 각자 자신과 가족의 의식주 문제를 해결하는 것이 너무나 절박한 과제이기 때문이다. 누구에게 도움을 청해봐야 도울 여력을 가진 사람들이나 집단도 별로 존재하지 않는다. 이런 상황에서 국가의 구성원은 자신의 문제를 스스로 해결하는 것을 당연한 일로 받아들인다. 자립 정신이 시대정신으로 굳건히 자리 잡는 시기이기도 하다. 이때는 모두가 허겁지겁 앞만 보고 뛴다. '추상적인 지식'보다는 '구체적인 지식'을 활용하는 일이 개개인에게 절실한 삶의 문제이다.

한편 한 국가를 구성하는 대다수가 가난한 상황에서는 국가가 좌지우지할 수 있는 자원의 양도 아주 적다. 국가가 거두어들일 수 있는 자원의 절대량이 적어서 국가가 배분할 수 있는 자원의 절대량도 적다. 가난한 사람을 구제하기 위해 국가가 나서야 한다든지, 깨끗한 환경을 유지하기 위해 국가가 나서야 한다든지, 교육의 질을 높이기 위해 국가가 나서야 한다는 등의 이야기는 사람들의 관심을 끌지 못한다. 그런 문제는 스스로 해결해야 할 문제이다. 국가가 나서서 해결할 수 있고 해야 하는 문제라고 생각하는 사람들도 있겠지만 그럴 만한 자원이 있지 않음을 정확하게 이해한다. 엉성한 제도적 틀 속에서도 개개인의 분투노력을 유발한 만한 인센티브 구조는 비교적 잘 정비되어 있다. 정교한 제도가 뒷받침되지는 않지만 개인의 사적 재산권이 잘 보장되는 시기에 해당한다.

지식인과 생활인의 상대적인 비중을 비교하면 지식인의 숫자나 영향력이 생활인보다 현저히 낮다. 말과 글이 미치는 영향력이 미미한 시기에 해당한다. 행동으로 무엇인가를 보여주는 사람들의 상대적인 지위가 높은 시기이다.

제2단계: 저성장기

고도성장기의 후유증이 서서히 드러나는 시기에 해당한다. 특히 저성장기의 후반기로 갈수록 성장세의 둔화는 눈에 띄게 두드러진다. 성장세가 둔화하는 데는 여러 가지 이유가 있을 것이다. 우선은 어느 정도 생활 기반을 마련한 사람들에게서 흔히 볼 수 있는 노동 시간과 강도의 감소를 들 수 있다.

저성장기의 뚜렷한 특징은 이익집단 혹은 압력집단의 급속한 성장이다. 고도성장기 동안 사회에는 상당한 양의 부가 축적된다. 빈자와 부자 사이의 상대적 격차가 확대된다. 이 시기에 국가 규모는 확대일로를 걸어가게 된다. 이런 과정에서 다양한 명분을 앞세워 개인의 사적 재산권을 제약하는 입법들이 생겨난다. 알게 모르게 정교화된 제도는 개개인의 근로 인센티브를 줄이는 방향으로 나아가게 된다.

이 시기에는 말과 글로 먹고사는 사람들의 비중이 부쩍 늘어난다. 지식인들의 상대적인 비중과 영향력이 증가하게 된다. 그들은 인텔리 의식이 강하고 자신의 지식에 대해서 강한 확신을 갖는다. 지식인들의 자기확신은 재분배를 선호하는 다양한 구호와 슬로건들을 양산하게 된다. 그들은 국가나 정부의 재분배 기능에 찬사를 보낸다. 그들은 궁극적으로 사회구성원들의 신념에 직간접으로 영향을 미친다.

또 생활인에게도 변화가 일어나는데 자영업 경험을 가진 사람들보다는 조직을 통해서 먹고사는 문제를 해결하는 사람들의 비중이 늘어난다. 그들은 어느 정도 고학력자들이고 지식인들의 재분배 견해에 동조한다. 그들은 조직과 시장의 자원배분 메커니즘을 혼동하기 쉽다. 따라서 조직생활을 하는 사람들 가운데 많은 사람이 경제 문제에 관해 정부가 개입하고 계획하는 것에 우호적이다.

한편 저성장기의 후반기에 접어들면서 시대정신도 서서히 변질하게 된다. 고도성장기의 시대정신이 자기 손으로 벌어먹는 것이라고 한다면 저성장기 후반기의 시대정신은 서로 나눠 먹기다. 나눠 먹기를 합법화하는 각종 경제사회 입법들이 명분을 내걸고 다수의 지지 속에 체계화되기 시작한다. 의료보험, 연금, 실업보험, 교육, 기업제도 등이 다수가 원하는 방향으로 수혜자의 폭을 대폭 늘려가게 된다. 특히 이때는 잠재이익집단의 부상이 두드러진다.

이때 나누어 먹는 사회를 유지하기 위해서 누가 비용을 부담할 것인가에 대한 문제가 등장하게 된다. 다수가 소수를 근사한 명분으로 약탈하는 일들이 빈번하게 일어난다. 질투와 시기심의 제도화 작업들이 전개된다.

이 시점에서 위기의 실체를 파악하고 경고하는 일군의 선각자들이 등장하지만 큰 반향을 얻지 못한다. 오히려 재분배를 목소리 높여 외치는 지식인들의 주장이 국가 구성원들의 마음을 파고든다.

제3단계: 쇠퇴기

저성장기 동안 나누어 먹는 사회 혹은 정의로운 사회를 위한 각종 제도적인 정비가 개인의 인센티브 구조를 심하게 왜곡시키게 된다. 열심히 일해야 하거나 고용을 늘리거나 투자해야 하는 동기는 많이 줄어든다. 이 같은 제도의 변질이 본격적으로 영향을 미치는 시기는 제3단계인 쇠퇴기에 해당한다. 경제의 침체국면은 오래 계속된다. 성장률이 과거보다 현저히 둔화된다. 때로는 수입을 웃도는 과도한 지출이 계속됨으로 인하여 심각한 경제위기가 발생하기도 한다.

하락 국면으로 돌아선 한 국가의 성장궤적을 다시 상승국면으로 반전시키는 일은 무척 어렵다. 경제는 침체국면이지만 고도성장기와 저성장기를 거치면서 비대해진 공공 부문은 하나의 거대한 기득권 집단이 된다.

시장압력으로부터 보호된 공공 부문은 조직 자체의 자기증식을 계속할 강한 인센티브를 갖고 있다. 큰 조직, 많은 인력, 많은 예산을 향해서 공공부문은 자기증식을 거듭해간다. 그러나 정치가들의 입장에서 그들을 제어하기란 쉬운 일이 아니다. 공공부문의 개혁에 따르는 실은 자기가 지고 득은 다음 선거에서 선출되는 정치가가 보게 된다. 공공부문이 자의적으로 처분할 수 있는 자원의 양이 늘어감에 따라 이익집단의 성장도 눈부시게 이루어진다. 침체기에 들어서면 경제문제의 중요한 부분이 정치적인 파워에 따른 협상의 산물임을 이해하는 사람들이 늘어나게 된다.

이때 특이하게 관찰할 수 있는 점은 우선 그동안 이익단체를 결성할 필요나 엄두를 내지 않았던 사람들도 새로운 이익단체의 결성을 위해 열심히 노력하게 된다는 것이다. 수많은 구성원으로 이루어진 이익단체 속에 상대적으로 소외되고 있다고 느끼는 집단이 늘어나기 때문이다. 이익집단들이 분화되면서 이익집단의 수가 대폭 증가하게 된다. 정치인들은 잠재이익집단을 배려하는 데 더 큰 관심을 둔다. 왜냐하면 그들이 당선을 도와줄 수 있는 사람들이기 때문이다. 따라서 정치인들은 표에 도움이 될 법한 잠재이익집단을 적극 발굴해서 지원하는 일이 진행된다. 잠재이익집단의 결성과 지원에 있어서 정치인들의 기발한 발상이 눈에 띌 정도로 발휘되는 시기이다.

DJ 정부와 노무현 정부에서 경제팀을 이끌었던 이헌재 전 부총리는 『경제는 정치다』에서 이렇게 회고한다. "DJ가 4대 개혁을 추진했는데도 쉽지 않았다. 결국 금융, 기업, 노사, 공공 등 4대 개혁 중 공공부문 개혁은 손도 대지 못하고 임기를 마쳐야 했다." 외환 위기를 맞아 당연히 추진했어야 했던 공공부문 개혁은 15년째 미루어 두었다. 그 사이에 얼마나 많은 문제가 축적되었겠는가?

또 하나의 현상은 사회 전체의 비리나 구조를 개선한다는 명분을 내걸고 다양한 비영리단체들이 등장한다는 점이다. 그들은 정치, 경제, 환경, 사회 등 다양한 문제들에 대해 시위나 성명서 발표 등을 통해서 영향력을 행사하기 시작한다. 특히 그들의 집단행동 때문에 경제정책이 좌지우지되는 현상이 빈번하게 발생하게 된다.

쇠퇴기에 접어든 한 사회의 신념은 사회 구성원들의 여론, 정서, 국민감정 등에 의해 큰 영향을 받게 된다. 특히 다수가 무엇을 원하는가가 중요한 역할을 담당하게 된다. 뚜렷한 소신이나 신념을 갖추지 못한 대다수 정치가가 깊은 관심을 끌게 되는 것은 사회의 다수가 무엇을 원하느냐는 사실이다. 여기서 현대판 민주주의가 뛰어난 위력을 발휘하게 된다. 다수가 원하는 방향으로 경제정책을 운용하는 현상이 뚜렷하게 관찰된다. 저성장기에 민주주의 원리와 자유주의원리의 본격적인 갈등이 빚어지기 시작하는 시기이기도 하다.

또 사회의 향방을 두고 치열한 세계관의 갈등이 빚어지는 시기이기도 하다. 한 국가가 장기 쇠퇴의 길로 가느냐 아니면 단기적인 쇠퇴를 경험한 다음 다시 회복할 수 있느냐가 결정되는 중요한 시기다. 일단 기울기 시작한 국가를 재생의 길로 돌리기는 어려운 일이다. 이런 점에서 1960년대 이후 일본이 걸어온 길 그리고 지난 20여 년간 일본의 침체기는 우리가 주의깊게 봐야 할 역사적 교훈이다. '우리는 일본과 달라요'라고 이야기하지만 나는 '우리가 크게 다를 수 있을까'라는 점에 대해 의구심을 갖고 있다. 미워하면서도 배운다는 말이 있지 않는가? 그런데 일본처럼 앞섰던 집단은 선례가 없었다고 이야기할 수 있지만, 후발 주자가 앞선 집단의 역사적 경험으로부터 배울 수 없다면 마땅히 비난받아야 할 것이다.

제4단계: 회복기

역사는 반복된다. 나누어 먹는 사회에서 만들어내는 사회로 방향선회에 성공하고 이를 이루기 위해 적절한 체제개혁이 이루어진다면 국가는 다시 회복기에 들어가게 된다. 역사적으로 회복기라고 부를 만큼 체제개혁에 성공한 나라는 드물다. 일단 어떤 국가가 쇠퇴기에 접어들면 좀처럼 벗어날 수가 없다.

회복기에 들어설 수 있는 행운을 가진 나라들조차 과거보다 저성장을 경험할 수밖에 없다. 하지만 회복기에 접어든 나라들은 서서히 자신감을 회복하고 예전 수준에는 못 미치지만 개개인의 삶이 다시 윤택해진다. 그러나 이런 상황도 영원히 계속될 수는 없다. 회복기는 앞에서 설명한 이유 때문에 다시 저성장기로 접어들게 되고 경제 상황은 악화한다.

적절한 체제개혁을 완수하는 것은 엄청나게 어려운 일이다. 글로벌 금융위기 속에서도 굳건하게 자기 자리를 유지해 온 독일은 연금 개혁을 함으로써 '역시 독일이다!'라는 칭찬을 받았다. 그러나 그들의 속내를 들여다보면 개혁이란 것이 어떤 것인가를 추측하게 해준다. 근래에 독일에는 줄어드는 연금 수령액을 보충하기 위해 아르바이트에 나서는 노인들이 늘어나고 있다고 한다.

35년간 근무자를 기준으로 2000년만 하더라도 은퇴자들은 매달 1,021유로(약 145만 원)를 받았지만 연금개혁이 추진되면서 2011년에는 수령액이 953유로(약 135만 원)로 줄어들게 되었다. 그 결과 2000년에는 65세 이상 연금 생활자 가운데서 아르바이트에 나선 사람이 불과 28만 명이었지만 2011년 말에는 76만 1,000명까지 늘어났다. 이 가운데 만 75세 이상 고령자는 12만 명이고 풀타임 근무자만 8만 명이나 된다.

개혁은 이처럼 근사한 말이 아니라 고통을 수반한다. 그런데 연금 개혁의 모범 국가인 독일은 정년퇴직 기준을 현재 65세부터 67세까지 끌어올리기 위한 논의를 진행하고 있는데 일각에서는 이번 개혁에 아예 70세로 상향 조정해야 한다는 이야기도 나오고 있다.[29]

≈ 이익집단의 성장이 국가에 미치는 영향

경제 규모가 커지면서 분배할 수 있는 자원이 많아지고 이에 따라 특수이익집단이 늘어나는 것은 피할 수 없는 일이다. 다만 특수이익집단이 자원을 비생산적인 용도로 빨아들이는 일은 문제가 된다. 그러나 더욱 심각한 문제는 저성장기의 후반이 되면 상시 조직이 아니라 사안별로 국민 다수가 참여하는 잠재이익집단이 만들어지게 된다는 점이다.

그들은 주로 생존권을 보장하거나, 인간다운 삶을 보장하거나, 상대적 격차를 해소하거나, 경제정의의 실현을 위한다는 측면에서 일정한 조건을 만족하는 대상들에게 혜택을 나누어 주는 그런 활동들의 결과물이다. 그런 활동이 무슨 문제가 되느냐고 반문하는 사람들도 있을 것이다. 따라서 이익집단의 성장이 국가와 그 구성원들의 삶에 어떤 영향을 미치게 될지를 정리해 보는 것은 의미가 있다.

첫째, 한 나라의 지출 규모를 크게 늘리게 된다. 이익집단은 결국 특정 그룹에 일정한 지출을 하는 것을 의미하기 때문이 국가가 지출해야 할 부담이 계속해서 커지게 된다. 지출 규모가 늘어나는 것은 규모 그 자체에도 문제가 있지만 구성하는 성격에도 큰 영향을 미치게 된다. 고정비 성격의 지출이 늘어남으로써 환경 변화에 따라서 반드시 실행해야 할 프로젝트들이 실행에 옮겨질 수 없게 된다. 이런 현상은 이미 우리 사회에서도 나타나고 있다.

둘째, 지출은 나름의 관성을 가진다. 잠재이익집단은 수혜 계층에 따라 혜택을 받는 것에 주안점을 두기 때문에 한 계층이 혜택을 받는다면 다른 계층도 정부에 손을 벌리게 된다. 사람이 참지 못하는 것은 다른 사람과의 비교이다. '왜 저 사람들만 돈을 받아야 하나요?'라는 의문이 든다. 심지어 과도한 지출로 나라가 부도를 앞둔 시점에 도달하더라도 지출을 줄이는 일은 어렵다. 지출을 줄이는 일은 뼈를 깎는 고통이 뒤따르기 때문에 최악의 상황 전까지는 누구도 비용을 줄이는 악역을 맡으려 하지 않는다.

셋째, 한쪽에 지출을 늘려야 하면 다른 쪽에 지출을 줄여야 한다. 일단 새로운 지출 프로그램을 만들어내는 데 열성을 보이는 사람들은 자원의 제약이란 문제를 심각하게 받아들이지 않는다. 지출을 늘리는 것은 줄여야 하는 것과 함께 생각해야 한다.

정치인들이 선호하는 지출은 전시성이 있고 상징적이고 가시적으로 무엇인가를 보여줄 수 있는 것들이다. 오랜 기간에 걸쳐서 익명의 다수에게 이익을 가져다주었던 투자성 지출은 삭감 항목으로 떠오르게 된다. 그것은 표에 크게 도움이 되지 않기 때문이다. 따라서 잠재이익집단의 등장은 투자성 지출을 크게 줄이는 결과를 낳게 된다.

넷째, 지출을 거둬들이는 과정에서 여러 가지 부작용이 발생한다.

만만한 대상은 자산가나 소득이 높은 사람이다. 그들에게 징벌적 과세를 행하는 것은 다수 사람에게 통쾌함을 줄 수 있기 때문이다. 그러나 소수 자산가나 고소득자에게 중과세하는 것만으로 충분할 수가 없다. 본래 늘어나는 지출을 충족시킬 만큼 수입을 늘리는 일이 만만치 않다. 주로 두 가지 방법을 사용할 것이다. 하나는 세원 확보가 투명한 봉급생활자에게 과세하거나 국채 발행 등과 같은 것으로 다음 세대에 비용 부담을 넘기는 방법이다.

다섯째, 지출 프로그램은 소득이전 프로그램이기 때문에 반드시 기회비용을 수반한다. 한 나라의 가용자원이 생산적인 용도가 아니고 계속해서 비생산적인 용도로 활용된다면 결국 자원을 생산적인 용도로 활용하지 못한 비용 즉, 자원의 낭비에 대해서는 어떤 모습으로든 책임을 질 수밖에 없다.

자원은 반드시 효율적으로 사용되어야 한다. 어떤 개인이 은행에서 돈을 꾸어다가 명품을 구매하는 데 사용할 수 있다. 이것 역시 돈을 투입하는 행위이다. 그러나 그 비용은 고스란히 빚으로 남게 된다. 그런데 그 개인이 돈을 꾸어다가 사업을 해서 원리금과 이자를 갚고 난 다음에 일정한 저축을 할 수 있다면 자원을 생산적인 용도로 사용한 것이다.

국가도 자원 활용의 생산성을 높이기 위해 노력해야 한다. 우리가 흔히 이야기하는 구조조정은 비생산적인 용도로 활용되는 공장이나 기업의 문을 닫는 것을 뜻한다. 당사자에게 가슴이 아픈 일이지만 자원의 낭비를 막고 궁극적으로 경제 위기에 도달하는 것을 막기 위한 활동이다. 나라 차원에서도 자원을 더욱 효율적으로 사용하기 위한 구조조정이 계속해서 이뤄져야 한다.

여섯째, 이익집단은 공동체 내 적극적인 정치활동과 적대감을 낳는다. 경제는 치열하다고 하지만 룰이라는 것이 있다. 고객에게 더 잘 봉사하는 사람들이 선택을 받는다. 그러나 정치와 집단을 만들어서 이익을 구하는 것에 그런 법칙이란 없다. 집단 대 집단은 적대감을 낳는다. 특히 이익이 걸린 문제를 갖고 사회가 집단으로 나누어질 때는 상대편에 대해 적의를 갖지 않을 수 없다. 집단행동을 통해서 자원 배분의 우선권을 얻기 위한 투쟁이 본격화된다.

지금까지 소개한 집단행동이 낳는 6가지 파급효과는 정도의 차이는 있을지 모르지만 우리나라에서 이미 가시화되고 있는 것들이다. 앞으로 이들 파급효과가 어떻게 전개되어 갈지는 추가적인 논의가 필요할 것이다. 그렇지만 우리 사회의 앞날을 전망해 보는 데 있어서 이들 파급효과는 충분히 고려되어야 한다고 생각한다.

올바른 신념과 통찰이 필요한 시대

원시본능과 잘못된 신념의 위력은 지금보다 훨씬 강력한 힘을 발휘하게 될 것이다. 격차가 확대되고 삶이 팍팍해질수록 힘은 더 커질 것이다. 더구나 지식인과 유명인 그리고 집단행동도 바람직하지 못한 방향을 향해 나아갈 것으로 보인다. 우리는 이런 큰 틀 안에서 우리의 앞날을 이해할 필요가 있다.

이런 현상들이 일으킬 최종 결과는 급속히 증가하는 공동체 차원의 지출과 좀처럼 활력을 찾지 못하는 경제 활동이 될 것이다. 별것 아닌 것처럼 보이는 정책이라도 일단 시작되고 나면 세월과 함께 관성이 생긴다. 관성은 필연적으로 일정한 추세를 만들어 내는데 뒤집는 것은 무척 어렵다.

개인의 뿌리 깊은 습관과 마찬가지로 어떤 집단에 익숙한 것을 포기하기란 쉽지 않다. 특정 집단에 이익을 나누어주는 정책이라면 그런 추세를 역전시키는 일은 더욱 힘들다. 일단 일정한 이익이나 권리를 주게 되면 '자신이 마땅히 받아야 할 당연한 권리'로 생각해버린다.

정부가 더 많은 자원을 거두어들여서 다양한 집단에 이익을 나누어주는 일이 시작되고 나면 점점 가속도가 붙게 된다. 일단 이익을 배분받게 되면 만족할 수 없기 때문이다. 이익을 누리는 기존 집단들은 이미 받고 있는 혜택에 감사하기보다는 당연하게 여기며 한 걸음 나아가 추가적인 요구를 무리하게 내세운다.

그뿐만 아니라 이익 배분으로부터 소외된 사람들은 자발적으로 새로운 집단을 만들어서 이익 배분에 참가하거나 표를 의식한 정치인들로부터 새로운 집단의 형성을 종용받게 된다. 이처럼 한 사회에서 국가로부터 도움을 요청하는 사람들의 숫자가 부쩍 늘어나게 된다. 그런 사회에서 정부 정책은 럭비 공처럼 어느 쪽으로 튈 것인지를 예측하기 어렵게 된다. 정책이 원리나 원칙에 따라 움직이기보다는 오로지 실용과 이익, 집단 간 힘의 대결과 로비력, 정책에 간여할 수 있는 사람들의 친소관계에 좌우된다. 그런데 놀라운 사실은 특정 집단을 위한 정책이 대부분 사회 일반 혹은 전체의 이익에 반한다는 사실이다.

경제 정치화와 폭탄 돌리기의 위험성

집단의 이익을 보호하는 정책을 빈번하게 사용하다 보면 그런 정책들이 낳는 필연적인 결과에 주의해야 한다. 처음에는 '가장 불운한 사람들의 보호'를 위한 정책이었을 수 있지만 점점 더 특정 집단을 위한 '특수 이익의 보호'로 바뀔 수밖에 없다는 사실이다.

정부가 사회적 정의나 경제적 정의를 위해서라는 근사한 명분을 내걸고 이익을 나누는 일에 개입하기 시작하면 점점 그 범위는 넓어지고 이익의 규모도 커지게 된다.

기존 지출 프로그램에 새로운 지출 프로그램이 차곡차곡 더해지게 되면서 한 사회는 고정비 성격의 비용 증가를 경험하게 된다. 일단 그런 제도가 만들어지고 나면 급격한 위기 상황이 발생하지 않는 한 손을 댈 가능성은 거의 없다. 어려운 일은 이런 비용을 줄이기 위해 누구도 나서기가 쉽지 않다는 점이다. 정치인이 정권을 내놓을 수 있다면 가능할 수도 있다.

그러나 이런 기대를 하는 것은 처음부터 불가능하다. 그것은 정치인의 존립기반을 부정하는 요구이기 때문이다. 정권 창출을 목표로 하지 않는 정치인이 어떻게 정치인이겠는가? 따라서 급격한 위기 상황이 도래하기까지 고정비 성격의 지출을 줄이는 개혁 조처를 하기는 쉽지 않다. 일단 다양한 집단을 위한 재분배 정책을 시행하게 되면 사회의 구성원들 가운데 더 많은 사람이 이런 정책을 정의로운 정책으로 받아들인다.

시민은 자기중심으로 문제를 바라본다. 자신을 중심으로 보면 합리적인 정책처럼 보일지라도 전체를 중심으로 보면 비합리적인 정책이 많다. 그렇다고 시민 다수에게 전체를 중심으로 문제를 보라고 요구할 수는 없다. 모든 시민들이 국가의 현재와 미래라는 전체 입장에서 자신의 문제를 들여다보는 일은 쉽지 않다. 깨어 있는 시민은 부분적인 이익과 전체적인 이익을 명확히 구분할 수 있는 사람들이다. 하지만 이들이 우리 사회의 다수를 차지할 가능성은 높지 않다. 언젠가 나는 '로컬local 대 제너럴general'이란 제목으로 글을 썼다. 부분을 위한 이익이 전체를 위한 이익이 되지 않는 경우가 허다함을 지적한 내용이다.

세상이 소란스러운 이유 가운데 하나가 무엇일까? 오래전에 공부를 할 때 '최적값optimum'에 대해 배웠던 생각이 난다. 특정 문제에 대해서는 최적값이라 하더라도 그 문제를 넘어서 전체라는 시각에서 보면 최적값이라 부를 수 없을 때가 많다. '특정'에 대해서는 '로컬'이란 형용사를 붙이고 '전체'에 대해서는 '제너럴'이란 형용사를 붙인다. 내 입장에서 보면 그리고 우리 집단의 입장에서 보면 분명히 옳은 정책인데 전체의 입장에서 보면 우선순위가 떨어지는 일들이 세상에는 아주 많다.

예를 들어 정부가 나에게 혹은 우리에게 무엇을 해주어야 한다고 요구하는 개인이나 특정 그룹들의 이야기는 일리가 있을 수 있다. 의료비 부담이 과중하기 때문에 일정 액수를 넘어서는 의료비에 대해서는 공짜로 해주어야 한다는 요구. 특수한 병에 대해서는 특수한 약품을 사용해야 하기 때문에 의료보험이 이런 비용을 모두 커버해야 한다는 요구. 대학을 다니는데 비용이 많이 들기 때문에 등록금을 모두 정부가 보조하거나 절반 정도를 보조해야 한다는 요구. 우리 지방에 비행장이 필요하기 때문에 비행장을 건설해 주어야 한다는 요구. 우리가 살기 힘들기 때문에 우리만 특별히 지원해 주어야 한다는 요구. 이런 모든 요구들은 하나하나가 그 문제에 국한하면 최적값으로 보인다. 이른바 '부분 최적값local optimum'에 해당하는 것들이다. 그러나 이런 요구들은 나라의 살림살이, 우선 순위, 정당성 그리고 효율성이란 측면에서 꼼꼼히 따져들어가다 보면 전체라는 시각에서 본 '전체 최적값general optimum'이라 할 수 없는 것들도 많다.

그러나 특정 집단이나 특정인에게 자신의 주장을 거둬들이라고 요구하는 일은 무척 힘들다. 그래서 막무가내로 주장하는 사람들과 전체의 입장에서 조정하려는 사람들 사이에 실랑이가 벌어지면서 세상은 늘 혼란스럽다. 결국 정치라는 것이 자의적으로 자원을 배분하게 된다. 나의 경험은 일단 나의 이익이나 우리 이익에 사로잡히고 나면 전체를 볼 가능성은 희박하다는 사실이다. 게다가 잘못된 신념까지 가세하게 되면 자신의 주장을 거두어들일 가능성은 거의 없다는 사실이다.

그렇다면 날로 증가하는 고정비 성격의 비용을 누가 부담해야 하는가? 세원稅源이 쉽게 노출되는 직장인이나 기업들에 더 큰 비용을 부담시키게 될 것이며 조세 저항이 있을 것으로 예상되는 경우에는 국채 발행 등으로 막게 될 것이다. 세원을 거두어들이기 위해 이른바 '경제의 정치화' 현상은 더욱 심해질 수밖에 없을 것으로 보인다. 여기서 경제의 정치화는 이런저런 명목을 내세워 경제원리를 적용해야 함에도 정치 사회 논리를 우선시하는 것을 말한다.

거두어들일 수 있는 모든 곳에 부담이 과해질 것이며 특히 세원이 쉽게 노출되는 사람들이 부담해야 할 액수는 더욱 커지게 될 것이다. 또한 투표권이 없는 미래 세대에 부담을 전가하는 일은 더욱 커지게 될 것이다. 내가 자주 사용하는 문장 가운데 하나가 "아버지는 자식을 끔찍이 생각하시만 아버지 세대는 자식 세대를 별로 개의치 않는다."는 것이다. 얼마 전 세대 간 비용 부담문제에 대해 담소를 나누던 중에 재외 교포 출신인 한 지인은 한국 생활에 대한 단상을 이렇게 들려주었다.

"나이 든 분들을 개인적으로 만나보면 다들 문제가 뭔지 알고 있습니다. 그런데 세대 간 문제에 관해서는 다들 솔직하지 못합니다. 연금, 국가부채, 건강보험료 등 세대 간 '폭탄 돌리기'를 계속하고 있다는 생각이 들어 안타깝습니다. 미래 세대는 어떻게 하라고 그렇게 하는지 갑갑합니다."

여기서 우리가 주목해야 할 사실은 '눈에 보이는 효과'와 '눈에 보이지 않는 효과'이다. 이익을 나누어주는 일이나 이를 위해 더 많이 거두어들이는 일은 모두가 '눈에 보이는 효과'에 주목하는 정책들이다. 시민 대부분이나 정치인들은 그런 정책들에 환호를 보낸다. 소수 사람이 '눈에 보이지 않는 효과'에 주목하라고 권하지만 관심을 끌 가능성이 낮다. 왜냐하면 눈에 보이지 않는 효과는 이성을 통한 추론 과정이 필요할 뿐만 아니라 일정 동안의 인내와 고통을 대부분 요구하기 때문이다.

국가 차원에서 굵직한 대규모 축제가 진행되고 세계 시장에서 몇몇 기업들이 승전보를 올리는 동안에는 누구도 우리 사회의 구조적인 문제에 주목하지 않는다. 하지만 경제의 정치화 현상 탓에 고용 창출 능력이 개선될 기미가 보이지 않고 수입 창출 능력에도 문제가 드러나게 되면서 우리가 뭔가를 잘못하고 있는 것은 아닌지 의심을 품는 사람들이 늘어날 것이다.

일본을 보면 구조개혁이 실패한 사회가 가는 길을 예측할 수 있다. 세출은 자꾸만 늘어가는데 역동성을 상실한 사회에서 세입은 정체되거나 줄어드는 것이 지배적인 현상으로 자리 잡게 된다. 1990년대 60조 엔이나 되었던 세수는 2012년에 42조 엔으로 곤두박질하고 무작정 늘려왔던 세출 증가로 말미암아 일본의 국가부채는 2010년 1,000조 엔을 넘어서고 말았다. 늘려놓은 세출을 감당하기 위해 다시 빚을 늘려야 하는 악순환에 빠지고 만다. "설마 그런 일이 일어나겠어."라는 생각을 하는 사람들이 다수였지만 경제 원리를 위반한 사회가 궁극적으로 도달할 수밖에 없는 결과에서 어느 누구도 벗어날 수 없다.

수입 창출 효과에서의 문제점도 간과할 수 없다. 흥미로운 사례 가운데 한 가지가 사업에서 투자 결정을 할 때이다. 투자할 때 "우리가 이런 신규 투자를 한다면 경쟁사들이 어떻게 대응할 것인가?"라는 점을 아주 중요하게 고려 대상에 넣는 경우가 드물다.

물론 충분히 그 점을 고려했다고 이야기하지만 투자를 결정하는 사람들은 은연중에 우리가 이런 의사결정을 내리더라도 상대방은 지금까지의 행동을 계속할 것이라는 가정을 염두에 둔다. 그래서 전쟁의 전술 전략과 마케팅 전략과의 연결고리에 관심을 둔 연구자들은 "적은 머물러 있는 존재가 아니고 살아 숨을 쉬는 존재이다."는 사실을 잊지 말라고 강력하게 조언한다. 이처럼 명백한 사실을 소홀하게 다루는 이유는 무엇일까? 그 해답은 우리의 인지 구조에 답이 있는 것 같다.

최악의 시나리오를 어떻게 막을 것인가

우리의 인지구조는 기존 질서를 보이는 그대로 가정하는 성향을 강하게 가지고 있다. 이런 성향에서 벗어나기 위해서는 의도적인 노력 즉, 상대방이 살아 숨 쉬며 부지런히 움직이는 존재라는 사실을 기꺼이 받아들이는 자세와 마음가짐이 필요하다. 이는 자동으로 이루어지는 일이 아니라 의식적이고 체계적으로 노력해야 하는 일이다.

정치적 의사결정을 내리는 사람의 계산은 간단하다. 세율 증가율 곱하기 세원으로 세율을 높이는 것만큼 세금을 더 거둘 수 있다는 판단에 기초하고 있다. 이런 가정 또한 "상대방은 살아 움직이는 존재가 아니다."라는 가정에 기반을 두고 있다. 납세자는 세율 증가에 맞서서 자기 나름의 합리적인 대안을 찾을 것이다.

하나는 세금 절세를 넘어서 탈세에 대한 유혹이고 다른 하나는 경제 활동 자체를 줄이는 것이다. 우리는 이따금 사람이 그렇게 행동해서는 안 된다는 가정을 하지만 실제로 사람이 어떻게 행동하는가는 별개의 문제이다. 세율을 증가시키더라도 고소득자들이 고분고분 세금을 내고 부작용도 발생하지 않을 것이라는 가정에 기초해서

증세 안을 밀어붙이지만 모든 정책의 대상자들은 살아 움직이는 존재이다. 그들은 나름대로 대안을 찾게 마련이다. 대안의 중요한 부분은 경제 활동의 축소 즉, 투자의 감소 등과 같은 모습을 갖게 될 것이다.

수입관리도 문제가 되지만 더 큰 문제는 이미 짊어진 부채 규모에다 점점 추가적인 부채가 늘어난다는 점이다. 부채 문제는 겉으로 모든 것들이 잘 돌아가는 것처럼 보이고 굵직굵직한 축제가 계속되고 있을 때는 외부 사람들이 제대로 알아차리지 못한다. 그러나 국가 차원에서 추진되는 대규모의 화려한 축제가 막을 내리고 경기가 가라앉게 되면 여기저기서 '저 친구들 앞으로 빚을 어떻게 갚아나가지?'라는 회의감을 갖는 사람들이 하나둘 늘어나게 된다.

특히 금융시장에서 사람의 판단이 늘 합리적인 것은 아니다. 낙관론이 어느 순간 비관론으로 갑자기 바뀔 수 있는 곳이 금융시장이다. 비관론은 순식간에 전염되고 전도양양한 경제 주체도 한순간에 채무 지급 불능자라는 오명을 쓸 수 있다.

위기 상황이 도래할 가능성은 있다. 이런 상황이 도래하게 되면 '어떻게 하다가 이 지경까지 우리가 오게 되었는가'라는 반성도 생기겠지만 이미 차는 떠나버린 상태다. 비로소 이때가 되면 지출에 대한 가혹한 구조조정 작업이 진행되고 제대로 준비하지 못한 경제 주체들의 자산은 헐값으로 외부인의 손에 넘어가고 말 것이다. 때로는 '파이어 세일'처럼 눈물의 빚잔치가 일어날 수 있다. 이런 이야기는 최악의 시나리오이기는 하지만 대규모 축제가 끝나고 난 다음에 발생할 가능성이 있다.

점점 더 지출과 소득 사이에 격차가 커지게 될 것이다. 이는 성장률은 물론이고 경상수지적자가 커지는 지표로 드러나게 될 것이다. 그때가 되어서 가버린 시간과 허비해 버린 자원을 후회해도 소용이 없는 일이다. 빚을 갚거나 탕감하고 다시 시작하는 길은 오랜 시간이 걸릴 것이다. 이미 인구의 고령화와 저출산 현상이 드러나는 시기여서 수입 면에서 큰 효과를 거두기는 더더욱 어렵다.

"빈천은 근검을 낳고, 근검은 부귀를 낳고, 부귀는 교사驕奢(교만과 사치)를 낳고, 교사는 음일淫佚(방종과 나태)을 낳고, 음일은 다시 빈천을 낳는다."는 이종오가 저술한 『후흑학厚黑學』의 한 구절은 인간사에 언제 어디서나 새길 만한 교훈이다. 만사가 그런대로 돌아갈 때 교만과 사치와 방종하지 않도록 후일을 대비하는 일이 중요하지만 이를 미리미리 준비하는 나라는 소수에 불과하다.

우리 자신에게 정직해야 한다

성장기가 그다지 여유롭지 않고 굴곡이 심하였거나 봉급이 아니라 시장을 상대로 수주해야 하는 사람이라면 리스크란 단어를 그냥 단어로 받아들이지 않는다. 그들에게 리스크는 살아 숨 쉬는 단어이자 지금 이 순간에도 언제든지 자신과 사업을 옥죌 수 있는 것으로 생각한다. 리스크를 온몸으로 느끼고 살아가는 사람은 리스크를 줄여나가는 일만이 자신이 할 수 있는 유일한 선택이라고 생각한다.

언젠가 읽었던 책에 이런 내용이 들어 있었다. 아무리 준비를 야무지게 하더라도 우리는 통제할 수 없는 리스크에 압도될 때가 있다. 현대인에게 리스크는 고대인에게 운명이란 단어로 대체해도 크게 무리가 없을 것이다.

우리가 할 수 있는 일은 노력하는 일이다. 불행이 우리에게 닥치지 않도록 노력하는 일이다. 어떤 노력이어야 하는가는 그렇게 복잡하지도 않고 어렵지도 않다. 우리는 요행을 바라지 말아야 하고 우리 자신에게 정직해야 한다. 어떻게 정직해야 할까? 여섯 가지 이야기 안에 정직함의 실체가 들어 있다.

1. 꾼 돈은 알뜰살뜰 써야 한다

우리는 이런저런 용도로 돈을 꾸어 사용할 수 있다. 그러나 돈을 낭비하는 일은 상당한 대가를 치르게 된다. 한 나라가 돈을 사용하는 것도 마찬가지이다. 타인의 돈을 꿔서 사용할 때는 생산적인 용도로 사용해야 한다. 그렇지 않고 마치 공돈처럼 돈을 쓰면 반드시 대가를 치르게 된다. 세계적인 리스크 컨설턴트인 사트야지트 다스 Satyajit Das는 한 인터뷰에서 현재의 경제 위기가 오래갈 수밖에 없는 주요 요인이 낭비라고 답했다. 그는 "최근 30년 동안 세계 경제 성장의 상당 부분이 폰지 사기(다단계 금융사)다. 부채를 이용해 외형성 고성장을 이뤘을 뿐이다. 2008년 미국은 평균 4~5달러의 빚을 내서 1달러 정도 성장했다."고 지적한다. 우리가 빌린 돈을 과연 생산적인 용도로 사용하고 있는가에 대해 깊은 고민이 있어야 한다. 내 눈에는 나랏돈 빼먹기 경진대회가 곳곳에서 열리고 있다는 생각이 든다. 이렇게 펑펑 돈을 쓰다가는 큰일을 당하고 말 텐데라는 걱정과 아쉬움이 교차할 때를 자주 겪게 된다. 여러분도 그런 경험을 자주 갖지 않는가? 나라가 돈을 찍는 기계라도 된 듯이 정말 많은 이익집단들이 나랏돈에 손을 내민다. 여기에다 놀라운 것은 마치 필요에 맞추어서 지출이 가능하기라도 하듯이 장단을 맞추는 정치인과 지식인들이 줄을 잇고 있는 실정이다. 정신을 차려야 하지만 위기 전에 정신을 차릴 가능성은 낮다.

2. 구조조정이 계속 이뤄져야 한다

나의 관찰에 의하면 정말 돈이 흘러가 버린다는 표현을 사용할 정도로 예산 낭비가 심하다. 조금만 관심 있게 관의 지출이 집중적으로 투입되는 곳을 들여다보면 돈이 줄줄 새고 있다. 절약하려는 노력도 없다. 정권이 등장할 때마다 신설 지출 프로그램을 만들기에 혈안이 된다. 낭비에 낭비를 더한다. 이것은 일종의 죄악이며 고치지 않는다면 한꺼번에 비용청구서가 날아오는 일이 발생할 것이다.

돈을 생산적인 용도로 사용하는 것은 그냥 구호를 외치거나 호소하는 것만으로 충분하지 않다. 썩은 부분을 도려내고 지속적인 구조조정이 일어나야 한다. 구조조정이 없다면 마치 환부를 도려내지 않고 진통제를 투입하는 것과 똑같은 일이다.

우리가 건강하게 오래 사는 방법은 신체를 유연하게 하고 혈액의 흐름을 원활하게 하여 노폐물이 쌓이지 않도록 하는 일이다. 마찬가지로 한 사회 또한 세월과 함께 만들어지게 마련인 노폐물이 쌓이지 않도록 기존 제도를 계속해서 정비하고 불필요한 것을 수선하고 폐지하고 보완하는 일이 필수적이다. 그래서 방치된 사회 곳곳의 환부를 통해서 귀한 자원이 낭비되어버리는 일을 막아야 한다.

신체를 유연하게 하는 일이나 나라의 경제를 유연하게 하는 일 모두가 일정 동안의 고통과 인내를 요구한다. 익숙한 것과의 결별이 있어야 하고 오래된 것이 상실되는 아픔과 새로운 것에 적응하는 고통을 기꺼이 감내해야 한다. 당장의 고통 때문에 인위적으로 가격을 낮추고 보조금을 내게 되면 필연적으로 낭비는 발생할 수밖에 없다.

3. 요행을 바라지 말고 본질에 충실해야 한다

이따금 세상살이에 요행도 있을 수 있다. 그러나 장기적으로 보면 모든 것은 평균값에 접근하게 된다. 개인도 회사도 나라도 요행을 기대해서는 안 된다. 그렇다면 요행에 의지하는 사람의 특징은 무엇일까? 벌어들이는 능력에 관계없이 필요에만 관심을 갖는 사람이다. 국가공동체는 씀씀이 관리 못지않게 소득 창출 능력을 계속해서 유지하고 발전시켜야 한다. 정권이 등장할 때마다 나오는 정책은 환부를 도려내는 정책들이 아니다. 늘 잠시 동안 경기를 부양하는 성격의 정책들이 양산되면서 한국이 갖고 있는 본질적인 문제들을 외면하고 있다.

그러나 본질적인 문제들은 거의 틀림없이 수적으로 다수의 사람들과 관련된 분야들이다. 그들에 대한 수술이 없다면 우리가 괜찮은 일자리를 더 만들어낼 수도 없을 뿐만 아니라 막대한 교육 투자에 걸맞는 인재를 만들어내는 일도 쉽지 않을 것이다. 이 땅에서 개혁의 이름으로 나오는 거의 모든 정책들은 숫자로 보면 소수를 정확하게 조준하는 정책들이다. 결국 민주주의가 표로 움직이는 정치 체제이긴 하지만 정직함으로 우리의 문제를 정면으로 직시하고 돌파하지 않는 한 어떤 구호나 정책이라도 결국 한국이 가진 병을 심화시킬 뿐만 아니라 점점 한국 사회의 역동성을 둔화시키게 될 것이다.

4. 고정비용을 최대한 낮춰야 한다

작아도 사업을 해보면 경영의 요체가 수입관리와 지출관리임을 뼈저리게 느끼게 된다. 사업가는 고정비 지출을 줄이기 위해 필사적인 노력을 한다. 그러나 수입관리는 정반대다. 고정으로 들어오는 수입 원천을 찾기 위해 끝없이 노력한다.

나라 살림살이를 하는 사람도 마찬가지다. "한국 사람들 정말 대단해."라는 박수를 받는 것은 개인 차원의 걸출한 성과 때문이 많고 앞으로도 계속 그럴 것이다. 또 임계점을 통과한 일부 대기업들의 약진도 눈부실 정도이고 창업 대열에서 성공을 거두는 부러운 이야기도 있다. 그러나 개별값이 아니라 평균값에 초점을 맞추게 되면 한국이란 국가공동체 전체가 쓰나미처럼 몰려오는 비용청구서 때문에 홍역을 치를 가능성을 배제할 수는 없다.

우리의 민얼굴을 직시하는 사람들이 더 많이 나오기를 소망한다. 또 정직하게 우리의 문제를 대해야 한다. 문제가 터지고 난 다음에 울고불고 호들갑을 떨지 않도록 해야 한다.

5. 앞서 가는 나라에서 충분한 교훈을 얻어야 한다

일본이란 나라는 우리에게 성장의 반면교사였지만, 쇠락 시기에도 반면교사가 될 것이다. 식자층 중에는 이런저런 이유를 들면서 일본과 우리는 다르다는 사실을 강조한다. 그러나 국가의 부침이란 측면에서 보면 "우리는 특별해요."라든가 "우리는 달라요."라는 주장이 설득력을 얻는 역사적 경험은 찾기 힘들다. 인간과 인간으로 이루어진 집단이 거의 엇비슷한 행동을 보이기 때문이다. 전후 일본 사회는 고도성장기의 관료 주도 사회에서 1990년대 버블 붕괴 이후에는 20여 년간 정치 주도 사회로 권력의 무게 중심이 옮겨져 왔다. 무책임한 정치인들은 계속해서 경기부양책을 양산했고 이런 와중에서 건실하던 일본 재정은 세계 최고의 국가부채를 낳게 되었다. 게다가 고도 성장기를 통해서 차곡차곡 만들어진 이익집단들의 성장은 일본이란 나라 자체의 역동성을 크게 훼손시키고 말았다.

나는 한국이란 나라가 단기간의 고통과 아픔이 있더라도 환경 변화에 맞는 근본적인 구조개혁에 성공하지 못하고 근래의 정권이 해왔던 것처럼 경기 부양 성격이 강한 정책들과 차별입법을 통해서 특정 그룹에 이익을 안겨다 주는 정책들을 양산한다면 거의 일본과 비슷한 길을 걸어갈 것으로 본다.

6. 유행에 휘둘리지 말고 옥석을 가릴 수 있어야 한다

자본주의는 상품과 서비스란 면에서 끊임없이 유행을 만들어 내는 체제이다. 유행이 있어야 체제가 원활히 돌아갈 수 있다. 그런데 상품과 서비스 시장에서만 이런 일이 일어나는 것은 아니다. 지식시장에서도 유행이 계속해서 만들어지고 있다. 근사한 학벌을 가진 사람들 가운데는 '이 시대야 말로 특별한 시대이다'는 주장을 근거로 "당신은 책임이 없고 누구 누구가 책임이 있다."는 주장을 펼치는 사람들이 대거 등장한다. 이들의 호소는 원시본능을 정조준한 주장들이기 때문에 깊은 생각을 하지 않더라고 귀가 솔깃해지고 가슴에 훈훈해지게 된다.

그런 느낌이 올 때는 이성과 지성의 힘을 사용해서 "저런 주장이 과연 올바른 주장인가?"라는 의심을 가져봐야 한다. 잘 사는 비결에는 산뜻함이 드물다. 스스로 선택하고 스스로 책임을 진다. 고객을 잘 만족시키는 것에 정치 권력의 범위와 규모를 줄여야 한다. 교역과 거래의 활성화는 자신과 모두를 돕는 지름길이다. 우리 삶을 지탱하는 경제 원리들은 예나 지금이나 변함이 없다. 경제 원리에 충실하게 삶을 꾸려가는 길이야말로 모두를 구하는 지름길이다.

시대정신이 변화하면서 당분간 거대정부를 향한 거센 바람이 불 것이다. 그러나 얼마 가지 못해서 경제 원리를 위반한 움직임은 막대한 비용을 지불하게 될 것이다. 거대정부의 부작용이 불거지면서 기본으로 돌아갈 것이다. 시대정신의 변질이 던지는 빛과 그림자를 잘 알아차리는 시민들이 많아야 한다.

사실 정치인은 자리를 떠나고 나면 그만이다. 그들이 재임하면서 만들어놓은 잘못된 정책과 제도들의 부담은 두고두고 시민들이 지불하게 된다. 이 땅에서 더 많은 시민들이 깨어 있어야 한다. 그것은 속지 않는 시민을 말한다. 단기간에 뭔가를 듬뿍 안겨줄 수 있다고 약속하는 정치인들과 당신 책임은 없어라고 말하는 자식인들의 주장에 귀가 솔깃해지지 않는 시민이어야 한다. 이는 원시본능에 대해 올바른 이해를 함으로써 도움을 받을 수 있다.

우리는 흔히 후대를 위해서 잘해야 한다고 말한다. 수명이 날로 길어지는 추세를 고려하면 후대는 물론이지만 당대에 대부분 자신들이 내린 정치적 의사결정의 혜택과 부담을 모두 짊어지게 될 것이다. 경제 위기는 한 번이면 충분하다. 다시는 화급한 상황에 처한 나머지 베이징과 도쿄로 달려가서 급전을 꾸어달라고 간청하는 상황을 만들어선 안 된다. 날로 늙어가는 대한민국이라는 피할 수 없는 환경을 고려하면 우리는 좀 더 현명하고, 좀 더 정직해야 하고, 좀 더 현실적이어야 한다. 기적과 요행이 아니라 노력과 성실이 지배하는 사회가 되어야 한다. 거짓과 허위가 아니라 진리와 진실이 지배하는 사회가 되어야 한다.

새 정부가 출범하면 사람들은 으레 기대한다. 당연한 일이긴 하지만 대통령과 고위관료가 바뀐다고 해서 우리의 문제가 쉽게 해결될 수는 없다. 우리 사회의 다수가 원시본능과 잘못된 신념의 문제점을 이해하고 이를 벗어나기 위해 노력해야 한다. 원시본능과 잘못된 신념에 바탕을 둔 정책들을 지지하지 않아야 하고 적극적으로 요구하지도 않아야 한다.

반면에 단기적인 고통이 따르더라도 올바른 신념에 바탕을 두었을 뿐만 아니라 경제원리에 충실한 정책이라면 적극 지지하고 동참할 수 있어야 한다. 우리의 미래와 현재는 결국 우리 사회 다수가 어떤 생각과 신념을 갖느냐에 좌우될 것이다. 그러나 우리 사회에서는 알게 모르게 원시본능과 잘못된 신념에 바탕을 둔 정책들에 대한 수요가 급격히 증가하고 있는 실정이다.

우리 사회가 경제의 활력을 살릴 수 있는 근본적인 구조개혁에 성공할 수 있을까? 힘든 구조개혁을 단행할 만큼 우리가 문제의 실상과 심각성을 이해하고 있는가? 정치 지도자들이 단기적인 불평을 감내하고라도 장기적인 안목으로 문제를 해결해나갈 수 있는가? 정치권력의 교체와 함께 기대감이 고양된 상태임에도 불구하고 만만치 않으리라고 본다. 더욱이 저출산과 고령화 문제를 고려하면 우리에게 제대로 된 구조개혁의 시간이 얼마 남지 않았다는 계산을 할 수 있다.

누구도 미래를 예단할 수 없고, 하기에 따라서 미래는 얼마든지 바뀔 수 있다. 이런 면에서는 우리가 합리적인 낙관주의자가 되어야 한다. 한편 쉬운 길을 가지 않으려는 결연한 의지와 실행이 필요하다. 정치 지도자들도 당분간 불편함을 감내하자고 국민을 설득해야 하고, 국민들 역시 기꺼이 불편함을 참아내야 한다. 이것이 우리 사회에서 가능하다고 보는가? 이 책이 이를 가능하게 하는 데 도움이 되기를 바란다.

주

제1장 복면을 쓰고 찾아온 위기

1 케네스 로고프/카르멘 라인하트(Kenneth S. Rogoff and Carmen M. Reinhart: 최재형, 박영란 공역)『이번엔 다르다』, 다른세상, 2010, p.12.

2 케네스 로고프/카르멘 라인하트(2010), pp.88~89.

3 케네스 로고프/카르멘 라인하트(2010), p.66, 68.

4 케네스 로고프/카르멘 라인하트(2010), p.330.

5 케네스 로고프/카르멘 라인하트(2010), p.48.

6 케네스 로고프/카르멘 라인하트(2010), p.135, 137.

7 케네스 로고프/카르멘 라인하트(2010), p.87.

8 끌로드 프레데릭 바스티아,『법』, 김정호 역, 자유기업센터, 1997, pp.17~18.

제2장 인류의 기원에서 답을 찾다

1 저자는 25년 동안 사람들이 어떻게 믿음을 형성하고 결정하는가를 연구해왔다. 토머스 키다(Thomas Kida: 박윤정 역),『생각의 오류』, 열음사, 2007, p.78.

2 데즈먼드 모리스(Desmond Morris: 황현숙 역),『머리 기른 원숭이』, 1996, 데즈먼드 모리스(김석희 역),『털 없는 원숭이』, 문예춘추사, 2011.

3 데즈먼드 모리스(1996), p.7.

4 데즈먼드 모리스(1996), p.7.

5 호모 사피엔스(舊人)로 20만~3만 5,000년 전에 존재하였던 화석인류를 일컬으며 네

안데르탈인은 호모 사피엔스의 일종으로 말하기도 한다. 구석기 중기를 살았다.

6 리처드 리키(Richard Leakey: 황현수 역), 『인류의 기원』, 동아출판사, 1995, p.21.

7 리처드 오버리(Richard Overy: 이종경 역), 『타임스 세계 역사 1』, 생각의 나무, 2009, p.28.

8 리처드 오버리(2009), p.35.

9 리처드 리키(1995), p.45.

10 리처드 리키(1995), p.90.

11 리처드 리키(1995), p.92.

12 리처드 리키(1995), p.93.

13 리처드 리키(1995), p.108.

14 Glynn Isaac, "The Food-Sharing Behavior of Protohuman Hominids", Scientific American, April 1978 in Human Ancestors: Readings from Scientific American, Glynn Isaac and Richard E. F. Leakey, W. H. Freeman and Company, 1979, pp.111~112.

15 Glynn Isaac(1978), p.112.

16 리처드 리키(1995), pp.110~111.

17 Lawrence A. Hirschfeld, Race in the Making: Cognition, Culture and the Child's Construction of Human Kinds, MIT Press, 1996, pp.13, 20. Ian Hacking, "The Looping Effects of Human Kinds", in Causal Cognition: A Multidisciplinary Debate, ed. Dan Sperber, David Premack, and Ann James Premack, Clarendon Press, 1995, pp.350~394.

18 Richard Wilkinson, Mind the Gap: Hierarchies, Health and Human Evolution, Yale University Press, 2001, p.33.

19 리처드 오버리(2009), p.35.

제3장 두뇌는 어떻게 만들어졌는가

1 데트레프 간텐 외 2인(Detlev Ganten etc.: 조경수 역), 『우리 몸은 석기시대』, 중앙books, 2011, p.21.

2 데트레프 간텐 외 2인(2011). p.60.

3 루안 브리젠딘(Louann Brizendine: 임옥희 역), 『여자의 뇌, 여자의 발견』, 리더스북, 2007, p.109.

4 조지 베일런트(George E. Vaillant: 김한영 역), 『행복의 완성』, 흐름출판, 2011, p.44.

5 조지 베일런트(2011), p.44~45.

6 바버라 스트로치(Barbara Strauch: 김미선 역), 『가장 뛰어난 중년의 뇌』, 해나무, 2011, pp.59~60.

7 선천적 자동반응기에 대한 논의는 김정호/공병호, 『갈등하는 본능』, 한길사, 1996, pp.62~83.

8 루안 브리젠딘(2007), p.21.

9 Jeff Landauer and Joseph Rowlands, "Importance of Philosophy: Emotions", www.importanceofphilosophy.com.

10 John Locke, An essay concerning human understanding, New York: E. P. Dutton, 1690/1947, 2권, 1장, p.26, 스티븐 핑커(Steven Pinker: 김한영 역), 『빈 서판: 인간은 본성을 타고 나는가』, 사이언스북스, 2004, p.29 재인용.

11 스티븐 핑커(2004), p.142.

12 박문호, 『뇌, 생각의 출현』, 휴머니스트, 2008, pp.108~123.

13 찰스 모리스(Charles G. Morris: 장동환 외 2인), 『심리학입문』, 박영사, 1993, p.318.

14 찰스 모리스(1993), p.364.

15 칼 세이건/앤 드루얀(Carl Sagan and Ann Druyan: 김동광 역), 『잊혀진 조상의 그림자』, 사이언스북스, 2008, p.205.

16 칼 세이건/앤 드루얀(2008), p.207.

17 루안 브리젠딘(2007), p.106.

18 '이성' 네이버 국어사전 인용. 한편 '논리'는 "말이나 글에서 사고나 추리 따위를 이치에 맞게 이끌어 가는 과정이나 원리" 혹은 "사물 속에 있는 이치, 또는 사물끼리의 법칙적인 연관"을 뜻함.

19 헤시오도스(Hesiodos: 천병희 역), 『신들의 계보』, 도서출판 숲, 2009, p.288.

20 국립중앙박물관, "마야의 우주관", 『마야 2012 멕시코』, 2012, p.17.

제4장 원시본능의 힘은 강력하다

1 금원섭, "인터뷰: 의도적으로 외면하기 저자 마거릿 헤퍼넌", 『조선일보』, 2011. 11. 12~13.

2 장하준, 『그들이 말하지 않는 23가지』, 부키, 2010, pp.15, 17.

3 김창균, "30년 만에 다시 듣는 미국 식민지 된다", 『조선일보』, 2011. 11. 15.

4 이케가야 유지(김성기 역), 『착각하는 뇌』, 리더스북, 2011, p.82.

5 하이에크(F. A. Hayek: 신중섭 역), 『치명적 자만』, 자유기업원, 1996, p.36.

6 칼 포퍼(Karl R. Popper: 이한구 역), 『열린사회와 그 적들 I』, 민음사, 1994, p.144.

7 칼 세이건/앤 드루얀(2008), pp.323~323.

8 하이에크(1996), p.45.

9 하이에크(1996), p.53.

10 조르주 뒤비/필립 아리에스(Georges Duby and Philippe Aries: 성백용 김지현 외 역), 『사생활의 역사』, 새물결, 2006, p.715.

제5장 어떻게 원시본능을 극복할 것인가

1 김남인, "위클리비즈 스토리: 로버트 누긴 하버대로스쿨 교수", 『조선일보』, 2011. 11. 25.

2 데이비드 코드 머레이(David Kord Murray: 이경식 역), 『바로잉』, 흐름출판, 2011, pp.58~60.

3 제니퍼 마이클 헥트(Jennifer Michael Hecht: 김태철/이강훈, 역), 『의심의 역사』, 이마고, 2011, p.33.

4 하이에크(F. A. Hayek: 신중섭 역), 『치명적 자만』, 자유기업원, 1996, p.47.

5 자카리 쇼어(Zachary Shore: 임옥희 역), 『생각의 함정』, 에코의 서재, 2009, p.244.

6 자카리 쇼어(2009), pp.49~50.

7 비키 쿤켈(Vicki Kunkel: 박혜원 역), 『본능의 경제학』, 사이출판사, 2009, p.125.

8 강천석, "[강천석 칼럼] 베를린서 바라본 '최루탄 국회'의 참담함", 『조선일보』, 2011. 11. 25.

9 토머스 키다(2007), p.248.

10 토머스 키다(2007), p.162.

11 Robert Abelson, "Beliefs Are Like Possessions," Journal for the Theory of Social Behaviour 16(1986):222.

12 최유식, "중국은 복지모델 배우지 말라", 『조선일보』, 2011. 12. 2.

13 허정헌, "불어나는 빚 더 못 버텨. 16년 가게 접고 알바생으로 전락", 『한국일보』. 2011. 12. 5.

14 루스 슈워츠(Ruth Schwartz Cowan: 김명진 역), 『미국 기술의 사회사』, 궁리, 2012, p.209.

제6장 이성적이고 합리적인 신념을 가져라

1 앨런 S. 케이헌(Alan S. Kahan: 정명진 역), 『지식인과 자본주의』, 부글, 2010, p.13.

2 앨런 S. 케이헌(2010), p.14.

3 칼 포퍼(1994), p.5.

4 칼 포퍼(1994), p.217.

5 민경국, 『하이에크, 자유의 길』, 한울아카데미, 2007, p.43.

6 Moris R. Cohen, Reason and Nature, New York: Harcourt, Brace and Co., 1931, p.119 하이에크(1996), p.121 재인용.

7 폴 존슨(Paul Johnson: 윤철희 역), 『지식인의 두 얼굴』, 을유문화사, 2005, p.623.

8 서명훈/오동희, "전자왕국 몰락, 남의 일 아니다", 『머니투데이』, 2012. 11. 2.

9 민경국(2007), pp.444~445.

10 한종우, 『소셜 정치혁명 세대의 탄생(Networked Information Technologies, Elections, and Politics: Korea an the United States』, 전미영 역, 부키, 2012, p.156.

제7장 미래를 위해 생각해야 할 것들

1 맨슈어 올슨(Mancur L. Olson: 최광 역), 『국가의 흥망성쇠』, 한국경제신문사, 1990, p.83.

2 한국의 가계부채도 국내총생산(GDP)에서 차지하는 비중이 높다. 한국은 80퍼센트로 선진 10개국 및 신흥 3개국의 평균치 65퍼센트를 크게 상회한다. 특히 신흥시장 국가들인 브라질(13퍼센트), 중국(12퍼센트), 인도(10퍼센트) 보다 최소 6~8배 높은

수준이다. 한국은행, 『통화신용정책 보고서』, 2011. 6. 29.

3 배상근, 『국가채무축소방안』, 자유기업원, 2008. 10. 21.

4 4대강 관련 사업을 추진한 한국수자원공사의 경우만 하더라도 사업 추진 전에 채권 발행 잔액은 2008년 말 500억 원에 불과하였지만, 이후 4대강 사업 추진과정에서 발행한 채권으로 2011년 말을 기준으로 9조 9,000억 원으로 늘어났다. 한국전력 역시 전기료 인상분을 보전하기 위해 채권발행액이 지난 3년간 12조 원으로 늘어나고 말았다. 국가사업의 재원을 채권발행으로 염출한 경우에 해당한다. 실질적으로는 국가채무에 해당한다. 김태근/류정, "공공기관 채권 300조⋯ 3년새 두 배", 『조선일보』, 2011. 12. 12.

5 2010년을 기준으로 정부는 국가채무 407조 1,000억 원(GDP 대비 36.9퍼센트)라고 발표하지만, 국회 기획재정위원회 이한구 의원은 "국가 직접 채무에 국민부담으로 전가될 수 있는 잠재적 국가부채를 더한 '사실상의 국가부채'는 1,848조 4,000억 원으로 7년 만에 21배로 늘어났다."고 주장한다. 참고로 2003년 말 사실상 국가채무 규모는 934조 4,000억 원에 머물렀다. 박신영, "이한구, 사실상의 국가채무 1848조 원", 『파이낸셜뉴스』, 2011. 9. 20.

6 P. Bernholz, "Necessary and Sufficient Conditions for a Viable Democracy", the General Meeting of the Mont Pelerin Society, Vienna, 1996, p.9, 공병호, 『시장경제와 민주주의』, 자유기업원, 1999, pp.21~22 재인용.

7 특수이익집단은 상설 조직을 가졌지만 잠재이익집단은 상설 조직이 있지 않으며 구성원들도 상대적으로 많은 편이다. 이를테면 65세 이상의 노인들 가운데 일정한 조건을 만족하는 노인들만이 기초노령연금을 받을 수 있다. 이럴 때 '기초노령연금 수령 자격이 있는 노인들'을 하나의 그룹으로 묶어서 '기초노령연금을 위한 잠재이익집단'이라 부를 수 있다.

8 맨슈어 올슨(1990), p.225.

9 공병호, 『한국, 번영의 길』, 2005, pp. 203~208.

10 공병호(2005), p.208. 여기서 '엉뚱한 생각'은 이익집단을 만들어서 집단적으로 이익을 추구하려는 생각을 말한다.

11 이한우, 『우남 이승만, 대한민국을 세우다』, 해냄, 2008, pp. 390~397.

12 이한우(2008), pp. 395~396.

13 특정 업종에 인허가권을 둘러싸고 경쟁 기업들끼리 치열하게 경합하는 관계가 많았기 때문에 정권과 사업가의 유착은 개별적인 거래로 이해하는 것이 올바르다.

14 전국경제인연합회, 『전경련 50년사』, 2010, pp. 34~43. 현재의 대한상공회의소는 공식적으로 1946년 5월 19일에 창립된 조선상공회의소를 모태로 하고 있다. 하지만 이 기관의 뿌리를 찾다 보면 1884년의 한성상업회의소나 1905년 7월 5일에 설립된 경성상업회의소까지 올라가게 된다.

15 김대환, 『한국 노사관계의 진단과 처방』, 까치, 2008, p.124.

16 김대환(2008), p.135.

17 자유기업원의 연구에 의하면 전 세계 130개 국가 가운데서 분배연합으로 인한 한국의 지대추구 비용은 31위에 위치해 있다고 한다. 지대추구비용이 가장 낮은 나라가 싱가포르이고 외에 스위스, 영국, 네덜란드, 독일, 호주 미국, 홍콩 그리고 프랑스 등이 상위 10개국을 차지한다. 최승노, 『지대추구비용지수의 계산과 시사점』, CFE Report, 2010. 2. 12.

18 맨슈어 올슨(1990), p.80, 88.

19 맨슈어 올슨(1990), pp.87~88..

20 루이스 월퍼트(Lewis Wolpert: 김민영 역), 『당신 참 좋아 보이네요!』, 알키, 2011, pp.36~37.

21 맨슈어 올슨(1990), p.104, 106, 108.

22 맨슈어 올슨(1990), p.127.

23 일본은 1999~2006년까지 제로 금리 기조를 채택하였고 반복적으로 확장적 재정정책과 통화정책으로 경기를 살리려고 노력하였음에도 불구하고 경제 회복에 실패하였다. 그 원인은 일본의 불황이 경기 순환에 따른 불황이 아니라 구조적인 문제였는데 이들 가운데 하나가 과도한 규제가 낳은 기업가정신의 실종과 경쟁 저하이다. 『타임』, 2011. 8. 25.

24 일부 전문가들은 이익단체와 구분해서 사용하기도 한다. 이익단체는 "지속적이며 형식적인 규칙을 가진 실체적인 조직"을 그리고 이익집단은 "특정 이익이 공유될 것으로 예정하는 사람들의 모임으로 그 대상범위가 가장 넓은 모임"을 말한다. 이성환(계명대학교 일본학과) 교수의 홈페이지 참조. 전자를 특수이익집단으로 후자를 잠재이익집단으로 정의하고 있다.

25 홍권희, "이탈리아 복지 장관의 눈물", 『동아일보』, 2011. 12. 8.

26 폴 존슨(Paul Johnson: 조윤정 역), 『모던타임스 II』, 살림, 2008, p. 389, 390.

27 폴 존슨(2008), pp.516~517.

28 공병호(1999), pp.275~284.

29 양모듬, "연금 줄자… 아르바이트 찾는 독일 노인들", 『조선일보』, 2012. 8. 30.

KI신서 4658

진화심리학을 통해 본 5년 후 대한민국

1판 1쇄 인쇄 2013년 1월 20일
1판 1쇄 발행 2013년 1월 25일

지은이 공병호
펴낸이 김영곤 **펴낸곳** (주)북이십일 21세기북스
부사장 임병주 **MC기획2실장** 안현주
브랜드기획1팀장 정혜원 **브랜드기획2팀장** 이현정
기획 손인호 오미현 이지혜 **디자인 표지** twoes **본문** 노승우
마케팅영업본부장 최창규 **영업** 이경희 정병철 정경원
마케팅 김현섭 민안기 최혜령 김다영 김해나 이은혜 강서영
출판등록 2000년 5월 6일 제 10-1965호
주소 (우413-756) 경기도 파주시 회동길 201 (문발동)
대표전화 031-955-2100 **팩스** 031-955-2151 **이메일** book21@book21.co.kr
홈페이지 www.book21.com **트위터** @21cbook **블로그** b.book21.com